中國现代教育社团史

周谷城题

“中国现代教育社团史”丛书编委会

“中国现代教育社团史”丛书书目

《中国现代教育社团发展史论》
《中华教育改进社史》
《中华平民教育促进会史》
《生活教育社史》
《中华职业教育社史》
《江苏教育会史》
《全国教育会联合会史》
《中国教育学会史》
《无锡教育会史》
《中国社会教育社史》
《中国民生教育学会史》
《中国教育电影协会史》
《中国科学社史》
《通俗教育研究会史》
《国家教育协会史》
《中华图书馆协会史》
《少年中国学会史》
《中华儿童教育社史》
《新安旅行团史》
《留美中国学生联合会史》
《中华学艺社史》
《道德学社史》
《中华教育文化基金会史》
《中华基督教教育会史》
《华法教育会史》
《中华自然科学社史》
《寰球中国学生会史》
《华美协进社史》
《中国数学会史》
《澳门中华教育会史》

推进教育治理体系和治理能力现代化……推动社会参与教育治理常态化，建立健全社会参与学校管理和教育评价监管机制。

——《中国教育现代化 2035》

当前，我国改革开放正在逐步地深入和扩大，激发社会组织活力，在整个社会治理体系建设中具有重要作用。现代教育治理体系的建设，也迫切需要发挥专业的教育社团的积极作用。在这个大背景下，依据可靠的历史资料，回溯和评价历史上著名教育社团的产生、发展、组织方式和活动方式等，具有现实意义和社会价值。总的来说，这个项目设计视角独特，基础良好，具有较高的学术价值、实践价值和出版价值。

——石中英

教育社团组织与中国教育早期现代化，既是一个有丰富内涵的历史课题，更是一个极具现实意义的重大课题。由中国教育科学研究院储朝晖研究员领衔的学术团队，多年来在近代教育史这块园地上努力耕耘，多有创获，取得了可喜的成果，积累了深厚的知识储备。现在，他们选择一批有代表性、典型性、产生过重大影响的教育社团组织，列为专题，分头进行深入的研究，以期在丰富中国教育早期现代化研究和为当代中国教育改革服务两个方面做出贡献，我觉得他们的设想很好。

——田正平

国家出版基金项目
NATIONAL PUBLICATION FOUNDATION

中国现代教育社团史　丛书主编 / 储朝晖

中华教育改进社史

王文岭　著

西南大学出版社
国家一级出版社　全国百佳图书出版单位

图书在版编目(CIP)数据

中华教育改进社史 / 王文岭著. — 重庆 : 西南大学出版社, 2021.12

(中国现代教育社团史)

ISBN 978-7-5697-1236-0

Ⅰ. ①中… Ⅱ. ①王… Ⅲ. ①教育组织机构 - 教育史 - 研究 - 中国 - 近现代 Ⅳ. ①G529.5

中国版本图书馆CIP数据核字(2022)第007796号

中华教育改进社史

ZHONGHUA JIAOYU GAIJINSHE SHI

王文岭　著

策划组稿：尹清强　伯古娟

责任编辑：张昊越　万珊珊　向集遂

责任校对：张　丽

装帧设计：观止堂_朱璇

排　　版：杨建华

出版发行：西南大学出版社（原西南师范大学出版社）

重庆·北碚　邮编：400715

印　　刷：重庆市正前方彩色印刷有限公司

幅面尺寸：170mm×240mm

印　　张：20

插　　页：4

字　　数：350千字

版　　次：2021年12月 第1版

印　　次：2021年12月 第1次

书　　号：ISBN 978-7-5697-1236-0

定　　价：88.00元

总序

在中国教育早期现代化的历史进程中，无论是清末，还是北洋政府和国民政府时期，在整个20世纪前期传统教育变革和现代教育推进波澜壮阔的历史舞台上，活跃着这样一批人的身影，他们既不是清王朝的封疆大吏、朝廷重臣，也不是民国政府的议长部长、军政要员，从张謇、袁希涛、沈恩孚、黄炎培，到晏阳初、陶行知、陈鹤琴、廖世承，有晚清的状元、举人，有海外学成归来的博士、硕士，他们不居庙堂之上，却念念不忘国家民族的百年大计；他们不拿政府的分文津贴，却时时心系中国教育的改革与发展。是“研究学理，介绍新知，发展教育，开通民智”这样一个共同理想和愿景，将这些年龄悬殊、经历迥异、分散在天南海北的传统士人、新型知识分子凝聚在一起，此呼彼应、同气相求，结成团体，组织会社。于是，从晚清最后十年的江苏学务总会、安徽全省教育总会、河南全省教育总会，到民国时期的全国教育会联合会；从中华职业教育社、中华新教育共进社、中华教育改进社，到中华平民教育促进会、生活教育社、中国社会教育社、中华儿童教育社、中国教育学会……在短短的半个世纪里，仅省级以上的和全国性的教育会社团体就先后有数十个，至于以县、市地区命名，以高等学校命名或以某种特定目标命名的各式各样的教育会社团体，更是难以计数。所有这些遍布全国各地的教育会社团体，通过持续不断的努力，从不同的层面，以不同的方式，冲击着传统封建教育的根基，孕育和滋养着现代教育的因素。可以毫不夸张地说，在传统教育变革和现代教育推进的历史进程中，从宏观到微观，到处都留下这些教育会社团体的深深印记，它们对中国教育早期现代化的贡献可谓功莫大焉！

大约从20世纪90年代开始，中国近代教育会社团体的研究，渐渐进入人们的学术视野，20多年过去了，如今关于这一领域的研究，已经风生水起，渐成气候，取得了相当的成果，并且有着很好的发展势头。说到底，这是当代中国教育改革的需要和呼唤。教育是中华民族振兴的根基和依托，改革和发展中国教育，让中国教育努力赶上世界先进水平，既是中央政府和地方各级政府义不容辞的职责，也必须依靠广大教育工作者的自觉参与和担当。从这个意义上讲，中国近代教育会社团体与中国教育早期现代化研究，既是一个有丰富内涵的历史课题，更是一个极具现实意义的重大问题。中国教育科学研究院储朝晖研究员，多年来在关注现实教育改革的诸多问题的同时，对中国近代教育史有着特殊的感情，并在这块园地上努力耕耘，多有创获，取得了可喜的成果，积累了深厚的知识储备。现在，他率领一批志同道合的中青年学者，完成了“中国现代教育社团史”的课题，从近代以来数十上百个教育社团中精心选择了一批有代表性、典型性、产生过重大影响的教育社团，列为专题，分头进行了深入的研究。我相信，读者诸君在阅读这些成果后所收获的不仅仅是对教育社团的深入理解和崇高敬意，也可能从中引发出一些关于当代中国教育改革的更深层次的思考。

是为序。

田正平

丁酉暮春于浙江大学西溪校区

自序

2012年12月拙著《陶行知年谱长编》出版以后，对陶行知主持的中华教育改进社产生浓厚的兴趣。2014年5月，接到中央教育科学研究所（后改为中央教育科学研究院）储朝晖先生电话，告知正筹划“中国现代教育社团史”丛书的编撰工作，承嘱书写中华教育改进社的历史。同年9月，有幸到南京大学历史学院访学，师从中国近现代思想史研究著名学者李良玉教授；两年后又到台湾师范大学教育学系访学，师从中国教育史研究著名学者周愚文先生。两次访学期间，得有机会了解两岸学者研究中华教育改进社的成果，并在两位导师的指导下，专心致志于中华教育改进社历史的书写。

中华教育改进社在中国近代教育史上有其重要价值，在中国近代教育转型方面的价值尤为突出。中国近代教育史和中国近代教育转型，是有联系又有区别的两个概念。以京师同文馆的创立为肇始，1861—1949年的中国教育，可以看作中国近代教育；而中国近代教育的转型，则仅仅指上述1861—1949年从传统科举教育到近代西方式教育，再到努力创立合乎本国国情的中国式教育的转变的完成过程。中华教育改进社在这一历史转型中发挥了重要作用。本书从该社的历史活动中，呈现其理想、努力方向和实践探索，特别是该社在第三次年会中提出要“创造合乎国情之中国式教育”“建立有根的教育”，尤应为读者所注意。

南京晓庄学院　王文岭

2018年12月23日

目录

第一章

中华教育改进社成立背景

一般认为，1840年爆发的鸦片战争是中国近代史的开端，1919年发生的五四运动是中国现代史的开端。鸦片战争爆发后，中国开始了被西方列强殖民化的进程，李鸿章不无惊惧地称之为“三千年未有之大变局”，这个大变局实质上也是中国现代化的开始，也有人说是中国近代化的开始。“现代化”和“近代化”均来自英文单词“Modernization”，只是汉译名不同而已，本书取用“现代化”译名。现代化开始于西方18世纪的工业革命，一个世纪后，在工业革命中富强起来的西方国家开始向世界其他地区殖民扩张，它们在殖民化中国的同时，也把现代化输出到中国。源起于西方的现代化，不仅指经济工业化，而且包括政治民主化，学术知识科学化，思想文化自由化、个人化和世俗化，等等。中国为了求富求强，实现民族、国家的完全独立，积极地迎受现代化，特别是努力发展工商经济。但是，中国在民主化、自由化、科学化的道路上却走得磕磕绊绊，阻力主要来自内部根深蒂固的传统观念，因为现代化将从根本上解构中国自古以来以专制统治为核心的政治伦理。五四新文化运动标举民主和科学两面旗帜，某种意义上说也是为了突破思想观念的瓶颈，拓宽中国现代化的发展道路。

中国近现代教育伴随着中国社会现代化而发展，同时也是中国社会现代化的重要内容和主要的推动力量，没有教育的现代化，就不会有社会的现代化。中国近现代教育的现代化，本质上就是用现代教育理念、现代西方科学知识体系和现代大、中、小学学科体制，建立现代教育网络，从而推动中国的国民知识现代化，为国家现代化进程奠定文化基础。它涉及教育理念、教育目标、教育体制、教育内容、教育技术等诸多方面，与中国传统教育有着本质的不同，必须完成转型方能获得发展。在转型的过程中,各种各样极其复杂的问题日益凸现出来,在一个逐步脱离专制统治走向现代化的国家,解决这些问题,固然需要政府的力量来推动,但民间力量的参与甚至更为重要和关键,特别是在中央政府力量孱弱的清末和民初,民间力量在中国教育现代化进程中发挥了极其重要的作用。民间力量主要来自教育社团,成立于后五四时期的中华教育改进社是中国教育现代化极为重要的推动力量。

第一节　中国近代新教育凸现的问题

中国两千余年以儒学为本位的人文教育,一千多年科举取士制度,重知轻行的哲学观念,作为传统文化的精粹,深刻地影响着国民的思想观念和行为方式。鸦片战争后,西方先进的自然科学技术,全新的人文社会科学知识和观念,强烈地冲击着国民的心理。面对外来的西洋文明,或者排斥抵拒,或者采行阿Q式的精神自慰,或者主张以洋为师,凡此种种,交织难分,晚清中西学"体用"之辩,真实地反映了中国国民极其复杂的心态,同时也多方面地影响着中国教育现代化的进程。

从趋势上说,因为时势所逼,中国近代教育以积极的态度向打败自己的敌国学习,此间先后历经了三个阶段:

第一个阶段从1840年中英鸦片战争爆发到1894年中日甲午战争爆发,主要是学习欧美国家的教育,以洋务运动为标志,创办新式学校,向欧美国家派遣留学生,以"师夷长技"为手段,以"制夷"为目的。诚如孙邦正所言:"中国新式学校的创始,其目的偏于实用,并没有系统的制度,因为自从鸦片战争以后,政府所最感需要的,一为外交上的翻译人员;二为制造武器的机械人员;三为军事上的指挥人员,所以当时创建的学校,也大致属于这三大类。"[①]

第二个阶段从1895年甲午战争失败到1915年日本政府强迫中国签订"二

①孙邦正:《中国学制问题综合研究》,台北"中央"文物供应社,1967年版,第3页。

十一条”，主要是学习日本教育，建构自己的教育制度。日本明治维新开始向西方学习，与中国的洋务运动几乎同时，日本又与中国文化同源，经过30多年发展，一跃成为现代化强国，中国却不见有大的进步，且在甲午战争中大败于日本。日本向现代化的成功转型引起中国有识之士的注意，他们推动了中国社会全面转向师法日本。此一时期，赴日本留学的中国学生大幅增加，据统计，1899年仅有200人左右，1903年增至1300余人，1906年更飙升至8000人上下，远远超出同一时期到其他国家留学人数的总和。①与此同时，中国学校热衷聘请日本教师，据中岛半次郎1909年11月所做的调查，中国人聘请的外籍教师有356人，其中日本教师311人。实藤惠秀又根据某些日本教师的谈话和著作，补充中岛半次郎遗漏的中国学校聘用的日本教师150人，总计达到461人。②更重要的是在教育制度建设的层面，清政府于1904年颁布《奏定学堂章程》，是为“癸卯学制”。“这个学制直接仿自日本，间接仿自德法。”③1911年辛亥革命，留日学生发挥了重要作用，中华民国成立后，留日学生活跃在社会各个层面。蔡元培出任教育总长，多方延聘留学生，据周棉统计，1912年，教育部共70人，其中，60余人有留日背景，次长范源濂就毕业于东京高等师范学校。④留日学生在教育部占绝对多数，极大地影响了民初制定的“壬子癸丑学制”。据蒋维乔说原拟遍采欧美各国之长，衡以本国情形，成一最完全之学制，以完全体现民主共和思想。⑤然而，“由欧美回国之人，专习教育者绝少，不能窥见欧美立法精神，译出文件，泰半不适用”⑥。教育部中专门研究教育的乃以留日学生为主，所以，“屡经讨论，仍以趋重于采取日制”⑦。因此，民初学制模仿日本的痕迹依然很重，直接影响民初的教育取向。

第三个阶段起自1915年新文化运动，主要是学习美国教育，重订新的学制。1909年美国部分退还中国庚子赔款，创办清华学校，资助中国学生赴美留

①田正平：《留学生与中国教育近代化》，广东教育出版社，1996年版，第69页。

②实藤惠秀：《中国人留学日本史》，谭汝谦、林启彦译，生活·读书·新知三联书店，1983年版，第74页。

③孙邦正：《中国学制问题综合研究》，台北“中央”文物供应社，1967年版，第5页。

④周棉：《留学生群体与民国时期新式教育体制的建立》，《浙江学刊》，2012年第5期，第60页。

⑤蒋维乔：《清末民初教育史料》，《现代读物》，1936年第8卷第18期，第11页。

⑥舒新城：《近代中国教育史料（第4册）》，中华书局，1928年版，第195-198页。

⑦璩鑫圭、唐良炎：《中国近代教育史资料汇编·学制演变》，上海教育出版社，1991年版，第624页。

学,增加了中国对美国的好感。1912年中华民国成立,日本以及英国的君主立宪政体与中华民国政制不合,从政治制度的角度看,中国教育有转向师法欧美民主共和国家的要求。1914年第一次世界大战爆发,以美国为代表的民主共和政治理念开始领导世界潮流和走向,1915年陈独秀等人在上海创刊《新青年》,倡言民主与科学,开启了中国近代新文化运动的大幕。也就在这一年,日本强迫中国政府签订丧权辱国的"二十一条",中国在甲午战争后压抑多年的反日情绪空前高涨。上述诸多因素直接促成了中国社会全面转向师法美国。五四运动时期,中国教育代表团先后参观考察美国,留美学生相继回国服务,美国著名教育家杜威、孟禄等先后来华讲学,美国实用主义教育思想开始深刻地影响中国学术思想文化。1922年制定"壬戌学制",以留美学生为主导,从指导思想、学校系统、课程设置到教学方法等,都显现了美国教育的深刻影响。

中国近现代教育虽然转益多师,但是在社会进步方面似乎没有多少令人鼓舞的成效。相反,民国建立后,张勋和袁世凯先后上演了复辟帝制的闹剧,大小军阀各立山头,1919年后广州和北京两个政府对峙,可以说政治、社会混乱到了极点。苏云峰先生认为,教育是社会变迁与社会控制的重要工具。①政治、社会的不良,教育自然负有相当的责任。当时社会对新教育的批评时常见诸报端,到了20世纪20年代批评之声更为激烈,多以新教育专事模仿,"仪型他国",不合中国国情。对于一种教育制度、思想和方法,批评不难,建设却不易。各方面的批评虽然有其道理,但是少有建设性的意见。客观地说,中国教育落后于世界潮流,模仿率先走上现代化道路的先进国家的教育,不失为落后的中国教育实现现代化最经济、最快捷、最易见成效的途径,此其一;教育的效果有相当的延后性,其积极作用需要一定的时间才能显现出来,并不能立竿见影,此其二。总之,笼统地批评中国近代新教育不合国情是不客观不公正的,中国近代新教育发展须从积极和消极两个方面去看。

从积极的方面说,有两点值得注意:

第一,新教育是西洋工商文明发展的产物,在中国萌芽与生长,几乎与中国由传统农业社会向近代工商社会转型发展同步,它为中国早期工商业的发展,

①苏云峰:《中国新教育的萌芽与成长》,台北五南图书出版股份有限公司,2005年版,绪论。

培养实用型人才，贡献卓著。虽然中国工商经济起步晚，起点低，规模和总量小，但是发展实业，富国强民，已在朝野上下达成共识，中国向工商社会转型的方向十分明确，新教育的发展与中国现代化建设互相促进。

第二，新教育也是近代西方人文社会科学发展的重要标志，其自由、民主、平等思想，持续地解构中国社会君臣父子夫妇、士农工商等传统文化伦理，应合中国近代教育思想由西文、西艺向西政、西学演化发展的历程。在19世纪末20世纪初，中国民主共和的政治理念迅速滋长，在革命派和立宪派的双重压力下，晚清政府预备实行宪政，并于1908年颁布《钦定宪法大纲》。1912年中华民国成立，共和政体告成，专制主义的制度障碍基本消除。蔡元培出任第一任教育总长，废除清末“忠君、尊孔、尚公、尚武、尚实”的教育宗旨，提出五育并举的和谐发展方针；废止清末“癸卯学制”，制定并颁布施行“壬子癸丑学制”，在教育制度层面保障了新教育的发展。五四新文化运动高举民主和科学两面旗帜，无疑是中国近代新教育的成果，中国思想界的革命也因此进入狂飙突进的时代，这又有利于新教育思想的广泛传播。

因此，中国近代新教育合乎中国现代化的发展要求，实为推动中国社会现代化的重要力量。虽然保守的思想观念存在于社会各个方面，但是不足以阻遏中国新教育发展的趋势。

从消极的方面看，虽然新教育在方向上合乎中国现代化的发展要求，但是它的发展成果未及社会对它的预期，其中原因很多，有三点不可轻易忽略：

第一，与中国社会经济发展实际状况脱节。中国是一个传统的农业大国，新兴的工商业经济总量和规模都相当小，不足以接纳迅速发展的新教育所培养的大量工商业人才，于是社会上出现了“高等游民”，成为不事生产的寄生者，引起社会的关注和不安。吴俊升认为“西洋教育制度乃是经过民主革命、实业革命而生的，适于西洋民主的工商业的社会，而中国直至今日，还是以家族为主的农业社会。这种西洋社会的教育制度，不能完全适应中国的社会，乃理所当然。……即如职业教育，在西洋行之有效，而在中国职业学校毕业的学生，除升学外很少出路，其原因便在于西洋职业教育，是应产业革命的需要而生，可以说是先发展了职业，然后才发展职业教育。中国则自变法兴学以来，社会始终停留在农业阶段,工商业并未普遍发展,须赖教育来造就职业人才,自然是学无所用”[①]。另外,最广大的乡村仍以农业经济为主体,众多小城镇乃以手工作坊和传统贸易为经济支柱,新教育未能为其进步发展提供助力。由是观之,批评者所谓中国新教育不合国情,并非否认新教育本身的价值,而是期望新教育能与中国经济社会实际状况相联系,关注最广大的市井平民,惠及更广大的乡村和小城镇的建设与发展。这就是说,新教育应根据各地经济社会发展水平和要求,因地制宜地调整并丰富其内涵。

第二,与中国固有文化脱节。吴俊升认为中国文化“乃是适应农业社会的儒家文化,教育便一直以实现儒家的社会理想为宗旨,也以儒家经典为课程的内容。……清代自兴新学以迄灭亡,其教育文化政策,虽保守与进步两派,常有争执,但始终保持中体西用之原则。民元国体变更,主持教育行政者以固有伦理中忠臣之道德与国体不合,因废读经,遂动摇中学之体,但中小学犹存修身一科,取材于朱子的小学,我国固有伦理,在教育中犹有地位。民八‘五四’运动起,主要思潮,演为排斥固有文化,全盘接受西洋文化,教育方面只重科学与民主而忽视道德,于是修身一科在新学制课程中废除,仅代以灌输公民常识之公民科。从此一切教育实施,完全因袭西洋,与本国传统脱节,而社会与教育两俱不安”[②]。中国固有文化为民族性之所依托,全盘抛弃中国固有文化,中国民族性势必丧失,此实为新教育常受社会诟病的原因之一。虽然科举取士制度在1905年已被废除,但是社会上仍然相信旧式私塾,不信仰新式学校。诟病或不信仰新式学校,并不是因为传统教育就更好,而是因为新教育在继承和融合中国优秀传统文化方面做得不够好。

第三,新教育实施过程中存在的问题。袁希涛、陈宝泉等人考察美国教育,深感我国教育虚伪不切实用[③],其实际情形,抄录某先生1913年致黄炎培信中之一节以证之:

某师范某科三年毕业,问其课程,则修身讲伦理学,国文读极高深之古文,

---

①吴俊升:《中华民国教育志(一)》,台北中华文化出版事业委员会,1955年版,绪论第11页。

②吴俊升:《中华民国教育志(一)》,台北中华文化出版事业委员会,1955年版,绪论第12-13页。

③王卓然:《中国教育一瞥录》,上海商务印书馆,1923年版,第3页。

教育科心理学一大本，讲述时黑板上列举外国人名无数，叙沿革极详，教育理论仅总论一篇，已印有二十叶之讲义，博物则用中学校教科书之最详密者，理化大讲方程式，算术外又学代数，滔滔论因子分解法二三周，而调查其成绩，则伦理学名词难记，心理学观念概念不能区别，意志二字不能解释，教育理论但知外国人名，而学说之取义未明，理化方程式但识外国文记号，氧气性质如何，居室通气法如何，均未能明，代数算术习题，均待教师板演而钞之。[①]

这段文字说明在具体的教学实践中，新教育在很大程度上存在着虚伪、不切实际生活需要的问题，这当然不是模仿西洋教育的问题，而是教育理念不清、教育目标不明、教育内容僵化、教育方法不当等所带来的问题。

总之，教育界需要有新的思维、新的举措，直面新教育发展所存在的问题，寻求解决的办法，真正以教育的力量推动中国现代化建设和发展。

第二节　实验主义教育思潮的兴起

1914年第一次世界大战爆发，西方思潮为之一变，民主主义、科学主义、世界主义、社会主义等开始流行。1915年陈独秀在上海创办《新青年》，积极迎受西方民主和科学思潮，中国新文化运动由此发端。实验主义教育在此前后被绍介到中国，引发中国教育又一轮变革。

朱兆萃1928年所著《实验主义与教育》一书中说："Pragmatism的术语，译成汉名者，种类甚多，有译作实用主义者，有译作实际主义者，有译作有用主义者，有译作实验主义者。实用主义、实际主义、有用主义等译名，专以Pragmatism的哲学的效果（实际的效力）为其价值判断的标准而着眼的，至于实验主义的名称，始见于杜威（John Dewey）的哲学，系从Pragmatism的方法而命名，且以Pragmatism的方法为实验的方法而演释之。"[②]

①黄炎培：《学校教育采用实用主义之商榷》，《教育杂志》，1913年第5卷第7号，第57页。

②朱兆萃：《实验主义与教育》，商务印书馆，1931年版，第1页。

杜威1919年4月30日抵达上海，江苏省教育会请胡适于5月2日晚上演讲，介绍杜威的学说，为次日杜威的演讲做铺垫。胡适说：

我今天所要讲的题目是“实验主义”，英文叫做Pragmatism。这个字有人译做“实际主义”，我想这个名词也好用，并且实验主义在英文中，似当另为一个词，叫做Experimentism。那么我何以要把实际主义改为实验主义呢？那也有个道理。原来实验主义的发达，是近二十年间的事情，并且分了几派，有欧洲大陆派，有英国派，有美国派。英国派是“人本主义”，他的意思是万事万物都要以人为本位，不可离开人的方面去空说的，所以是非有无利害苦乐都是以人为根本的。美国派又分两派。一派就是实际主义，为杜威博士那一般人所代表的；一派是“工具主义”，这派把思想真理等精神的产物都看做应用的工具，和那用来写字的粉笔、用来喝茶的茶杯一样。以上各派虽则互有不同，然而有一点是共同的，那就是注重实验，所以我今天的题目叫做“实验主义”。

胡适进而指出实验主义的本义。他说：

我们要明白实验主义是什么东西，先要知道实验主义的态度究竟是怎么样。实验的态度，就是科学家在试验室里试验的态度。科学家当那试验的时候，必须先定好了一种假设(Hypothestis)，然后把试验的结果来证明这假设是否正当……实验主义所当取的态度，也就和科学家试验的态度一样。①

陶行知与胡适的意思相同，但惯用“试验主义”之名。他在1918年著文说，18世纪初，德国Halle Univercity和Gottinsburg Univercity两所大学相继而兴，竭力宣扬试验精神，其后赫尔巴特与福禄贝尔诸人辈出，他们在教育上的建树，都根据于试验。18世纪中叶，复与国家主义会合，以国家主义为目的，以试验主义定方法，相演相成，大有成效，此后言教育者多宗德人。故19世纪以前，德人师天下；19世纪后，天下师德人。美国19世纪末之教育，亦几无事不模仿旧大陆，

①胡适：《实验主义》，《新教育》，1919年第1卷第3期，第332页。

自 William Jams（詹姆斯）创设心理试验科，而学者趋向一变，"至于今日，凡著名大学，莫不设教育科"，其同时试验教育心理者以百计，其试验精神之充塞，可谓盛矣。英德人咸谓美国近今小学教法冠天下。[①]

1919年杜威来华前夕，陶行知著文《介绍杜威先生的教育学说》，称"杜威先生素来所主张的，是要拿平民主义做教育目的，试验主义做教育方法"[②]。杜威来华后，他又著文《试验主义与新教育》，认为近世发明中，我国无所贡献，因为我国教育一则依赖天工，二则沿袭陈法，三则率任己意，四则仪型他国，五则偶尔尝试。如能除此五弊，"一致以试验为主，则施之教育而教育新，施之万事而万事新，未始非新国新民之大计"。[③]

杜威的学说早在民国初年就已经被介绍到中国，只是当时更注重朱兆萃所说的"哲学效果（实际的效力）"，尚未深入认识到精神、态度或方法层面的实验主义。1912年哥伦比亚大学师范学院孟禄博士考察菲律宾教育，顺道来到中国，他对黄炎培说："贵国未尝无优良小学校，第以余所见一般学校，理化等科，程度去欧美太远，殊无以为富国之本。""贵国地层以上之农产，地层以下之矿产，如此天然大富源，加以民俗习于勤俭，苟能于教育注意此点，以余辈外人观之，致富强易易耳。"[④]1913年，黄炎培在《教育杂志》上发表《学校教育采用实用主义之商榷》，力倡实用主义的生活教育。他说：

去今千八百年前，罗马Seneca塞南加氏有言曰：青年之于学校为生活而学，非为学校而学。近世博爱派之教育学者，如Besedow白善独氏、Compe康丕氏、Salymaun柴之孟氏，亦大鼓吹此实用主义，自Pestalozzi裴斯泰洛齐氏出，益主张生活教育，务使学校教育与实际的生活渐相接近，准此而教育方法一变。盖从来一般之教授，仅恃生徒听官之感觉以为输入之梯，自直观教授行，乃进而利用视官之感觉，今且更进而利用筋肉之感觉，不惟使生徒目观此事物而已，直令其一一自行实验。由是而论知识则观念益明确，论技能则修练益精熟，以是谋生处

①陶行知：《试验主义之教育方法》，《陶行知全集（第1卷）》，四川教育出版社，2005年版，第208-209页。
②陶行知：《介绍杜威先生的教育学说》，《陶行知全集（第1卷）》，四川教育出版社，2005年版，第255页。
③陶行知：《试验主义与新教育》，《陶行知全集（第1卷）》，四川教育出版社，2005年版，第6-8页。
④黄炎培：《学校教育采用实用主义之商榷》，《教育杂志》，1913年第5卷第7号，第56页。

世，遂无复有扞格不入之虑，此种教育在欧美不仅著为学说，且见诸实行矣。[①]

黄炎培的文章在教育界引起较大的反响。1913年，《中华教育界》在第11和12月两期转载黄炎培的文章；1914年，该刊第1至4月和8月等5期上又连载顾树森的长篇论文《实用主义生活教育设施法》；1915年，黄炎培在《教育杂志》第7卷第1号上发表《实用主义产出之第一年》；1916年他又在该刊第8卷第1号上发表《实用主义产出之第二年》。教育上关于实用主义教育的声浪一日高于一日。

杜威来华之后，他的中国弟子胡适、蒋梦麟、陶行知等纷纷著文介绍他的学说，杜威在华两年多的时间，其所演讲的内容大多与教育有关，使得他的实用主义哲学和实验主义教育在中国影响范围更广，程度更深。朱兆萃说："自民国八年，杜威亲自来华讲演后，一般研究教育者，无一不受其学说之熏陶，全国教育状态，为之一变。设计教学、道尔顿制，几乎无处没有此呼声。可以说一句，现在吾国教育家所讲教育主义者，差不多限于此部分，未尝闻有其他相反或相并的教育主张。"他说实验主义哲学的教育方法，依一般的见解，即为learning by doing，也就是做中学。"由实验主义的哲学，产生有种种特色的教育学说，例如顺应的教育、成长的教育、社会机能的教育、民本主义的教育、生活本能的教育、行动主义的教育、实验主义的教育等。"[②]民本主义的教育、社会机能的教育、"learning by doing的思想，又产生勤劳作业的教育法"[③]。

总之，中国教育在第一次世界大战后转向师法美国，实验主义教育成为中国教育界的主流思想。要克服此前新教育在发展过程中出现的问题，一方面须跟踪世界教育思潮变动发展的方向，另一方面须关注并因应中国社会新变化，以实验的态度改造中国教育。诚如陶行知在《试验主义与新教育》一文中反复阐明的观点：欲刷新教育，革除其弊，非采行试验主义不为功。[④]

①黄炎培：《学校教育采用实用主义之商榷》，《教育杂志》，1913年第5卷第7号，第59页。

②朱兆萃：《实验主义与教育》，商务印书馆，1931年版，第43页。

③朱兆萃：《实验主义与教育》，商务印书馆，1931年版，第71页。

④陶行知：《试验主义与新教育》，《陶行知全集（第1卷）》，四川教育出版社，2005年版，第5-9页。

第三节　第一次世界大战后留美学生回国热潮

实验主义教育在中国滥觞，得益于杜威来华以及他的中国学生的广泛宣传介绍。实验主义教育深入中国教育的各个层面，得益于五四运动前后大批留美学生归国服务于教育界。

中国学生赴美留学，始于1847年，容闳考入耶鲁大学；中国最早派留学生，始于1872年，目的国就是美国。洋务派官僚曾国藩、李鸿章等人在“西学为用”思想主导下，连续4年，每年选拔30名幼童，直接送往美国中小学校。幼童的留学生活从接受美国基础教育开始，经过十余年的学习，既可能成为“西艺”人才，也可能成为“西文”“西政”人才，也就是说将是中国社会最美国化的新型知识分子。他们在四五年后即已表现出“美国化”倾向，成为“以夷变夏”的典型案例，遭到坚守“华夷之辨”的保守势力的反对和攻击，清政府从1881年6月起分三批把他们全部召回。中国学生赴美留学一度步入低潮。

甲午战争后，中国赴日留学风气渐开，到1905年前后达到高潮。留日学生因应清末预备立宪对相关人才的需要，选修法政和师范者极多，日本不得不兴办法政和师范速成班，以满足中国留学生的需求。然而，留日学生群体性的专业偏向，不利于国内实业发展对人才的需求。清政府转而多方鼓励青年学生赴欧美国家学习专门技术。1901年6月，湖广总督张之洞、两江总督刘坤一在《第三次会奏变法事宜》中提出，学生有愿“赴欧洲美洲农务学堂者，路远日久，给奖较优。自备资斧者，又加优焉，令其充各省农务局办事人员”[①]。1904年9月，学务大臣、外务部共同奏准了《游学西洋简明章程》，有鉴于“英、美、德、法于武备、制造、农工商诸学，各有专门，一时推重。比利时路矿工艺，素所擅长”，此后留学上述五国者，应以武备、制造、农工商、路矿、工艺为专业。[②]1902年9月，光绪帝谕令各省督抚，鉴于“近来游学日本者尚不乏人，泰西各国或以道远费多，资选甚少”，故“著各省督抚选择明通端正之学生，筹给经费，派往西洋各国，讲求

①朱有瓛：《中国近代学制史料（第1辑·下册）》，华东师范大学出版社，1986年版，第940页。

②陈学恂、田正平：《中国近代教育史资料汇编（留学教育）》，上海教育出版社，1991年版，第26－27页。

专门学问，务期成就真材，以备任使”[①]。1905年9月，光绪帝再次谕令各省多派学生赴欧美留学，其中云：“现在留学东洋者，已不乏人，著再多派学生，分赴欧美，俾宏造就。各该学生远涉重瀛，将为国家效用，朝廷深为嘉许。各出使大臣皆有监督之责，当视学生如子弟，随时考查，无论官费，自费，如能坚苦向学，志正品端，应一体认真爱护。”[②]清政府竭力鼓励青年学生留学欧美，各省督抚积极回应。1903年，湖广总督端方派遣学生46人，赴美、德、俄等国。1904年上海高等实业学堂也选派10名学生赴美，分习商务、管轮、驾驶、电学等专门之学；四川总督锡良奏请选募官员士子，赴欧美学习路矿、制造；湖南巡抚赵尔巽奏遣学生赴美国、比利时学习路矿。1905年两广学务委员陈锦涛带领15名学生游美，多人留美学习；直隶总督袁世凯选派北洋大学堂学生22人，教习2人，由总教习丁家立带领前往美国留学；山西督抚恩铭选派山西大学堂预科毕业生20余人，游美学习路矿；等等。除了上述官派留学生外，还有自费赴欧美留学者。据不完全统计，到1905年底，留美学生已达144人。[③]1908年，美国驻华公使柔克义正式照会清政府，表示美国将退还部分庚子赔款，清政府决定将此款作为选派学生赴美留学的经费。1909年清政府成立游美学务处，派遣首批庚款留学生，1910年和1911年又先后派遣两批，总计180人，成为继洋务运动时期幼童留美后，又一次大规模的官派留学生。

晚清政府的鼓励，美国政府的决定，赴美留学走出低潮。1911年留美中国学生会成立，会员有800人，到1914年夏接近1300人，1917年则有1500多人。[④]但因留美学生并未全部入会，故实际人数可能更多一些。又据黄炎培1915年考察美国时，获得1914—1915年留美中国学生题名录，共有1432人，其中天然科学76人，农林科学52人，工程科学287人，医科49人，文科238人，杂科（神学、兵学、图书馆、青年会事务等）18人，普通科356人，未详者356人。黄炎培把教育科归入文科，习教育者有36人。[⑤]这36人中，有郭秉文、蒋梦麟等，后来都成为中国教育界的领袖人物。

①舒新城：《近代中国留学史》，上海中华书局，1927年版，第35页。

②陈学恂、田正平：《中国近代教育史资料汇编（留学教育）》，上海教育出版社，1991年版，第4页。

③留美学生会：《美洲留学报告》，上海开明书店，1906年版，第29页。

④《留美中国学生会小史》，《东方杂志》，1917年第14卷第12号，第175-176页。

⑤黄炎培：《黄炎培日记·第1卷（1911—1918）》，华文出版社，2008年版，第219-221页。

清末民初赴美留学走出低潮之时，正是20世纪初美国进步主义教育引领世界潮流之际，中国留美学生深受其影响和熏陶。特别是1915年黄炎培考察美国教育回国后，著成《新大陆游记》一书，详细介绍了美国教育状况，而且到处演说做报告，大谈东西两大陆教育的不同。受此影响，大批曾经留学日本、欧洲归国后已在教育和文化学术界有相当影响的人物，又联袂到美国留学或考察。1917年，曾经考察日本教育并回国创办南开中学的张伯苓，赴美入哥伦比亚大学师范学院研究教育；1918年，曾经做过两任教育总长、早年留学日本的范源濂，赴美考察教育，历时近一年。严修、袁希涛曾经是留日热潮的组织者、推动者，不顾年事已高，于1920年到美国考察研究教育。蔡元培1921年结束欧洲教育考察后，在美停留三个月，参观了哥伦比亚大学、芝加哥大学、乔治城大学、纽约大学、加利福尼亚大学等，进行欧美高等教育比较研究。[①]

五四新文化运动时期，有一大批留美学生学成回国。留美学生虽以理工科居多，但回国后在教育界从事教学研究的人不在少数，而以教育科出身的留美学生，更是迅速成为中国教育文化界的领袖人物，如郭秉文、蒋梦麟、胡适、陶行知、陈鹤琴、廖世承、晏阳初、余日章、孟宪承、张仲述、郑宗海、任鸿隽、张准、张默君、张耀翔、陆志韦、刘廷芳、庄泽宣、李建勋、邓萃英、汪懋祖、凌冰、韦悫、张敬虞、张上一、何炳松等，这些人的年龄大多在25~30岁之间，出国留学少则两三年，多则七八年，师从名家，学有所长，受过全面的西方教育熏陶和科学方法的训练。

北京、天津、南京、上海等地是留美学生最为集中的地区，北京大学、北京高等师范、清华学校、天津南开大学、南京国立东南大学等高等教育机关是留美学生最为集中的领域。仅以东南大学为例，张雪蓉根据《1923年1月国立东南大学教职员（情况）一览》《国立东南大学分设上海商科大学职员一览（1923年）》统计，1923年东南大学共有教职员261人（包括上海商科大学、附中、附小及行政人员在内），其中80人有留学背景，除了葛敬中等9人曾留学日本和欧洲外，其余71人都是留美学生。[②]

①田正平：《留学生与中国教育近代化》，广东教育出版社，1996年版，第362页。

②张雪蓉：《美国影响与中国大学变革（1915—1927）——以国立东南大学为研究中心》，华龄出版社，2006年版，第36-40页。

上海基督教青年会、商务印书馆编译所也聘用了不少留美学生，前者如余日章、晏阳初、程湘帆等，后者大量聘用留美学生，更见知识界风气之转向。1902年，在师法日本的风气下，“商务印书馆与日本金港堂各出资拾万圆，扩张业务，增设编译所，聘请日本人长尾槙太郎（雨山）和加藤驹二为顾问，招聘不少归国的留日学生，出版各种新式教科书。这批教科书大部分以日文书为蓝本编纂而成的”①。第一次世界大战之后，商务印书馆积极聘用留美学生，甚至不惜高薪，副总经理张元济在1916年8月29日的日记中写道：“余日章极活动于社会上，甚有势力，拟托任之与之联络。月出五十元，请其撰论说，或阅定所编英文书，或有演说稿交与本馆承印。嗣又商，拟邀来馆。”②在30日的日记中又写道：“与邝谈余日章事。邝云，渠欲致身社会，恐难脱离。余云，彼在青年会得薪几何？邝云二百五十元。余云，本馆可加至三百五十元，或酌加多至如邝薪。不必即时到馆，迟半年一年亦无不可。如必不能，或在沪时来此半日。邝君谓，恐亦不易。”③

留美归国学生在一些重要的教育文化机构声名鹊起，并且迅速成为教育文化界的中心人物，他们以其行政和话语权力，传布和采行实验主义方法，成为改造和革新中国近现代教育的主导力量。

①实藤惠秀：《中国人留学日本史》，谭汝谦、林启彦译，生活·读书·新知三联书店，1983年版，第33页。

②张元济：《张元济日记》，商务印书馆，1981年版，第113页。

③张元济：《张元济日记》，商务印书馆，1981年版，第114页。

第二章

中华教育改进社组建过程

中华教育改进社由新教育共进社、《新教育》杂志社和实际教育调查社等三家教育团体合组而成，先须明了上述三家教育团体的创立和社务情形，始能明晰合组成立中华教育改进社的原因、目的以及其发展方向。

第一节　新教育共进社的创立与活动

一、创立新教育共进社的缘起

1917年夏，蒋梦麟获得哥伦比亚大学博士学位，经黄炎培引荐于10月28日到上海商务印书馆编译所履职。[①]同日，他致信哥伦比亚大学同届校友、北京大学教授胡适，表示“拟邀集同志故交，以进步之精神，协力输入欧西基本之文化”，而且还以日本为镜说：“昔大隈伯诸人，倡译书社，欧化遂得以输入日本，吾国学术之衰落，至今日已极，非吾辈出而提倡，有谁挽此狂澜乎？”[②]10月29日，他拜见编译所所长张元济，说“学界需要高等书”，建议编译出版相关著作，“一面提高营业，一面联络学界”。张元济当即认为“所言颇有理”，并请他开列书

①张元济：《张元济日记》，商务印书馆，1981年版，第272页。

②马勇：《蒋梦麟传》，河南文化出版社，1999年版，第40页。

单，以便延请相关专家分任。[①]11月1日，他将书单开出，交予张元济，张氏次日转交高梦旦。[②]留美归国的蒋梦麟以日本现代化的历史为鉴，有志效仿日本大隈伯诸人，勉力输入西洋学术文化，推动中国学术进步和现代化步伐。然而，理想很丰满，现实却很骨感，他给商务印书馆高层领导开出书单后，再没有得到回应。

时任江苏省教育会副会长黄炎培，在两年前的1915年5月，随北洋政府实业考察团赴美，大部分时间考察美国教育，他在纽约时收到蒋梦麟先前调查旧金山市教育方面的材料，觉得比该市学务委员麦钦能（译名）的介绍"更为详备"[③]。他在考察结束返国之时，委托蒋梦麟代为出席8月16日在旧金山市召开的万国教育会议，并嘱其注意有关职业教育和体育方面的讨论。[④]他不仅引荐蒋梦麟到商务印书馆任职，还与张元济协商说："职业教育社要蒋兼办社事，需分时间三分之一。"[⑤]蒋梦麟后来食宿在中华职业教育社办事处——上海西直门江苏省教育会内（上海时属江苏省），工作生活上得着许多的便利。蒋梦麟初出茅庐，得到黄炎培如此器重，其邀集同志故交编译西洋高等学术著作的计划，从后来的情形看，黄炎培也是知晓的。

黄炎培（1878—1965），字任之，上海川沙人，1901年"考入南洋公学特班，选读外交科，与我国早期音乐美术家李叔同及汤尔和等同学，受知于中文总教习蔡元培"。1902年秋"应江南乡试，中举人"，同年冬，"和张志鹤等冒风雪至南京，呈准两江总督张之洞将川沙原观澜书院改为川沙小学堂，又向杨斯盛募款兴学，一生教育事业自此始"。1903年因"在南汇县演说，痛陈国家危亡，政府昏聩"，被捕入狱，得美国传教士步惠廉担保获释，出狱后远走日本。1904年返国，创办广明小学和一年制广明师范讲习所。1905年经蔡元培介绍，加入中国同盟会，又与张謇、沈恩孚、袁观澜等组织江苏学务总会，任调查干事。1906年创办上海浦东中学，同年蔡元培赴德国留学，继蔡出任上海同盟会干事。1910年任江苏咨议局常驻议员、江苏地方自治筹备处参议等职。1911年任江苏民政司总

①张元济：《张元济日记》，商务印书馆，1981年版，第298页。

②张元济：《张元济日记》，商务印书馆，1981年版，第299页。

③黄炎培：《黄炎培日记·第1卷（1911—1918）》，华文出版社2008年版，第166页。

④马勇：《蒋梦麟传》，河南文化出版社，1999年版，第35页。

⑤张元济：《张元济日记》，商务印书馆，1981年版，第272页。

务科科长兼教育科科长。[①]民国建元后,其势力和影响很大。他回忆说:"中央政府创立于南京,吾师(即蔡元培)归,就第一任教育总长职,电招往助。时江苏都督府成立于苏州,吾任教育行政,私意民国教育基础在地方,其职责之重,不下于中央,既受任,不宜遽辞,第师命不可违,则赴京面陈此意,荐袁先生希涛以代,而留部数日,为草拟若干种民国临时教育制度而归。"[②]在北洋政府时期,他相继出任或兼任江苏省教育司司长、省政府委员、省教育会副会长。1913年发表《学校教育采用实用主义之商榷》,提倡教育与生活联系,学校与社会联系。顾树森积极回应,著成长文《实用主义生活教育设施法》,连载于1914年出版的《中华教育界》,实用主义教育遂引起教育界的关注和讨论。1915年后,黄炎培相继考察了美国和南洋各国教育,1917年发起创办中华职业教育社于上海,同时受命筹创国立暨南学校,举荐赵正平为校长。

1918年6月17日,黄炎培前往东三省和朝鲜考察教育[③],邀蒋梦麟全程陪同,19日途经北京,胡适在中央公园设宴款待了他们。[④]胡适次日给母亲写信说:"黄先生是当今教育界一个最有势力的人。我们几次想相见总不曾见着,今晚才遇着他,两人都很欢喜。"[⑤]此次考察历时近3个月,于9月12日回到上海。在考察途中,蒋梦麟想必会将编译西洋高等学术著作、输入欧西文化之计划,详细地介绍给黄炎培,并就实行这个计划有过深入的讨论。同年10月,江苏省教育会联络中华职业教育社、国立暨南学校和南京高等师范,商定创办新教育共进社(初名"中华新教育社",因与上海一书局同名,遂改为现名),请蒋梦麟主其事,计划以3年为期,编译教育新书报,预算经费3万元,其中2万元拟请教育部和江苏省政府补助,1万元由发起机关以认购股份的形式募集,南京高师出资2100元,职业教育社出资1800元,暨南学校出资1200元,合计5100元。黄炎培又致信北京大学校长蔡元培,报告组织新教育共进社以及经费筹措情况,希望北大加入合组机关,并分担部分合组费。北京大学欣然同意,允诺出资3600元,

①许汉三:《黄炎培年谱》,文史资料出版社,1985年版,第4-9页。

②黄炎培:《吾师蔡孑民先生哀悼辞》,中国蔡元培研究会:《蔡元培纪念集》,浙江教育出版社,1998年版,第93-94页。

③黄炎培:《黄炎培日记·第2卷(1918—1927)》,华文出版社,2008年版,第12页。

④黄炎培:《黄炎培日记·第2卷(1918—1927)》,华文出版社,2008年版,第12页。

⑤耿云志、欧阳哲生:《胡适书信选》(上),北京大学出版社,1996年版,第164页。

分三年缴付。[①]余款1300元自然由江苏省教育会认缴。

1918年11月,江苏省教育会就合组成立新教育共进社事向教育部呈文,阐明立社宗旨,同时请求教育部给予经费支持。教育部批复云:

> 该会组织中华新教育社,编译新教育丛书,及新教育月刊,深堪嘉许。办法尚属妥洽,应即准予备案,并准于八年上半年,由本部拨给补助费一千元,余俟咨行该省,在教育预备费项下酌拨。从八年度始,每年度准由本部拨给补助费二千五百元,并咨行该省每年度酌拨半数,以资进行。此批。[②]

教育部在批复的同时,又行文江苏省政府,每年度酌拨款项予以补助。江苏省教育会亦呈文省政府,除教育部补助外,尚有15000元没有着落,希望每年拨付5000元。[③]江苏省政府则呈文教育部,表示将在款项余额中列支。[④]至此,教育部和江苏省政府方面2万元的经费补助,顺利地得到落实。显然,由于黄炎培出面支持,以江苏省教育会的名义,联络国内南北方几个重要的教育机关团体,争取到教育部和江苏省政府的资助,所有筹备工作在短短两个月内便告完成。

二、新教育共进社成立及其社务转向

新教育共进社资金筹措、呈文备案,均很顺利,编辑部之组织迅速启动,《新教育》杂志旋即于1919年2月创刊。《新教育》编辑部有相对独立的组织体制和运作机制,杂志创刊后,新教育共进社的使命似乎也告完成,故而既没有制订章程,也没有举行成立仪式,更没有其他的社务活动。

1919年10月,南京高师校长郭秉文考察欧美教育返国,新教育共进社五大

---

①《本校担任新教育社经费记》,《北京大学日刊》,1918年12月11日,第4版。

②《呈教育总长组织中华新教育社文》,《江苏省教育会月报》,1919年1月,《文牍》第3页。

③《呈齐省长陈明组织新教育共进社请拨款补助文》,《江苏省教育会月报》,1919年1月,《文牍》第4–5页。

④《省长公署批(批复新教育共进社请备案并拨款补助由)》,《江苏省教育会月报》,1919年2月,《文牍》第1页。

合组机关及北京高等师范、中华基督教青年会全国协会、交通部上海工业专门学校、复旦大学、上海大同大学、天津南开大学、中国科学社、南京河海工程专门学校、同济医工专门学校等代表蒋梦麟、郭秉文、胡明复、汤寿军、胡敦复、张贡九、刘汝梅、贾季英、程柏庐、姜伯韩、阮介藩、许肇南、任鸿隽、袁观澜等在江苏省教育会集会，听取郭秉文欧美教育考察报告。郭氏在报告中提出希望我国教育界重视与欧美各国的联络和交流。他列举其所见闻的四个案例说：一是在美国，某教育局长欲知中国教育情形，我国没有相关报告，日本却有《青岛教育状况》供其阅览；二是英国人也想了解中国教育发展情形，但是没有相关材料；三是美国人不能知道中国中学生的学业程度，招收留学生时没有恰当的标准，有过与不及之虑；四是杜威今年到访日本，乃是应日本人所请，他此次出国时途经日本，邀请杜威到中国一游，日本人甚为不快。因此，他认为，诸多事实表明，中国教育界不能关门办学，须与教育先进国家联络，互通消息。此外，欧美教育界近年来有大规模联络的趋势，对内集教育界的公意，有主张必建议政府采行；对外代表本国与他国交换知识，增进了解，共同研究。他末后建议，中国应顺应此种潮流，各教育机关团体应有大规模的联合，代表全国教育界之公意，对内可将主张建议于政府，对外亦有两项：一是与外国人在华所办学校建立联络，二是与外国教育界建立联络。在组织进行方面，如若“另设机关，颇觉费时”，不如以新教育共进社为基础，扩而大之，略改宗旨章程，既属经济，又省去呈文备案方面的许多程序。与会者同意改组新教育共进社，并讨论通过社章：

一、宗旨　本社集合国内机关或教育家以联络国外教育机关或教育家，以输入新教育，共相研究进行并宣布国内教育状况于国外为宗旨。

二、组织　本社由发起合组机关组织之，以后得由本社各机关多数同意，随时加入他机关。

三、会议　本社以各机关推定三人为代表，每一机关一表决权。

四、经费　每机关每年纳费一百元，有特别情形者得酌减，于需要时得另募特别捐。

五、职员　本社设主任一人，副主任二人，秘书一人，会计一人，除秘书为主任聘任，得受薪水外，其余职员均由到会会员公举，并为名誉职。

六、本社以前所设之编辑部仍为独立机关，照旧进行。

七、办事细则另订之。[①]

社章有两大注意点:(一)该社社务活动,创建时仅以输入西洋学理为主,此次增加了两项:一是集合国内教育团体或教育家,与国外教育机关或教育家联络;二是向国外报告中国教育状况。(二)该社以前设立的《新教育》编辑部,此后作为独立机关,专门负责编辑出版之职。自此,新教育共进社与《新教育》杂志社分立之势,基本确立。

1920年1月,新教育共进社各合组机关代表在江苏省教育会集议,依据社章第五条,选举黄炎培为主任,郭秉文、蒋梦麟为副主任,沈恩孚为会计,陈鹤琴为英文书记,沈肃文为中文书记,余日章为交际部主任,张伯苓、陶履恭、朱友渔、阮尚介为干事,设办事处于江苏省教育会内,新教育共进社正式成立。[②]

同年10月2日,新教育共进社召开第二次常会,到会代表有江苏教育会黄炎培、沈恩孚、贾丰臻,暨南学校高践四、柯成棋,中华职业教育社王志莘、顾树森、朱叔源,南京高师郭秉文、郑晓沧,北京高师邓芝园,中华基督教青年会全国协会余日章、晏阳初,江苏师范附属小学联合会代表吴研因、杨卫玉,同济医工专门学校张伯初,南京中等以上各学校联合会李敏孚,等等。会议由黄炎培主席,报告该社经过情形、出版部工作和经济状况。这次会议的主要议题有二:

第一,修改社章,改定第五条,实行董事会制:"本社组织董事会,设董事11人,为名誉职员,任期2年,于常会时选举之。董事会细则,由董事会自定之。设总书记1人,办事员若干人,均有给职。总书记由董事会聘任,办事员由总书记聘任。总书记秉承董事会,率同办事员办理社务。"

第二,依据新的社章,选举余日章、黄炎培、蔡元培、沈恩孚、郭秉文、张伯苓、蒋梦麟、刘伯明、杨卫玉、顾树森、李敏孚等11名董事。[③]

新教育共进社虽然有明确的立社宗旨,建立了组织机构,选举产生了职员,但是,社务活动方面董事会并没有具体的计划和安排,除了曾以团体的名义参与发起实际教育调查社外,该社自身并没有独立地开展实际的社务活动,此种状态持续到1921年底。

---

①《扩充新教育共进社之会议纪略》,《江苏教育会月报》,1919年10月,第40页。

②《教育界消息:新教育共进社成立纪》,《中华教育界》,1920年第9卷第6期,第1页。

③《新教育共进社第二届常会纪》,《寰球中国学生会周刊》,1920年10月9日第49期,第4版。

第二节　《新教育》杂志社编译出版概况

一、编译出版计划

最初筹创新教育共进社的目的，在编译新教育丛书，出版《新教育》月刊，为此曾制定有具体的进行计划，即以3年为期，《新教育》月刊年出2卷，每卷5期，7、8两月休刊，共出刊6卷30期，主要介绍世界大事，世界各国教育，以及具体教育问题。新教育丛书年出6册，每册约7万字，共出18册，出版时间安排如下：1919年出版《近世西洋教育史》《中国教育探原》《斯宾塞教育论》《教育名词汇》(中英法德日对照)及卢梭《爱弥儿》、福禄贝尔《人类之教育》；1920年出版《近世西洋哲学史》《西洋伦理学》《教育心理》《西洋各国教育制度》《教育哲理》《哲学名词汇》(中英法德日对照)；1921年出版《近世西洋伦理学史》《希腊哲学》《希腊人生观》《应用伦理学》《美学》《科学方法及精神》，此外，还拟根据社会需要，临时增加书目。①

计划制定未及半年，五四运动发生，教育界许多重要人物，或卷进这场运动当中，或忙于处理运动带来的各种问题，新教育丛书的编译计划没能付诸实行，《新教育》杂志则于1919年2月创刊，蒋梦麟任主编，杂志社设在江苏省教育会内。

二、《新教育》杂志社之组织

《新教育》杂志社最初由新教育共进社五大合组机关组成，从1920年2月第3卷第1期起，又有北京高师加入。编辑部的组成，除主编、编译和发行为专职人员外，其他均为兼职，特别是六大合组机关分别指派2到3人为编辑代表。杂志社工作人员概况见表2-1。

---

①《本校担任新教育社经费记》，《北京大学日刊》，1918年12月11日，第4版。

表2-1 《新教育》杂志社工作人员概况

编辑部	主干	蒋梦麟	哥伦比亚大学(美国)
	通信记者	黄炎培	东京高等师范(日本)
	编译	徐甘棠	俄亥俄州立大学(美国)
	发行	沈肃文	
六大机关编辑代表	北京大学	蔡元培	莱比锡大学(德国)
		胡　适	哥伦比亚大学(美国)
		陶履恭	伦敦大学(英国)
	南京高等师范学校	郭秉文	哥伦比亚大学(美国)
		刘经庶	西北大学(美国)
		陶行知	哥伦比亚大学(美国)
		朱　进	
	暨南学校	赵正平	早稻田大学(日本)
		姜　琦	东京高等师范(日本)
	江苏省教育会	沈恩孚	
		贾丰臻	
	中华职业教育社	余日章	哈佛大学(美国)
		顾树森	
	北京高等师范学校	陈宝泉	东京师范速成班(日本)
		邓萃英	哥伦比亚大学(美国)
		何炳松	普林斯顿大学(美国)

(资料来源:编辑人员来源于《新教育》第1卷第1期、第2卷第1期版权页,其留学背景主要依据周棉主编《中国留学生大辞典》,南京大学出版社,1999年版)

《新教育》杂志社工作人员共有19人,15人有过留学经历,其中留美学生9人,留日学生4人,留英学生1人,留德学生1人,欧美留学生占绝对多数,尤以留美学生为主体。编译徐甘棠尤其值得注意,1917年由黄炎培引荐到商务印书馆,后几乎与蒋梦麟同时离开商务印书馆,加入新教育共进社。张元济在日记中写道:"任又荐徐甘棠,广东人,在欧海欧大学毕业者,现住仁智里二五四号,在美得有博士、学士,专习算学,廿九晚晤谈,知本充岭南学校汉文教习,后习英文，年近四旬，时属颇雅。任之言，其翻译最长，或不虚也。”[①]徐甘棠是《新教育》杂志社核心人物，每期杂志约有一半的版面刊载其译介的西方学者文章。

未有留学经历的4人中，除沈肃文外，沈恩孚、贾丰臻和顾树森等3人与教育部前次长袁希涛均出自上海龙门书院（后改为江苏省立第二师范学校），早年都曾考察过日本，受日本教育影响较大，但能转益多师，于“一战”后普遍接受西方教育思想，成为黄炎培发起创立的中华职业教育社的主要成员。

《新教育》杂志社成员因共识而结合，他们不仅是编辑或编译，还是主要撰稿人，普遍有西洋教育背景，主导了《新教育》杂志的办刊方向，即以输入欧美教育思想为主要取向，并基于欧美教育的视角审视中国教育问题。

三、《新教育》杂志编辑概况

新教育改进社筹创之时，曾为《新教育》杂志刊载的文章内容拟定了范围，见表2-2：

表2-2 《新教育》杂志拟定刊发内容

序号	范围	序号	范围
1	今后之教育	11	东三省之教育
2	世界教育思潮	12	华侨之教育
3	英国之教育	13	黄河流域之教育
4	法国之教育	14	长江流域之教育
5	美国之教育	15	闽海之教育
6	日本之教育	16	珠江流域之教育
7	德国教育方针之变易	17	关中之教育
8	朝鲜之教育	18	川藏之教育
9	非律宾之教育	19	亚里士多德之教育
10	印度之教育	20	康德之教育

①张元济：《张元济日记》，商务印书馆，1981年版，第272页。

续表

序号	范围	序号	范围
21	卢梭之教育	32	蒙养园
22	文运复兴时代之教育	33	教育史之基本问题
23	斯宾塞之教育	34	教育学之基本问题
24	杜威教育主义	35	科学教授之基本问题
25	蒙得梭利教育主义	36	历史教授之基本问题
26	程朱之教育	37	算术教授之基本问题
27	陆王之教育	38	自然科教授之基本问题
28	大学问题	39	小学管理问题
29	中学问题	40	中学训练问题
30	义务教育问题	41	职业教育问题
31	小学教育问题	42	童子军之真义

（资料来源：《本校担任新教育社经费记》，载《北京大学日刊》，1918年12月11日，第4版）

上述42项，可归纳为4个方面：1~10项为世界各国之教育；11~18项为国内各区域之教育；19~27项为近代欧美和古代中国教育家之思想；28~42项为不同学科和类别之教育教学。

“一战”后世界政治情势和思想潮流变化极速，国内五四新文化运动爆发，思想激荡尤烈，《新教育》创刊于此一时代，并不拘泥于上述计划安排，《本月刊倡设之用意》一文中说：

国中五大教育机关组织新教育共进社，编辑丛书、月刊，盖欲在此新时代中，发健全进化之言论，播正当确凿之学说，当此世界鼎沸、思想革命之际，欲使国民知世界之大势，共同进行，一洗向日泄泄沓沓之习惯。以教育为方法，养成健全之个人，使国人能思能言能行，能担重大之责任。创造进化的社会，使国人能发达自由之精神，享受平等之机会，俾平民主义在亚东放奇光异彩，永久照耀世界而无疆。[1]

①《本月刊倡设之用意》，《新教育》，1919年第1卷第1期，第1页。

所谓“发健全进化之言论，播正当确凿之学说”，极为宽泛，并不专指教育学术。所谓“使国民知世界之大势”，则非教育之内容，亦可刊布。因此，《新教育》创刊之初，并非纯粹的教育期刊，这在栏目设置和所刊发的文章方面，有明显的反映。以五四运动前后出版的第1卷1~5期为例，各期主要栏目，见表2–3：

表2–3　《新教育》杂志第1卷各期栏目设置

第1期	第2期	第3期	第4期	第5期
评论	评论	评论	评论	
专论	专论	专论	专论	专论
世界教育	国外教育	世界教育	世界教育	世界教育
世界知识	世界大事	世界新知	国际大事	世界大事
亚东问题				
人物志	人物志	人物志		
		演讲	演说	演说
附录	附录	附录	附录	附录

“评论”栏目，主要评论国内各种教育问题，文章不标注作者姓名，应视为该刊之公同观点。该栏刊发的文章，第1期有《谨告江浙两省》《教育与政治》《今后之教育》《本月刊倡设之用意》《山西教育之新纪元》；第2期有《教育与交通》《教育与地方自治》《城区之教育行政》《敢问教育界之新精神安在》《高等教育与思想及言论自由》；第3期有《学术进步之好现象》《浙江之教育潮》《教育调查会》《天津市学校调查会》《江苏省教育会协进会》；第4期有《胶州问题与教育权》《教育新精神之利用》《南方当急立大学》《呜呼江浙两省之议会》等。

“附录”栏目则是国内教育实况报道，所占版面很少。第1期有3篇文章，分别是《山西教育计划》《全国省教育会联合会议决案》《南京高等师范学校概况》；第2期有《南京高等师范学校大事记》；第3期有《北京大学新旧思潮冲突实录》《全国教育调查会》；第4期有《暨南学校师范科之教育方针》；第5期有《湘雅医学专门学校概况》《暨南学校商业科之教育方针》《福建私立集美学校校主陈嘉庚倡办厦门大学校附设高等师范学校演说词》《朱进上中华职业教育社及江浙两省教育会书(为设立平民银行事)》。

“专论”栏目共刊发21篇,作者主要是该刊编辑代表,此外还有任鸿隽和郑宗海,都曾留学美国。该专栏最能体现此一时期《新教育》杂志之原旨,即以绍介或评论西洋教育思想为主。各期作者和文章篇名见表2-4:

表2-4 《新教育》第1卷各期“专论”栏目刊发的文章和作者

<table>
<tr><th>刊期</th><th>作者/文章名</th><th>注</th></tr>
<tr><td>第1期</td><td>蒋梦麟:《教育究竟做什么》
蔡元培:《教育对待的发展》
陶行知:《试验主义与新教育》
刘经庶:《试验的论理学》
黄炎培:《读中华民国最近教育统计》</td><td rowspan="5">一、
蒋梦麟6篇
姜　琦3篇
陶行知2篇
胡　适2篇
刘经庶2篇
朱　进2篇
蔡元培1篇
黄炎培1篇
郑宗海1篇
任鸿隽1篇

二、
第3期是“杜威专号”</td></tr>
<tr><td>第2期</td><td>蒋梦麟:《今后世界教育之趋势》
蒋梦麟:《英国教育之大宪章》
陶行知:《普鲁士教育之基本改革》
郑宗海:《杜威教育主义》</td></tr>
<tr><td>第3期</td><td>蒋梦麟:《杜威之伦理学:(一)伦理学》
蒋梦麟:《杜威之伦理学:(二)道德教育》
刘经庶:《杜威之论理学》
胡　适:《杜威哲学的根本观念》
胡　适:《杜威的教育哲学》
朱　进:《教育与社会》</td></tr>
<tr><td>第4期</td><td>朱　进:《学者何以为世人所崇拜》
任鸿隽:《爱理亚氏之近世教育倾向论》
姜　琦:《何谓新教育》
姜　琦:《教育上“德谟克拉西”之研究》</td></tr>
<tr><td>第5期</td><td>蒋梦麟:《改变人生的态度》
姜　琦:《理科教育之目的》</td></tr>
</table>

“世界教育”栏目,或称“国外教育”,共刊文22篇,均为西方各国教育实况,内容庞杂,散漫而无系统,大至一国之教育计划、成绩之介绍,小至学校中之种种现象、点滴介绍,便于知识界从各个侧面、从细微处了解西方教育实际情形,以供国人采择。这些文章的原著者都是外国学者,没有标明译者,应为杂志社

编译徐甘棠所译。具体篇名见表2–5：

表2–5 《新教育》第1卷各期"世界教育"(国外教育)栏目刊发的文章统计

刊期	文章名
第1期	1.印度教育之成绩；2.俄国教育近况；3.英国工厂学徒之教育；4.美军士撤退时之教育法；5.美国全国教育革新之基本计划
第2期	1.英国学校中之议会；2.学校园艺之价值；3.国际同盟与教育
第3期	1.幼稚园之新动力；2.战后职业教育；3.教育新动力评论；4.菲律宾教育费
第4期	1.美人倡设国际教育委员会；2.公民良美习尚之量度法；3.地理科习验法并原理；4.德人学校删除宗教课
第5期	1.欧美教育界新消息种种；2.维尔氏之论教育；3.教育最后之目的；4.童子军与体育之关系；5.体操简法十二式；6.欧洲近世史教授法之讨究

"世界知识""世界大事""世界新知""亚东问题"等，栏目名称不同，内容实一，总计有19篇，均为译作，没有标注著者和译者名，译者也应为编译徐甘棠。文章多为欧美国家各种事件之介绍，各期所刊文章篇名，见表2–6：

表2–6 《新教育》第1卷各期"世界大事"等栏目刊发的文章篇名统计

刊期	文章名
第1期	1.世界大战史举要；2.俄国革命史之一剧；3.德国生育与战争之关系；4.德国组织共和之难点；5.法国儿童记美军士之言
第2期	1.过激党之主义政策及历史；2.过激党之俄国；3.法国恢复原状之方法；4.游暹罗之所见；5.大战伤亡统计
第3期	1.三百年国际媾和会失败史；2.欧洲新国；3.三皇帝终局；4.战狗
第4期	1.日本在西伯利亚之行动
第5期	1.记罗马尼亚农人名田事；2.记匈牙利二次革命事；3.欧洲新国；4.巴黎和会中日两国之交涉

"人物志"栏目，多介绍政治人物，第1期有《德皇维廉第二本记》，第2期有《法国内阁总理克勒满沙》。此外，杂志扉页有政治人物肖像照片，如第1期有美国援法军统领潘兴将军阅看电报照片、法国福熙将军肖像、美国独立纪念日

旧金山庆典中华人游行队伍照片；第2期有德国革命人物：工兵会长佛干褒、国会议长塞义智、裴佛利亚新政府领袖埃士纳，以及法美两国总统在法国同车出游照片、英国王后与美国总统威尔逊夫人在伦敦同车出游照片。这些非关世界近代教育的历史人物，恰恰都在体现编者“使国民知世界大势”之旨。

《新教育》杂志从第2卷第1期起，做了部分调整，一是取消栏目名称，文章不再分栏，而是混合编排。但从刊发的文章内容看，并未改变第1卷常设栏目的选文取向，只是有关世界大事的内容介绍有所减少。二是及时跟踪并反映社会生活变化在教育界的影响，如《新教育》第2卷1~5期，连续刊发与五四运动有关的文章，第1期有蒋梦麟《新文化的怒潮》、刘经庶《学生社会服务问题》、凌冰《青年心理及教育青年之方针》；第2期有蒋梦麟《学潮后青年心理的态度及利导方法》《学生自治》两篇，陶行知《学生自治问题之研究》；第3期有郑晓沧《中小学校学生自治实施之计划》、陈鹤琴《学生自治之结果种种》、廖世承《关于学生自治的几个问题》；第4期有蒋梦麟《社会运动与教育》；第5期还编发了一组《一年来学潮之回顾和希望》的文章，计有7篇，分别是蔡元培《去年五月四日以来的回顾与今后的希望》，黄炎培《五四纪念敬告青年》，蒋梦麟、胡适《我们对于学生的希望》，陶孟和《评学生运动》，罗家伦《一年来我们运动底成功失败和将来应取的方针》，朱希祖《五四运动周年纪念感言》，穆藕初《实业界对于学生的希望》。

四、《新教育》月刊出版发行概况

《新教育》在五四运动前夕创刊，其所刊发的大量文章，广泛宣传欧美共和主义、世界主义、平民主义和实用主义等，并把“养成健全的个人，创造进化的社会”印在杂志的扉页上。此种取向迎合了当时国内知识界对欧美新思想的渴求，在读者中产生了广泛影响。蒋梦麟回忆说：“那时正是欧战后不久，自由与民主正风靡世界，威尔逊主义已引起中国有识之士的注意。中国青年正浸淫于战后由欧美涌至的新思想。报纸与杂志均以巨大篇幅报道国际新闻和近代发展。中国已经开始追上世界的新思潮了。"[①]他说《新教育》创刊6个月后就销到1万份[②]。这个数字是他数十年后的回忆，并不完全准确。实际情况是，截至1919年6月第1卷第5期出版，据当年新教育共进社会议报告称，实际每期销行3000份左右[③]；又据该社当年年中呈文教育部请求拨放补助款时称，每期销行三千四五百份，且由国内渐推国外。[④]3000余份的销行量是可信的，对于创刊伊始的《新教育》而言，这个成绩还是相当可观的，发展势头尤可期待。

然而，五四运动爆发，受此影响，不仅新教育丛书的编译工作未能如期进行，《新教育》月刊的编辑工作，后来也受到波及。出刊半年后，蒋梦麟应蔡元培推荐，代理北京大学校长一职，长驻北京处置由五四运动而来的种种棘手问题，没有时间和精力负《新教育》主编之责。《新教育》的编辑工作勉强维持到当年年底，自1920年2月第3卷第1期起，到1921年底，在近两年的时间中，应出刊4卷20期，实际上仅出刊第3卷1~5期和第4卷第1期，总计只有6期，基本上处于半停顿状态。

1921年底，《新教育》3年期约届满，蒋梦麟又将赴美出席华盛顿会议，各合组机关代表集会，就月刊去留问题进行讨论，决定继续办理，从1922年初第4卷第2期起，改聘陶行知担任主编。

第三节　实际教育调查社的成立及其活动

一、成立缘起

民国初建，社会事业千头万绪，何者应革，何者应兴，皆须有所根据，而后有

①蒋梦麟：《西潮》，辽宁教育出版社，1997年版，第102页。

②蒋梦麟：《西潮》，辽宁教育出版社，1997年版，第101页。

③《扩充新教育共进社之会议纪略》，《江苏省教育会月报》，1919年10月，第37页。

④《呈教育部请拨放新教育共进社补助费文》，《江苏省教育会月报》，1919年10月，第9页。

所计划。根据不能凭空而来，计划也不能凭空臆造，面壁而画，皆须先有调查。因此，范源濂先生曾说：

吾国今方值新旧递嬗之会，凡事须创设者，亦有亟须改造者，夫人能言之矣。然徒言创设，言改造，而不豫定其计划，犹之纵骑游行，终将无归。知计划之必要矣，而不先之调查，犹之向壁虚造，百无一当。是故计划之不可无，调查之不容缓，乃当然之序，不易之理也。他事皆然，教育事业独能外于是乎？①

中国近代新式教育全系学习东西洋而来，欲图中国教育更大发展，亟须了解世界教育大势，察知东西洋教育发展状况，而后做长久的规划。东洋教育原本取法欧洲，教育新思潮于第一次世界大战后再次勃兴于欧美诸国，与其继续学习日本，不如转师欧美，更何况因“中日二十一条”等政治因素影响，国人对日本观感极度负面。美国自1909年起部分退还庚子赔款，资助中国兴学，文化教育界人士多视其为友好亲善之举，因此更趋重于取法美国，国内各方面组织的教育考察团，接踵渡洋西去。美国教育在当时业已领导世界潮流，以杜威为代表的进步主义教育影响尤大，哥伦比亚大学师范学院又为进步主义教育的中心，云集众多享誉世界的学者教授，如杜威、桑代克、孟禄、克伯屈、柏克赫斯特等。1915年，北洋政府实业考察团赴美，黄炎培应邀同往，他大多数时间参观考察各类学校，多方面了解美国教育实际情形，对职业教育尤多注意。1917年，他提倡并集合同人，发起成立中华职业教育社。1918年4月下旬，教育总长范源濂率严修、孙凤藻等人赴美考察教育，历时半年之久。1920年，教育部次长袁希涛、北京高师校长陈宝泉等人又组团赴美考察教育。

范、严二氏于1918年5月19日抵达纽约，由在哥伦比亚大学师范学院学习的张伯苓引导，参观哥大师范学院、小学和幼稚园，以及林肯学校。严修了解美国教育之心甚切，“在纽约居四阅月，每晚听张伯苓先生讲教育（张每日往大学听讲两次，晚为先生述大意），张信天夫妇附听。李广钊为先生讲各种知识，先

①汪懋祖：《孟禄博士之来华与实际教育调查社之缘起》，《教育丛刊》，1922年第8期，第2页。本书所引文献，原文中用字与现在不同的，按现行标准转录；原文标点与现在使用习惯明显不符的，按现行标准调整。

生亦常至大学听讲教育学课”[①]。又据王卓然说，经由张伯苓居中引荐，范、严二氏结识了孟禄。“孟禄博士人既和蔼可亲，对中国人感情又极浓厚，所以严、范等与之相处甚欢，于游历参观，受其帮助的地方很多。”两年后，袁希涛、陈宝泉赴美，“遇博士于纽约，相见甚喜。因慨中国教育之虚伪不切实用，乃议请博士重来中国，以欧美科学的背景，与其自身实际教育之经验，诊断中国教育之弱点，并示以改良进步的方法，议好之后，乃电征范静生、严范生等人的同意，大家自然欣然赞同，孟禄因亦慨然允许”[②]。汪懋祖则在1922年撰文说，严、范二氏当时“深佩其学说事业，且望博士能得暇来中国一行，于我国教育上贡献必厚”；又说袁、陈二氏“得孟禄博士析疑指导之益尤多，于是两先生重申严范之约，冀得博士来华，俾中西教育家携手互助，所以谋中西文化之接近，而有造于我国教育之前程者，盖非浅鲜”。在邀约孟禄博士来华的细节上，王、汪二氏所言稍有出入，但是，严、范、袁、陈四氏早年均曾留学日本，此时皆敬佩孟禄博士之学说，并相信其学说必有助于中国教育之发展，亦可见中国教育之朝美国方面转向之一斑。

孟禄（Paul Monroe，1869—1947），生于印第安纳州，1897年获芝加哥大学哲学博士学位，1902年任哥伦比亚大学师范学院教育史教授，1915—1923年出任师范学院院长，所著《教育史》和《希腊罗马教育史探源》两书，深为学界推崇，被多个国家师范学院列入必读书目。留学哥大师范学院的庄泽宣1921年撰文说：“博士不但以学术著，并且办事很有才能。哥伦比亚大学师范院之有今日，半由于博士的力。师范院里教育部有三千多学生，其中约一千是在研究部，都是间接归博士指导。”他还说，孟禄博士在民国初年受美国政府委派，到菲律宾调查教育，研究改良的方法。[③]孟禄的菲律宾之行具体时间是在1912年，调查工作完毕之后，曾顺道造访了中国。据汪懋祖说，当时接待孟禄博士参观游览的人均为教会人士，由于时间短，孟禄对中国教育了解不深，“评论中国之教育，多得自浮面之观察，而鲜鞭辟近里之谈”，其“所著教育史中关于中国教育一章，类多取材于教会人士之报告与著述，其片断敷浅，自不待言。故博士以为他日

①严修：《严修年谱》，齐鲁书社，1990年版，第392页。

②王卓然：《中国教育一瞥录》，上海商务印书馆，1923年版，第3-5页。

③庄泽宣：《介绍门罗博士》，《新教育》，1911年第4卷第1期，第98-101页。

得游中国,当应用科学方法作切实之调查,期彻底的了解也”[①]。孟禄博士既存再游中国,切实考察教育之心,此时又有中国教育部方面的官员热情邀请,欣然应允来华,既遂自己深切了解古老中国教育的夙愿,又能为中国新教育发展助上一臂之力,是为教育家世界主义精神的体现。

孟禄是北京协和医学校董事之一,该校将于1921年举行开幕之礼,他事先致信张伯苓,将随洛克菲勒东方旅行团来华参加,活动完毕后,可在中国停留数月,进行教育调查。预计7月前可抵达中国,后因其子生病,延期到9月。[②]

此次商议邀请孟禄来华调查中国教育,主要是北京教育部代表范源濂和袁希涛,北京高师代表陈宝泉,天津南开学校代表严修和张伯苓。王卓然说,上述诸人商议,“都以为不可没有一办事机关,以为此次进行调查的枢纽,并以此为将来永久研究教育的机关,于是而有实际教育调查社之组织,社名取意为:从事实上调查,作实地的研究,以为实行改良的基础”。社址暂设于北京高师,请校长邓芝园为临时主任,主持一切事务。由于此时主要忙于调查工作的组织进行,因而既没有订定章程,也没有拘泥于某种形式,仅以木牌挂在北京高师一间屋子的门上,题名“实际教育调查社筹备处”,日常事务由该校教育科学生汤茂如和王卓然办理。[③]范、袁、陈、严诸氏又商定,孟禄以友谊的缘故,帮助中国发展教育,不能使他有经济上的损失,因此议定仍以孟禄原薪每月1000美元相赠,其余一切旅费,均由实际教育调查社供给,总计需款约2万美元。这笔款项除由严、范二氏负责募捐外,再以实际教育调查社全体发起人名义发出募捐启,署名发起人有:黄炎培、张一麐、范源濂、严修、梁启超、张謇、袁希涛、郭秉文、张谨、孙凤藻、陈宝泉、张伯苓、蒋梦麟、金邦正、凌冰、邓萃英。可见新教育共进社主要合组机关江苏省教育会、东南大学(1921年在南京高师基础上创办)、北京大学、北京高师等都参与其中。募捐启发出不数十日,待孟禄抵京时,已募款达13000美元。[④]经费方面有了保障之后,始而详细地讨论孟禄调查中国教育的具

①汪懋祖:《孟禄博士之来华与实际教育调查社之缘起》,《教育丛刊》,1922年第8期,第1页。

②王卓然:《中国教育一瞥录》,上海商务印书馆,1923年版,第4页。

③王卓然:《中国教育一瞥录》,上海商务印书馆,1923年版,第5页。

④王卓然:《中国教育一瞥录》,上海商务印书馆,1923年版,第6-7页。

体计划。

二、孟禄在华调查计划和行程

在调查内容和方法方面，北京高师教职员最早商定了一个计划，包括两个方面。一是调查事项，以关于学制及其施行机关为主，分下列5项：(1)教育行政机关，包括教育部、教育厅和劝学所；(2)各种学校，包括初等、中等和高等学校；(3)教师训练：包括师范讲习所、初级师范和高等师范；(4)学校经济；(5)学校设备。二是调查方法，亦有下列5项：(1)不专注重城市教育，乡村教育亦宜留意；(2)择一二代表省份，为详密之调查；(3)在同一地方，尽力视察各种学校；(4)请教育部通知各省先事预备，以备咨询；(5)准备相关表册，以便搜集调查材料。

在调查区域和随行人员方面，考虑到孟禄1922年1月7日须由上海搭船回国，在华仅有4个月，其间还要参加协和医学校的有关活动以及其他集会，至少得除去半个月。再则，孟禄最晚须于12月10日前回到北京，以便集合各地代表，召开教育讨论会，讨论调查结果。因此，预计孟禄在各地调查的时间，仅有两个多月。调查区域初步确定为华北、华东各省，以及东南沿海福建和广东两省，后与孟禄数次商榷，最后商定调查分为四个区域进行：第一区为北京、保定、太原和开封，由北京高师教育史教授王文培担任翻译；第二区为江浙，由南京高师及东南大学教育科主任陶行知担任翻译；第三区为福建和广东，因方言关系，另请当地人士担任翻译；第四区为天津、山东与奉天，由凌冰博士担任翻译。另请北京高师教育科学生王卓然和汤茂如全程陪同孟禄，担任翻译助手和书记，办理考察途中一切庶务。王卓然全程记录了随同孟禄调查的行程和主要活动，见表2–7：

表2–7　孟禄在华调查教育行程及主要活动

地区	日/月	所到学校和主要活动
北京	24/9	北京女子职业学校
	25—29/9	孟禄生病，住院疗养
	30/9	清华学校

续表

地区	日/月	所到学校和主要活动
保定	2/10	午后4时在省立第二师范附属小学演讲“影响教育问题的新势力”，听者2500人，其中有女学生300人
	3/10	上午考察育德中学、直隶省立第二师范学校、直隶农业专门学校，下午考察直隶省立第二女子师范学校、直隶甲种工业学校
	4/10	考察直隶省立第二师范附属小学、河北大学（原法科、医科、师范部合并，附设中学）、第二模范小学、第六中学
太原	6/10	第一女子师范及附属小学、文言学校（校长卫西琴）、省立第一师范、国民师范，在国民师范演讲“学生之机会与责任”
	7/10	太原郊区东社村国民学校和高级小学、三给村国民学校、呼延村国民学校、冽石泉国民学校、上兰村国民学校
	8/10	山西大学、山西农业学校、第一中学，在第一中学演讲“学生成功之要素”，在省教育会召开教育谈话会
	9/10	与阎锡山谈话
	10/10	太谷教会学校（孟禄是其董事），晚与教育厅长餐叙
开封	13/10	上午参观省立第一师范学校暨附属小学，中午与李步青厅长餐叙，下午参观省立第二中学，与督军赵倜、省长张凤台谈话
	14/10	参观河南留欧美预备学校、河南甲种商业学校、河南第一中学，在省立女子师范演说“女子教育与家庭教育之关系”，在法政学校公开演讲“文化与新潮”，晚赴省长与督军公宴
南京	17/10	上午参观南京高师，下午与南京教育界开谈话会
	18/10	上午参观江宁第一区第四高小、第二十国民学校、省立第四师范、省立第一女子师范及附近之保姆传习所和幼稚园、戴氏私塾，中午在第一女子师范演讲，下午参观南京暨南中学，与督军齐燮元、省长王瑚谈话
	19/10	上午参观南京高师农场和附中、模范监狱及其工厂，午后在南京公共讲演厅演讲“中国之学生运动”
	20/10	参观方言学校、省立第一中学、贫儿院、女子职业学校、某氏私塾、苏缎家庭工厂、江苏地方物品展览会、金陵大学
苏州	21/10	参观苏州医学专门学校，晚出席第一师范、第二女子师范、女子职业学校、苏常镇守使、教育会和青年会等六团体晚宴

续表

地区	日/月	所到学校和主要活动
	22/10	参观省立第一师范学校暨附属小学、省立第二女子师范暨附属小学，在第二女子师范演讲“旧教育与新教育的差异”
香港	28/10	参观香港大学
广州	30/10	与全国省教育会联合会代表谈话
	31/10	向全国省教育会联合会代表演讲“德谟克拉克的教育”（陶行知翻译）
	1/11	上午到岭南大学开会，与该校主事者讨论校务，下午参观培正中学与小学、培道小学校、农业专门学校
佛山	2/11	参观季华女子高等小学并附属国民学校、南海县立第一师范讲习所、节芳学校、华英学校、两所私塾，晚回广州赴商务和中华两大印书馆晚宴
广州	3/11	参观省立第一女子师范、执信学校、市立第二十三国民学校、市立第一高等国民学校、陆际生私塾
	4/11	参观真光女学校，晚赴省署欢迎全国省教育会联合会代表及孟禄公宴
	5/11	参观广东高师附属小学、广东高等师范学校，在广东高师演讲“师范教育与平民主义”，访广东省教育会
	6/11	与全国省教育会联合会代表谈话，晚赴广东国民政府与伍廷芳谈话
	7/11	岭南大学
汕头	10/11	（途经汕头）参观一所小学、一所广东岭南甲种商业学校
厦门	11/11	集美学校、厦门大学
福州	14/11	参观福建省立第一师范学校暨附属小学、闽侯县立第一小学，赴福建省教育会全省教育界领袖欢迎会，并发表讲话
	15/11	参观私立城南小学校、女子师范学校、女子职业学校、省立第一中学校，在第一中学校演讲
杭州	22/11	参观省立第一师范学校、省立第一女子师范、省立第一中学，晚在省教育会开谈话会
	23/11	参观杭州安定中学、公立工业专门学校，晚在省教育会演讲“学理与应用”
	24/11	参观杭州惠兰中学校、县立第八国民小学、宗文中学校、杭州区立辅德第一国民学校、女子职业学校、第五高等小学与第十国民学校、之江大学

续表

地区	日/月	所到学校和主要活动
无锡	26/11	无锡市立第一国民学校、无锡县立第二国民高小、无锡私立竞志女学校、市立第十一国民学校、县立乙种实业学校、省立第三师范附小、私立公益第一民国学校、竞化女学校、工商中学校，晚对无锡各学校学生与教师演讲“领袖的要素”
	27/11	与无锡教育界开谈话会
济南	28/11	山东省立第一师范暨附属小学第一部、省立模范高等小学校、私立正谊中学校、历城县立女子高等小学校、省立女子师范学校、齐鲁大学之广智院
	29/11	历城县立教育小学校、教会立济美学校、教会立翰美女学校、公立矿业专门学校、省立模范职业学校、省立女子职业学校
	30/11	参观齐鲁大学、省立女子师范附属小学校、济南西关制锦市小学校，出席教育厅长覃孝芳主持的省城各校校长及教职员谈话会
天津	2/12	直隶第一师范学校、直隶公立法政专门学校、扶轮中学校、直隶省立第一女子师范学校
	3/12	南开学校、南开大学、广北高等小学校、天津官立第九女子国民学校
奉天	5/12	参观沈阳高等师范学校暨附属小学之第二部、奉天省立第一师范学校暨附属小学校、奉天女子师范学校暨附属小学校、省立第四小学校，午后与张作霖谈话
	6/12	参观南满医学校、日本高等女学校，午后与奉天教育界开谈话会
唐山	7/12	路经唐山，参观路矿学校
天津	8/12	午后在青年会公开演讲
	9/12	参观天津第一模范小学校、天津严氏私立女学校、直隶第一师范附属小学第一部、第八贫民半日学校、水产学校，午后在天津工业学校与天津教育界开谈话会

（资料来源：王卓然：《中国教育一瞥录》，上海商务印书馆，1923年版）

孟禄原定先将北京各校考察完毕再往外地，因生病住院，未及先行考察北京各校。1921年12月9日晚，孟禄结束在天津的调查，回到北京，稍事休息后，即于12—14日间，先后考察北京医学专门学校、北京高师、交通大学、砺群学校、美术学校、工业专门学校、女子高师和法政专门学校等。[①]27日离京南下，又在南京东南大学和上海江苏省教育会讲演，1922年1月7日离沪返国。[②]

孟禄在华3个月余，圆满完成中国教育调查工作，这是继新教育共进社后，南北教育界又一次联手合作所取得的重大成绩。

三、孟禄的中国教育讨论会

1921年12月15—22日，实际教育调查社邀集北京各校及10多个省区代表73人，在北京美术学校集会，请孟禄就调查所得发表意见，并就各种问题展开讨论。出席会议的代表名录，见表2-8：

表2-8　出席孟禄中国教育讨论会代表名录

<table>
<tr><th>单位</th><th colspan="2">代表</th></tr>
<tr><td rowspan="3">实际教育调查社</td><td>发起人</td><td>范源濂　严修　袁希涛　梁启超　张谨　孙凤藻
陈宝泉　张伯苓　凌冰</td></tr>
<tr><td>调查员</td><td>陶行知　王文培　汤茂如　王卓然</td></tr>
<tr><td>特请员</td><td>熊希龄　刘廷芳</td></tr>
<tr><td>北京大学</td><td colspan="2">胡适之　朱经农　谭熙鸿　陶孟和</td></tr>
<tr><td>北京高等师范</td><td colspan="2">李建勋　汪懋祖</td></tr>
<tr><td>北京高师附中</td><td colspan="2">张鸿来　卢秉征</td></tr>
<tr><td>交通大学</td><td colspan="2">胡鸿猷　陈天骥　钟锷　陈其瑗　关汉光</td></tr>
<tr><td>北京女子高等师范</td><td colspan="2">毛邦伟　李贻燕　欧阳晓澜　顾耀君　赵鸿钧　孙世庆　萧会极
周纲仁</td></tr>
<tr><td>北京工业专门学校</td><td colspan="2">俞同奎　王家驹　王兆荣</td></tr>
<tr><td>北京农业专门学校</td><td colspan="2">吴宗栻　尹炎武　侯过　刘宝书</td></tr>
<tr><td>北京医学专门学校</td><td colspan="2">张黻卿</td></tr>
<tr><td>北京美术学校</td><td colspan="2">郑锦</td></tr>
<tr><td>北京十九小学</td><td colspan="2">赵其章</td></tr>
</table>

①《孟禄博士返京后与实际教育调查社之进行》，《新教育》，1922年第4卷第2期，第303-304页。

②《孟禄博士来华后之行踪与言论》，《教育杂志》，1922年第14卷第2期，第4页。

续表

单位	代表
北洋大学	冯熙运
直隶法政专门学校	李志敏
直隶工业专门学校	杨育平
直隶教育厅	井守文
直隶河北大学	李成章
直隶第一女子师范	冯荣缓
天津南开大学	张敬虞
直隶教育界代表	陈之桢
山西教育厅代表	杜曜箕
山西教育界代表	李腾蛟
河南教育厅	徐金湶
山东教育厅	谭寿堃
山东教育界代表	范予遂　刘次箫
奉天教育界代表	方永蒸
金陵大学	赵叔愚
浙江教育界代表	马叙伦
浙江惠兰中学校	葛德基
福建教育界代表	王孝缉
福建集美学校	叶采真
广东高等师范学校	金曾澄
教育部代表	陈延龄
四川高师附属中学	程昌祺
实业银行	卓定谋
旁听员	吴鼎昌　张哲农　吴更始

（资料来源：陈宝泉、陶行知、胡适：《孟禄的中国教育讨论》之《附录·讨论会到会人名表》，中华书局，1922年版）

孟禄首先强调三点：其一，此次讨论，系报告调查所得，并以各国的经验做参考；其二，各种批评的意见，系建设的，非破坏的；其三，提出的问题，系个人调查后的感想，至于研究如何进行，仍赖中国教育家之力。随后，他依次就学校系统、学校组织、教学法、课程科学、行政效率、教师职业等方面发表意见，并和与会代表以问答形式，逐项进行讨论。讨论会结束后，广东代表金湘帆撰有《孟禄博士教育意见》，刊发于《广东教育会杂志》1922年第1卷第2号；浙江代表马叙伦撰有《实际教育调查社讨论会所闻记》，刊载于《新教育》1922年第5卷第1、2期合刊；陈宝泉、汪懋祖、陶行知等三人辑有《孟禄博士与各省代表讨论教育之大要》，刊载于北京高师《教育丛刊》1922年第2卷第8期；再后，陈宝泉、陶行知、胡适合编《孟禄的中国教育讨论》一书，由中华书局出版发行，该书把孟禄回京后在北京大学等学校演讲的部分内容辑录其中，内容更为丰富一些。兹参酌三文一书，将讨论会上孟禄博士的主要观点，略述于下：

(一)关于小学校修业年限

修业年限6年抑或4加3年。中国与欧美不同，欧洲现在废小学与中学之平行制，即双轨制，缩短小学年限为6年，美国原先是8年，现在要减为6年，欧美各国把小学缩减下来的时间，加到中学上去，让更多数学生接受高深的知识。中国小学欲取六年制的缘由大体有二：一是减少1年可使学生早入中学，但是不准备升学的学生则有所亏；二是欲改定义务教育为6年。然而，除山西省外，各地4年的强迫教育都没有办到，改为6年实非所急，况且经费加多，课程复杂，教员一时难以养成，义务教育恐受阻碍。小学行“四二”制，或六年制，与当时的“四三”制，可以并行，留有伸缩余地，将来义务教育实行后，再一律改为6年。与会者主张不一，孟禄提议留待组织委员会解决。

(二)关于普及义务教育

小学校年限之长短，涉及义务教育之普及，以及乡村教育等诸多问题。孟禄认为，普及教育的第一步，应使儿童有同等入学之机会，故须多立学校，使学生有就学的便利。欲教育之完全普及，使贫穷儿童，以及精神、身体有障碍的儿童，一律入学，不仅需费多，而且办理起来尤为复杂。因此，多立学校应先考虑：一是经费如何筹集，中国既为共和国，教育经费应使各地方担负责任，此应与美国相同;二是如何使社会信仰教育,愿意拿出钱来,愿意送儿童入学。他认为中国有二大优点:一是中国人十分信仰教育,有信仰必能帮助学校发达;二是中国人不止有信仰,而且能实地办理教育,如私塾。现在中国的私塾仍然很多,收费亦不少,如能合私塾所收之学费,办理学校,可以推动普及教育之进行。至于将来教育普及了,必需巨款,诸君应研究如何设法征收教育税。

中国旧式教育有两种优点,一是私塾与儿童家庭有密切关系,二是家庭对于教员非常尊敬。在此过渡时代,固应输入新法,但尤宜发挥旧有的好习惯。使社会对教育产生信仰心,学校须对社会有实际的贡献,其要点在课程须与社会生活有密切关系。解决此种问题,亦甚复杂,而乡村学校较易办到。

便利乡村儿童入学的方法,美国最为通行的,是用公车接送学童;澳大利亚盛行教员赴各校循环教授之法;至于学生寄宿办法,欧美等间或有之,但得视地方情形而定。菲律宾实行劝学制度,颇著成效。中国有劝学所长、劝学员等,设置有年,至今无甚效果,故须设法聘得尽职之劝学员,促进地方学务,实为普及教育之要图。

中国文字繁难,亦影响普及教育之进行。文字是一种工具,如果学习这种工具费时太多,就要耽搁其他功课和切要的学问知识。因此,普及教育之进行,必须把文字改为简便些,使儿童易于学习。

(三)关于中学校之组织与教学法

在学校制度中,中学最关重要。但是,中国的中学教育办理得最坏,大学预科之设,即证明中学教育之劣。中学校之问题可从两方面看:

1.中学学生成绩不良的原因,孟禄认为主要是教学法的问题。中学教授多用讲演法,科学课程只教些名词及公式,教语言只教些文法例子,所以不能引起学生主动参与,且无关实用,学生毫无参与作业及实习之机会,不能发生问题以求解决,永处被动的地位。他认为讲演法并非不正当,在教授中国古文时有其合理性,但施之于今日之科学教学,则万万不可。因为学习科学,不在“知”,而在“行以求知”(learning by doing)。

关于讲演法的来源,孟禄谈了自己的看法。一是中国古文教授法的影响,此种影响历史久远，故而习惯性地被用来教授今日之科学课程。二是日本教授法的影响，中国近代新式教育，主要是模仿日本。而日本主要是模仿欧洲，欧洲有些国家，如德国教授语言，第一步由教师逐字逐句，讲授清楚，一切文法，解释明白。第二步详细问询学生懂不懂，务使学生答复真正了解才算。日本对于第一步确已效仿，第二步情况不得而知。孟禄此次来华前曾在日本滞留3日，与日本教育界交流，他们正在竭力改革。他认为中国和德国比较，实行了第一步，遗漏了第二步。三是留美归国学生的影响，这些学生大多数在大学和专门学校学习，因大学和专门学校学生数多，教授多用讲演法，留学归国学生照此形式，却忽视了美国大学和专门学校在教授讲课结束后，还有分组讨论一层，由助理教授详细考问学生的心理，而在教授讲课之前，亦指定预备的功课及参考书籍。讲演法、注入式教授方法，所以不能改良之原因，一是缺乏良好训练之教员，此种问题须由高等师范解决；二是教员多兼任他种课程，不能专心研究教授法，当由行政方面定出标准，并限制兼任课程。

2. 中等学校之组织，应留有伸缩之余地。中学校之目的有二，一是选择的功用，二是培养各项职业之领袖，故须多留伸缩以适应各种需要。欧洲中学年限甚长，大都八九年，美国只有4年，现在皆有折中之趋势，即欧洲缩短，美国加长。就中国新学制言，中学年限介乎欧美之间，颇合世界改革学制之趋势。中学宜分初、高两级，初级为普通科，加入极少数之选科，试验儿童之能力和志趣所在，亦以为职业科之准备。此种选科，在较大规模的中学施行，较为便利。高级须设多科制，或各科分立学校。各科设分校或合在一校，在美国教育界意见亦不一致，二者效率孰大，非臆想所能断定。在中国，甲种工业学校之效率，似较普通中学为大，当中学教授未改良以前，不宜将甲种学校制度废除。这并非说甲种工业学校多较普通中学为良，其不良者亦宜停闭。关于初、高两级中学合设或分设之问题，似合设为妥，因合设则可有一致之训练，且良好之中学，亦易于发展。

（四）关于中学科学课程

课程宜特别注重科学方面，旧文明与新文明的区别，即在科学。中国欲谋经济、政治、国防等各方面之发展，舍科学无以致之。中学课程对于科学，尤宜格外注重。中学科学教授失败有四因：一是教授法之恶劣，科学教学不单是灌输名词、公式和分类，须在“行以求知”上下功夫，使学生随做随习，而且要与社会发生关系。中学科学教学，只有注入法，所以失败。二是科学教授全赖实验，中国无此设备，学生无实验机会。三是缺乏良好的科学教员，此项教员之来源，不应限于高等师范，应兼取于大学及各种专门学校。四是科学观念之错误，对于科学应有功用的观念，即如何能应用到实际中，去控制自然，不是教些什么科学分类的方法。改良科学教授的方法，亦有数种：一是训练指导员，使巡视各校，对科学教员进行相应的指导，帮助他们进行改良。二是制造科学器材，可以由教员自制，如美国儿童玩具，均含有科学原理。三是学校与工厂联合，便利学生实习。工厂实习可以补学校之不足，但不能以此代替学校科学教授。

（五）关于教育行政效率

教育行政的要点，在求效率之增大，而欲求效率之增大，必须定出各种标准，孟禄举出三类。一是学程分量的标准，各种学校学生修业年期究竟应取多少。二是学生进步之标准，学生于一年内究竟所得多少。三是关于行政本身效率之标准：(1)每生每年所费款项，即每生经常费。中国小学每生经常费相差很大，某处有一小学，每人年费40元之多，而办理极坏；某处一小学只费3元，办理得极好；其余各处二三元者亦很多，但都不很好。中学低者四五十元，高者达四五百元，有每生年费500元而办得极坏者。师范学校相差不很大，生均年费约100元，食宿在内，足证师范学校之效率较高。是故须有相应的标准，既避免差距之大，亦能考知其效率。(2)师生比之标准，有许多学校教员太多，亦有太少者，要设法统一，故须定有标准。(3)教员标准之授课时数。在一城之内，有的学校教员每周负担6课时，有的学校教员负担28课时，劳逸不均，相差太大。(4)学生之标准学时，美国学生在18~24学时，中国学生则在28~38学时。中国学生负担之重，与教授法之不良大有关系。清华学校采用美国方法，而学生负担仍有30学时，此乃为一大问题。以上各种标准，应由教育专家调查制定。

（六）关于教师职业

第一，教员之兼课，孟禄坚决反对，认为有违教师人格。中等以上学校教员兼任数校功课者很多，以致老师与学校的关系，不能密切，学生对于老师亦失相当的敬仰，故学校通例，教员不宜兼任他校功课。中等以上学校聘任教员，多以钟点计算，故大家希望多分钟点，敷衍教授，欲矫此弊，宜定专任薪水标准，使每人所得，足供生活之要求，并定每周担任钟点限度，以免劳逸不均之现象。教员服务精神，系教育命脉，金钱主义最足破坏教师职业的尊贵。

第二，教员之培养。初级师范学校办理尚好，附属小学最佳，课程是否适宜未暇审察，故未便评论，从普及教育的角度看，普通师范有大力发展之必要，山西国民师范学校办法值得参考。高等师范教学法，与中学、大学犯同一毛病，就是教员重讲演，而学生少参与的机会。高等师范之改良，应以中学新学制之需要为目的。欲改良中学校之科学教授法，高等师范须先注重科学教学之改良。

第三，在职教员之培养。一是设暑期学校或讲习会，使教员得利用假期余暇，增进教学效率。暑期学校可由高等师范及初级师范办理，讲习会可由省教育会办理。二是设分级分科指导员，巡回辅助各校教职员之改良。菲律宾指导制度甚好，可派员考察。无论如何，此种方法，重在帮助改良，比视导制度为优。三是专科教学法以及试教生之批评指导，均应由专科教员担任。四是实习时数，师范生每人实地练习教学钟点，在30个小时以下，总嫌太少。

（七）关于成人教育

成人教育与学校教育关系密切，因为学校与社会生活是分不开的。成人教育办理得好，则儿童生长环境也好，因此，此种教育可以说是学校教育之一部分。施行成人教育之方法，有直接、间接两种。间接的办法，由学校教育儿童，再由儿童影响成人，如山西学童，身挂布条，上书“不娶缠足妻”。中国各处之“学生运动”，对于一般成人都发生很大的影响。直接的办法，最好由几省或几处地方，联合组织委员会，编拟关于政治、社会、卫生、农业及改良儿童幸福之资料，组织学生暑假服务社会活动，利用上述资料，使学生在各地演讲，传播新知识。此项工作，既使学生有贡献于社会，又可培养学生事群之观念。因此，学生运动可引导之,向成人教育、义务教育方面活动。

(八)关于特别教育

孟禄声明对中国特别教育,不能发表意见,仅就中国急需的略为说明。第一种,工艺教育。他认为中国现行职业教育,偏重机械工作的训练,甚不相宜,因机器功夫简单,不如手艺之有价值。一种工艺教育之良否,可由下列三种标准观察:(1)学生受过这种教育后,谋事是否较易;(2)学生制造的物品,是否有充分的销路;(3)学生学习之手续,是否有教育的价值。在中国参观工艺教育,只有少数地方如香山慈幼院及儿童照相、做鞋、做玩具等,可算达到上列标准。第二种,美术教育。中国各学校模仿外国美术的风气太甚,此风宜矫正。他说美国哥伦比亚大学Professor Dow,对于美国美术教育很有贡献,主张美术当写意不当写生,赏识日本美术,而日本美术又是从中国脱胎而出,是故孟禄希望中国的美术家,当特别重视中国旧有美术。第三种,体育教育。师范学校现在提倡游戏运动和徒手体操,是个好现象,中国体育不应效仿西洋,但也不愿中国学习机械式、军队式体育,各校可注重学生自由的运动。

(九)关于校舍与学校卫生问题

中国各处情形不同,一种建筑标准,不能通行全国。菲律宾地方很小,学校建筑有16种式样,供地方选择。中国宜组织委员会,审定学校建筑及卫生标准。旧式房屋、庙宇用于学校者,固不能合于规定,但新建校舍必须合于拟定的标准。至于学校卫生标准,则处处应当注意。

(十)关于政府与私立学校之关系

孟禄深信自由主义是发展教育的好办法,比起政府统制,更合共和精神。但是,政府应制定最低限度的标准,公私立学校在达到此种标准之上,任其自由发展。中国最好的是私立学校,最坏的也是私立学校,因此要有一定的标准,来制裁最坏的学校,办理好的、达到标准的学校,就应让它自由地试验。教会学校应与私立学校享有同等待遇。

(十一)关于女子教育

孟禄认为一个人受教育的机关有两处:一是学校,一是家庭。他要求教育收效,不能专靠学校,家庭对于子女教育的影响,往往比学校更大。一家之中主家政的女子,如果没有受过教育,则不能帮助儿童,令他在学校里所受的教育,继续往前推进。中国女子若能对于家庭、社会、国家有所贡献,同男子一样进步,中国将来的进步一定很快。

孟禄对于中国教育各方面所做的批评,受到中国教育界的广泛重视。陶行知、陈宝泉等人还将孟禄博士反复叮咛、剀切申说的方面,归纳为五点,以期引起教育界重点关注:一是科学之重要与中学教授法之不良,亟应改革;二是教师兼课数校,视同传舍,破坏教师职业之精神,学校训纪,因以堕落,社会道德亦蒙影响;三是视学制度不良,视学须匡辅教师之不逮,并非徒作学校之侦探,孟禄介绍菲律宾制度,正可引为研究之资;四是行政上之各种标准,实为行政之要具,应由专家调查制定;五是人民对于私塾之信仰,如何能移之于新式学校。[①]

第四节　合组成立中华教育改进社

一、合组成立中华教育改进社的经过

孟禄在中国调查教育的工作结束后,实际教育调查社的使命亦告完成。然而,孟禄之所调查,并非中国教育的全部实况;孟禄所指出的问题,亦非中国教育所有的问题。教育调查还需要继续下去,还有种种新的问题有待发现,全国

①陈宝泉、汪懋祖、陶行知等:《孟禄博士与各省代表讨论教育之大要》,《教育丛刊》,1922第2卷第8期,第8-9页。

教育界同志需要加强研究，寻求解决问题的种种办法。新教育共进社、《新教育》杂志社和实际教育调查社的合组机关，都是以北京大学、北京高师、东南大学、江苏省教育会、南开学校为主体，这些教育机关和团体都有代表出席孟禄的教育讨论会，因而不能不讨论实际教育调查社的安排——是就此解散，抑或继续办理。如若继续办理，又该如何组织，如何计划，如何进行。

孟禄在讨论会上反复表示："我很盼望实际教育调查社用科学的方法，去度量教育的成绩，去解决教育的问题。"①"我很盼望实际教育调查社有一种组织，把此种标准定出。但各地情形不同，标准可斟酌变通。北方用煤，南方不用，在经费上就发生影响。如果按各地情形定出来，很可以帮助行政。"②孟禄的意思，是希望实际教育调查社继续其工作，此番调查工作的结束，并非中国教育调查事业的结束。受孟禄此次调查的积极影响，中国教育调查事业才刚刚开始，没有理由就此解散实际教育调查社。

再检视新教育共进社当时的状况，虽然定位为代表全国教育界公意的民间团体，希望对内建议主张于政府，对外发布中国教育状况，既有董事会之组织，亦有社章之颁布。但是，它缺乏执行力，没有具体的计划和实际的行动，亟须推动进行。《新教育》杂志方面，合组机关决定继续办理，改聘陶行知担任主编，总算有了理想的安排，但是，若要改变原先处于半停刊状态，不能按时出版的现象，也亟须全国教育机关、团体和个人的支持。

总之，出席讨论会的各机关代表，不仅就实际教育调查社的去留，须表明态度，就新教育共进社的问题，还须拿出办法。其结果便是将三社整合，组成新的团体，定名为中华教育改进社。1921年12月16日，各方代表公推教育部陈宝泉、北京大学朱经农、北京高师李建勋、东南大学陶行知和浙江教育厅马叙伦共同起草《中华教育改进社简章》(以下简称《社章》)。21日，三社代表开会讨论，新教育共进社和《新教育》杂志社到会代表有：北京高师李建勋、北京大学蔡元培(谭鸿逵代表)、南开学校张伯苓、江苏省教育会袁希涛、东南大学陶行知，实际教育调查社亦有代表参加，会议通过《社章》草案。23日，召开成立大会，选举出蔡元培、范源濂、郭秉文、黄炎培、汪兆铭、熊希龄、张伯苓、李建勋和袁希涛等

①陈宝泉、陶行知、胡适：《孟禄的中国教育讨论》，中华书局，1922年版，第56页。

②陈宝泉、陶行知、胡适：《孟禄的中国教育讨论》，中华书局，1922年版，第53页。

9人为董事，组成第一届董事会；又选举孟禄、梁启超、严修、张仲仁、李石曾等5人为名誉董事。[1]嗣后向教育部呈文备案曰："教育事业固在国家之设施，尤赖社会之共进，故合教育界之机关及个人并热心提倡教育之人士，公同组织团体，联络研究，以图教育之改善，实为我国今日必不可缓之举。同人等有鉴于此，特纠合南北同志，组织中华教育改进社，当假美术学校开成立大会，当场通过简章十八条，并推选董事若干人。"[2]

合组成立中华教育改进社是新教育共进社、《新教育》杂志社和实际教育调查社社务继续进行和拓展的现实要求，同时也是谋求发展中国教育的各种积极力量综合作用的结果。

第一，全国教育团体合作改进中国教育的要求。就世界教育发展而言，郭秉文曾经报告世界各国教育界有联络的趋势，并建议新教育共进社成为代表全国教育界公意的团体，且通过简章，组织董事会。就国内教育团体发展而言，清末以降，中国民间教育团体如雨后春笋般生长起来，但是区域性、专门性的特点非常明显，缺乏领导全国教育改革的力量。影响全国性教育社团的生长，有多方面的原因，主要是政治上的势力分割。无论晚清还是民初北洋政府统治时期，中央政权弱化，政治上没能实现有效的统一。这种影响有两方面：消极的方面，它不利于各地教育机关、团体和个人的沟通、交流与合作；积极的方面，社会对于统一的民主共和国家的诉求增加。全国省教育会联合会的成立，就是教育界期望联合的例证。

但是，在蔡元培看来，全国省教育会联合会的组织问题很多，并不能代表全国教育界，举办相关的事业。他对成立全国性教育团体的必要性、具体条件做了阐述。蔡元培说：

教育事业范围很广，不能专靠政府所设的几个机关来主持，要全国教育家来共同计划共同进行。方今全国的省教育会每年开一次联合会，很有许多贡献。但是所议的，多限于普通教育一方面。议决的案，只能送教育部请他采用，自己没有一个永久机关可以执行几件事。教育部组织了一个教育调查会，各方

①《中华教育改进社成立纪要》，《新教育》，1922年第4卷第2期，第304-305页。

②《批中华教育改进社准备案》，教育部《教育公报》，1922年第9卷第3期，第38页。

面的，都延请几位，而且有一个常川办事的机关，但人数有限，经费全由政府支给。近年政府不能按期发款，诸事都停滞了。我们要有一种改进教育的机关，是固定的，不是临时结合的；是普遍的，不限于一地方一局部的；是纯然社会的，不受政府牵制的。①

蔡元培的论述，有三层意思：(1)推进并实施教育改进的工作，需要发动民间的力量，集合民间的智慧；(2)教育改进不仅是区域性的、专门领域的，还是全国性的、整个教育的，需要集合全国的教育家，共同研究；(3)全国性的教育社团，必须有常设机关，必须具有执行力。

第二，具有世界视野、领导全国教育团体的新生力量的出现。前文蔡元培的意见，是就为什么组织成立中华教育改进社而说的，但成立这样一个全国性的教育社团，还有一点未被蔡先生所论及，就是中国教育的改进，或者说中国教育由传统向近代转型，它的动力主要不是内生的，而是外发的，组织和领导全国教育改进的民间教育社团，必须具有世界视野，如此才能顺应世界新教育潮流，把握住中国教育改进的方向。

第一次世界大战爆发后，欧美教育思潮涌向全世界，大批欧美留学生回国效力，这为中国教育转型提供了具有世界视野的人才支持。这支新生的力量，不仅创办新教育共进社、《新教育》杂志社和实际教育调查社，而且邀请杜威、孟禄等来华，灌输新的思想，调查诊断中国教育问题。他们开始以领导者的姿态，出现在中国近代教育舞台上。

第三，欧美教育资源的外溢和利用。汪懋祖说："要知道中华教育改进社的由来，当先知道新教育运动与实际教育调查的运动。"在他看来，"杜威博士在我国宣传学说，告诉我们新教育是什么，新教育的路径应当怎样，而全国教育思潮为之一变，这就是新教育的运动"。实际教育调查的运动则离不开孟禄，因为"新教育究竟不可空口谈论……必须脚踏实地，从调查入手到实际改良。去年孟禄博士来帮助我们做这件事业，鼓导全国教育界，这就是实际教育调查的运动"，总之，"我们到欧美考察教育所得效果的结晶，就是中华教育改进社"。②

①蔡元培：《第一次年会日刊发刊词》，《新教育》，1922年第5卷第3期，第728页。

②汪懋祖：《中华教育改进社缘起及章程》，《新教育》，1922年第5卷第3期，第343-344页。

第三章

中华教育改进社的组织与运作

第一节　宗旨与社务进行计划

宗旨是民间社团标举的理想，以此集合同志，但是仅有宗旨还不够，必须制定切实的进行计划，开展实际的活动，共同促成理想的实现。因此，中华教育改进社的宗旨是否合乎时代发展，社务计划是否切实可行，对于该社未来的事业发展，影响至大。

一、中华教育改进社的宗旨

《社章》第一章规定宗旨为："调查教育实况，研究教育学术，力谋教育进行。"[①]它承继了新教育共进社和实际教育调查社的理想，但在逻辑顺序上，区分轻重缓急，设定了一个递进式的目标。

新教育共进社创立之时，确立了"灌输西洋文明"之旨，通过出版《新教育》杂志，广泛宣传欧美教育思想。它偏重于单向地输入西洋学术思想，有利于在教育思想上除旧布新，奠定了杜威实用主义教育思想在中国教育上的主导地位，使"全国教育思潮为之一变"。[②]同时，它响应五四时期倡导的科学与民主，宣言"以教育为方法，养成健全之个人……创造进化的社会，使国人能发达自由

①《中华教育改进社简章》，《新教育》，1922年第5卷第3期，第344页。

② 汪懋祖：《中华教育改进社的缘起》，《新教育》，1922年第5卷第3期，第343页。

之精神，享受平等之机会”[1]。《新教育》杂志在创刊半年后，销行量即达三千余份，足见其迎合时代需要，在社会上产生积极而广泛的影响。

实际教育调查社的创立，是在实用主义教育思潮影响下，志在“从事实上调查，作实地的研究，以为实行改良的基础”[2]。它更偏重于实践层面，运用社会学方法，通过田野调查，诊断中国教育存在的各种实际问题。孟禄的中国教育调查，是一个极好的范式，依据欧美新教育理论，研究分析中国教育实际问题，探索各种可行的改进办法。

中华教育改进社的宗旨，确立了以问题为导向的工作路径，把“调查教育实况”放在第一位，把研究置于调查的基础之上，并以研究所得推进教育发展。它较之于新教育共进社单向地输入学理，更注意切合中国教育的实际需要；它较之于实际教育调查社注重现状的调查，更强调运用新的学理，提出改进的意见和方法。

二、社务进行计划

中华教育改进社董事于1922年2月8日在上海召开第一次董事会议，基于立社宗旨，确定了四项重点工作，即调查、研究、编译和推广。主任干事陶行知对四项工作的关系，做了明晰的阐述。他说：

办教育如医病然，一方面应该知道病人的体力，一方面尤应该知道疾病的来源。知道了这两层，然后可以下药。我们办教育，对于教育之宜改进，是早经知道的了，但我们不知道他的弱点究在何处。我们应该用显微镜察看中国教育不振兴的微生虫在什么地方，也应该用千里镜察看中国教育不发达的远因在什么地方，所以第一种手续就是调查……凡关于一个问题之事实，必充分调查后可得相当解决。调查后，将结果报告出来，还要进一步为谋方有用。因病有万千，药亦万千，什么药治什么病，必须研究，然后可以有解决。研究是我们第二种事业……第三是编译事业。调查与研究所得，决不能秘而不宣，必须布告于

①《本月刊倡设之用意》，《新教育》，1919年第1卷第1期，第1页。

②王卓然：《中国教育一瞥录》，上海商务印书馆，1923年版，第5页。

国人，于是乎编译事业尚已……本社之编辑物，有《新教育》杂志，一年出十册，暑假停刊，以研究调查，无论为本国的或外国的，报告于国人。有时亦宣布之于外国人……第四是推广事业。调查了，研究了，宣布了，还须实行，同心协力的，不问党派的，抛弃地方主义去实行。①

调查研究的重点领域是中等教育，也是孟禄调查中国教育后认为存在问题最为严重的领域。中华教育改进社一方面聘请张仲述为中学课程研究主任，并派遣他赴欧美各国调查中等教育，以为研究改良中国中等教育借鉴；另一方面请孟禄推荐，邀请美国教育专家推士、麦柯等来华襄助教育调查研究工作，并将调查研究所得，通过《新教育》杂志以及其他媒体，或出版丛书丛刊，即时予以发表，为改进中国教育者之参考。

除了四项重点工作之外，中华教育改进社还在每年暑期择地举办社员大会一次（下文简称“年会”）。陶行知、陈宝泉和胡适专门就年会进行办法，拟定了《年会规程》，由董事会审议通过。年会的组织形式，分全体大会和分组会议两种，全体大会又分社务大会和学术大会。

凡事预则立，不预则废。计划是社务活动得以有序、有目的进行的根本。它使社员明了，在一定时期内，准备做什么，如何进行。中华教育改进社在成立后的4年中，按计划开展了较大规模的教育调查活动，聘请国内外专家分任研究相关问题，编辑《新教育》月刊，出版系列丛书和丛刊，联络国内知名媒体，以为舆论的宣传和活动的推广，组织4次年会，议决案四百余件，等等。姑且不论四百余件议决案执行情况如何，仅就其所造成的舆论，对教育改进的影响，积极的意义不可忽视。

计划是一种预设，当局部的环境和条件发生变化时，也须适时地进行修正或调整。譬如，1922年组织筹划全国教育费委员会，力推各债权国退还庚子赔款拨充教费；1923年发动平民教育运动，响应美国全国教育联合会倡议，成立国际教育委员会，选派代表参加在旧金山召开的世界教育会议，增强与世界各国教育界的沟通交流；1925年把推进乡村教育确定为重点工作。1926年后，因为时局的原因和教育界的分裂，社务活动基本停滞，陶行知等人又以改进社之名

①陶行知：《中华教育改进社第一次年会社务报告》，《陶行知全集（第1卷）》，四川教育出版社，1991年版，第472—473页。

义，创办试验乡村师范，为改进社事业之延续，继续奋斗。

第二节　行政组织与学术委员会

中华教育改进社实行董事会制，下设专门的执行机构，即总事务所和学术委员会。

一、董事会之组织

1921年12月23日中华教育改进社成立大会上，选举产生了蔡元培、范源濂、郭秉文、黄炎培、汪兆铭、熊希龄、张伯苓、李建勋和袁希涛等9人组成的第一届董事会，同时选举名誉董事，有孟禄、梁启超、严修、张仲仁和李石曾等5人，后又增补了张謇。

1922年2月7—14日，第一次董事会议在上海召开，依据成立大会通过的《社章》第三章第五条，董事会设董事九人，任期三年，除第一届董事任期分为一年、二年、三年者各三人，以后每年改选三分之一，由董事会第一次开会时抽签决定。抽签结果，熊希龄、张伯苓和李建勋任期一年，蔡元培、汪兆铭和袁希涛任期二年，黄炎培、郭秉文和范源濂任期三年。[①]该条款还规定："董事会每年于选举之先，由董事会照定额加两倍推选候选董事，通信于各机关社员，就所开候选董事按定额通信选举，但机关社员欲于候选董事以外选举者，亦得听其自由。"也就是说，每年改选3名董事之前，董事会先提出9名候选董事，以通信方法通知全体社员从中选出3人，如果有社员在9名候选董事以外另选他人，亦听自便。1922年7月，中华教育改进社在济南召开第一次年会时，对董事选举办法进行了部分修订，即个人社员不再参加董事选举，完全由机关社员选举产生。[②]

1923年8月，中华教育改进社在北京清华学校召开第二次年会期间，董事

①《董事会在沪开会纪要》，《新教育》，1922年第4卷第3期，第529-530页。

②《社务会议纪录》，《新教育》，1922年第5第3期，第369页。

会举行会议，会中讨论任期1年的3名董事的改选事宜，提出9名候选董事，包括已到任期的熊希龄、张伯苓和李建勋等3名董事，其他6人分别是林文庆、蒋梦麟、陈宝泉、王文培、张春霆和金湘帆。[①]10月13日公告选举结果，熊希龄、张伯苓和陈宝泉当选。[②]1924年7月，中华教育改进社在南京东南大学召开第三次年会期间，董事会举行会议，讨论任期2年的3名董事的改选事宜，提出9名候选董事，包括已到任期的蔡元培、汪兆铭和袁希涛等3名董事，其他6人是邹鲁、江庸、王正廷、陈时、丁文江和沈恩孚。[③]11月选举结果公布，蔡元培、袁希涛和王正廷当选。[④]1925年8月，中华教育改进社在太原山西大学召开第四次年会期间，董事会也召开会议，但是没有议及3年董事任期已满的黄炎培、郭秉文和范源濂等的改选事宜。10月3日，董事会曾就改选董事事宜致函各机关社员，12日，江苏省教育会函复改进社，推选黄炎培、郭秉文和张嘉森等3人。[⑤]董事会本次提名了哪几位候选董事，最终结果是哪3人当选，著者未能查找到相关资料。不过，就第一次和第二次董事改选结果看，虽然每次改选3人，实际变动只有1人，第一次由陈宝泉接替李建勋，第二次由王正廷接替汪兆铭，第三次董事改选，应该不会有大的变动，不会影响董事会的整体稳定。历任中华教育改进社董事名录见表3-1：

表3-1　历任中华教育改进社董事名录

姓名	字号	籍贯	履历	学历背景
蔡元培	孑民	浙江绍兴	北京大学校长	德国
熊希龄	秉三	湖南凤凰	前国务总理	
范源濂	静生	湖南湘阴	前教育总长、北京师大校长	日本东京高等师范
汪兆铭	精卫	浙江绍兴	广东教育会会长	日本法政大学速成科
郭秉文	鸿声	江苏浦口	国立东南大学校长	哥伦比亚大学师范学院，博士
张寿春	伯苓	天津	南开大学校长	哥伦比亚大学师范学院

①《董事会会议纪录》，《新教育》，1923年第7卷第2、3期合刊，第39页。

②章洪熙：《社务报告》，《新教育》，1924年第8卷第1期，第172页。

③《董事会议纪录》，《新教育》，1924年第9卷第3期，第425-426页。

④《中华教育改进社改选董事》，《教育杂志》，1924年第16卷第11号，《教育界消息》第9页。

⑤《中华教育改进社来函请改选董事文》《复中华教育改进社函》，《江苏省教育会月报》，1925年10月，《文牍》第2页。

续表

姓名	字号	籍贯	履历	学历背景
李建勋	湘宸	河南清丰	北京高师校长	哥伦比亚大学师范学院
黄炎培	任之	上海	江苏省教育会副会长	日本，考察美国
袁希涛	观澜	上海	教育部前次长	日本，考察美国
陈宝泉	筱庄	天津	前北京高师校长、教育部司长	日本，考察美国
王正廷	儒堂	浙江奉化	外交部长兼中国大学校长	耶鲁大学

1922年2月在上海召开的第一次董事会议，依据《社章》第三章第五条“董事部长及其职员由董事互选之”之规定，公推范源濂为董事长。又推举郭秉文为交际员，总辖该社交际事务，同时决定在北京、天津、南京、上海和广州等地推选交际主任一人，南京、上海为郭秉文，北京为蔡元培，天津为张伯苓，广州为汪兆铭。继又推举张伯苓为董事部司库，管理该社所有款项，各社员社费均交司库保管。[①]

范源濂（1875—1927），字静生，湖南湘阴人。1898年进湖南长沙时务学堂学习，毕业后赴日本留学，先后入东京弘文学院速成师范科、法政大学法政科。1904年回国，在长沙呼吁女子赴日本留学，并带领十余名湘籍女学生到东京。1905年后任清廷学部主事、参事，参与创办清华学堂，并在京师大学堂任教。1912年中华民国成立，先后任北京政府唐绍仪内阁教育次长，赵秉均内阁教育总长，段祺瑞内阁教育总长，举荐蔡元培出任北京大学校长。1919年组织尚志学社，1920年8月又出任靳云鹏内阁教育总长，次年12月辞职。范源濂对东西洋教育多有了解，对国内新教育之发展多有主张。

1922年5月，范源濂行将赴欧美考察农村教育和公民教育，因此次出访考察有一年左右时间，范氏提出辞去董事长职务，董事一职请梁启超代表。17日董事会议同意范源濂辞职请求，并推举蔡元培接任董事长。[②]1923年1月，蔡元培赴欧美考察，辞去董事长职，3月4日京津董事议决，沪宁董事同意，推举熊希龄代理董事长。[③]同年12月4日，董事会选举职员，推举熊希龄为董事长，张伯

①《董事会在沪开会纪要》，《新教育》，1922年第4卷第3期，第529-531页。

②章洪熙：《社务报告》，《新教育》，1922年第5卷第1、2期合刊，第315页。

③《代理董事部长》，《新教育》，1923年第6卷第4期，第642页。

苓为司库，郭秉文为交际。[①]

熊希龄（1870—1937），湖南凤凰人，1894年进士，1897年与谭嗣同创办长沙时务学堂，1905年清政府派五大臣出洋考察宪政，他应召以参赞身份随行。回国后任东三省农工商局总办、东三省清理财政正监理官等职。1912年4月出任唐绍仪内阁财政部长，1913年任热河都统。同年袁世凯执政，擢任国务总理兼财政总长，次年辞职，转向慈善和教育事业。1918年，在北京香山静宜园创办香山慈幼院，从此与教育结缘。他担任中华教育改进社董事长时间最长，直到改进社最后不告而终为止。

董事部的职权，依据《社章》第四章第十一条，有下列十项："（一）规定进行方针；（二）筹募经费；（三）核定计划及预决算；（四）审核各科办事细则；（五）聘请主任干事；（六）提出候选董事；（七）核定聘员之任免；（八）审定社员资格；（九）审定名誉社员名誉董事之资格；（十）组织委员会。"

二、总事务所之架构

《社章》第三章第六条规定："本社设主任干事一人，由董事会聘任之，商承董事会主持本社一切事务。"第四章第十二条规定主任干事的职权有以下几项："（一）编拟计划；（二）编拟预算决算；（三）推荐聘员，任免雇员；（四）执行董事会议决事项；（五）总理本社一切进行事务。"

1922年2月8日，董事会第一次会议议决，聘定东南大学教育科主任陶行知担任主任干事，暑期前兼任筹备工作，暑期后到社专任。筹备期内暂在南京设临时事务所。[②]暑假后陶行知未能从东南大学辞职，随着改进社事业发展，两边事业实难兼顾，1923年7月28日，陶行知致函东南大学代理校长刘伯明，"请准予辞去教育科主任、教育系主任之职；但以教授名义，给予无俸之长假。俟中华教育改进社约满及有继任之人时，再行回校担任教授职务"[③]。陶行知的请求得到了东南大学同意。1924年7月6日改进社董事会议上，议决次年起续聘陶行

①章洪熙：《社务报告》，《新教育》，1924年第8卷第1期，第172页。

②《董事会在沪开会纪要》，《新教育》，1922年第4卷第3期，第530页。

③陶行知：《为辞东南大学职务事——致刘伯明》，《陶行知全集（第8卷）》，四川教育出版社，2005年版，第206页。

知担任主任干事。[①]

陶行知(1891—1946),安徽歙县人,1914年夏从南京金陵大学毕业,其时对教育之于共和国家,有了极为深刻的认识。他在毕业论文《共和精义》中阐述道:“人民贫,非教育莫与富之;人民愚,非教育莫与智之。党见,非教育不除;精忠,非教育不出。教育良,则伪领袖不期消而消,真领袖不期出而出,而多数之横暴,亦消于无形。况自由平等,恃民胞而立,恃正名而明。同心同德,必养成于教育;真义微言,必昌大于教育。”[②]同年秋,入美国伊利诺伊大学攻读政治学,1915年转入哥伦比亚大学师范学院攻读教育行政,确立了终生从事教育的人生志向。他在致师范学院院长罗素的信中表示,回国后“与其他教育工作者合作,为我国人民组织一高效率之公众教育体系,以使他们能步美国人之后尘,发展和保持一真正之民主国家,因此乃唯一能够实现的正义与自由的理想之国”[③]。1917年回国后,执教国立南京高等师范等。新教育共进社成立后,与郭秉文、陈容出任《新教育》杂志南京高师编辑代表,与胡适、蒋梦麟、郭秉文等积极筹划邀请杜威来华讲学,陪同孟禄前往杭州、福州、广州等地调查教育。自1922年1月起,应聘接替蒋梦麟,出任《新教育》杂志主编。其广泛的社会活动,在教育界声名鹊起,也赢得了改进社董事会的信任。

陶行知1922年2月受聘担任主任干事后,即依据《社章》第七章第十六条“本社总事务所设在北京”,于3月底前往北京筹组总事务所,4月12日,总事务所在北京美术学校临时挂牌。[④]董事熊希龄出面,得到内务部长孙丹林的支持,将北京西四牌楼帝王庙划归改进社作为永久会所。11月,总事务所移至新址办公。“该庙地方宽敞,殿宇壮丽,足敷总事务所、教育图书馆、教育研究所及职员宿舍之用。”[⑤]

依《社章》第三章第七条,总事务所下设两个部门:学术部和事务部。学术部下设四科:研究科、调查科、编译科和推广科。事务部下设三科:会议科、文牍

①《董事会议纪录》,《新教育》,1924年第9卷第3期,第424页。

②陶行知:《共和精义》,《陶行知全集(第1卷)》,四川教育出版社,1991年版,第221页。

③陶行知:《我的学历及终身志愿——致J.E.罗素》,《陶行知全集(第6卷)》,四川教育出版社,2005年版,第456页。

④《社务纪要》,《新教育》,1922年第4卷第5期,第958页。

⑤中华教育改进社:《中华教育改进社第二次社务报告》,1923年7月,第7页。

科和庶务科。第八条规定："各科人员分聘员雇员二种，聘员须由主任干事推荐，经董事会认可聘任之。"第九条规定："各科依事务之繁简定员额之多寡，事务过简之科，不设专员，其事务得由他科职员兼任。"

1922年5月16日，总事务所聘请陈容（字主素）专任事务部主任。[①]董事会在7月4日下午的会议上同意聘任。[②]5月10日，总事务所招考统计生，录取尹彤穉、杨可大两人。[③]1923年4月，添聘萧哲君为庶务员，杨述孝为统计员[④]。6月，因社务发展需要，又添聘张企文为文牍科主任兼事务部职务，添聘杨立人和范毓初为文牍员，李福海为书记员。[⑤]

1922年5月2日，改进社接张仲述来函，张仲述表示愿意担任该社中学课程改造工作，关于调查程度、职员聘请、组织机关，均有详细计划。5月17日京津董事在总事务所开会，对于张仲述研究计划，议决照办。张仲述拟于7月由美赴欧洲考察教育，当于10月回国，以后即在该社研究部担任中学课程改造之研究工作。[⑥]1926年1月19日，凌冰（字济东）出任中华教育改进社学术部主任。凌冰系美国克拉克大学哲学博士，回国后历任教育调查团团员、南开大学主任、河南省教育厅长，教育学术经验极为丰富。1925年改进社推举他出席在英国爱丁堡召开的世界教育会联合会第一次年会，他被选为该会董事。会后游历欧洲各国，参观考察教育，12月底回国。[⑦]

三、学术委员会及其职责

1922年7月，中华教育改进社在济南召开第一次年会，除全体大会外，与会代表就各自的兴趣或专业分成20组，分别开会讨论各种专门问题。在分组会议上，有些重要议案，于短时间内不能议决，或须做进一步之调查，或须相关专

①章洪熙：《社务纪要》，《新教育》，1922年第5卷第1、2期合刊，第315页。

②《董事会会议纪录》，《新教育》，1922年第5卷第3期，第365页。

③章洪熙：《社务纪要》，《新教育》，1922年第5卷第1、2期合刊，第315页。

④章洪熙：《社务报告》，《新教育》，1923年第6卷第5期，第753页。

⑤章洪熙：《社务报告》，《新教育》，1923年第7卷第1期，第154页。

⑥章洪熙：《社务纪要》，《新教育》，1922年第5卷第1、2期合刊，第313页。

⑦章洪熙：《中华教育改进社社务报告》，《新教育评论》，1926年第1卷第14期，第20-21页。

家研究讨论，因此许多组有成立专门委员会之议决案，平时负责委员集会或通信讨论专门问题，编辑刊物或教材，等等，年会时征集、审查、整理和审议相关提案。

8月10日，董事会议议决下列各项：

一、通过委员会规程(规程附后)；

二、依据委员会规程，组织各种教育委员会，统依此次所定之委员会规程修正，使不致抵触；

三、本社担任各委员会经费总数，自本年七月一日起，至十二年六月底止，为二千元，酌量各委员会情形分配；

四、各委员会委员就此次赴济南各组会议之社员及邀请员，由董事部加以追认并聘请之。①

委员会规程有下列各条：

第一条　本社为共同研究学术，或处理特别问题起见，得依社章第四章第十一条第十项之规定，由董事部组织委员会进行。

第二条　委员会委员由董事部聘任之。

第三条　委员会设主任一人，副主任一人，书记若干人，由委员会推选任之。

第四条　委员会处理下列职务：

(一)关于该门学术或该种问题之处理事项；

(二)关于该门学术或该种问题议案之审查事项；

(三)关于董事部长主任干事交议或委托事项；

(四)关于本委员会建议事项。

第五条　处理上列事宜之方法由委员会自定之。

第六条　委员会进行事宜应随时与主任干事接洽。

第七条　委员会所需经费由委员会主任拟具计划预算，交由主任干事提出董事会核定所需数目，超出本社预算时，得由董事会协同委员会另筹款项充之。

第八条　委员会会期由委员会自定之。

---

①章洪熙：《社务报告》，《新教育》，1922年第5卷第4期，第915页。

第九条　委员会为进行便利起见，得设分委员会。

第十条　规程如有未尽事宜，得由董事部修改之。[①]

截止到1922年12月，改进社组织成立了教育行政、高等教育、中等教育、初等教育、义务教育、师范教育、职业教育、成人教育、女子教育、童子军教育、公民教育、科学教学、美育、生物教学、历史教学、地理教学、国语教学、国语字母、国民音乐、体育与国民游戏、学校卫生、图书馆教育、心理教育测验、教育统计等24个委员会，并选举出正副主任和书记。[②]1923年4月25日，又组织成立国际教育委员会。[③]到1924年7月召开第三次年会时，除学校卫生委员会改名为教育卫生委员会、体育与国民游戏委员会改名为体育委员会外，又组织成立了幼稚教育、医学教育、商业教育、乡村教育、蒙古教育、世界儿童通信、数学教学、英语教学等8个委员会，合计33个委员会。各委员会名称、委员人数、正副主任和书记姓名，见表3-2：

表3-2　中华教育改进社学术委员会名称、人数及负责人一览

委员会名称	人数(人)	正主任	副主任	书记
教育行政	34	邓萃英	陈宝泉	章慰高
高等教育	25	蒋梦麟	汤尔和	陶孟和
中等教育	42	廖世承	陆殿扬	汪懋祖
初等教育	18	俞子夷	孙世庆	吴研因
幼稚教育	16	江卢岫霙	孙世庆	
义务教育	16	袁希涛	陈宝泉	李步青
乡村教育	6	葛敬中	赵叔愚	
职业教育	31	黄炎培	邹秉文	钟道赞
师范教育	27	刘平江	任诚	陈纶
商业教育	13	曹云祥	孙壮	蔡正
医学教育	14	全绍清	胡宣明	
女子教育	60	朱其慧	张默君	俞庆棠

①《中华教育改进社委员会规程》，《新教育》，1922年第5卷第4期，第885页。

②章洪熙：《社务报告》，《新教育》，1923年第6卷第1期，第90-91页。

③中华教育改进社：《中华教育改进社第二次社务报告》，1923年8月，第4页。

续表

委员会名称	人数(人)	正主任	副主任	书记
成人教育	7	晏阳初	凌冰	简又文
童子军教育	15	张伯苓	沈恩孚	李启藩
公民教育	13	程湘帆	任凯南	贡沛诚
科学教学	15	张准	秦汾	刘拓
数学教学	7	卫淑伟	王世毅	张济
生物教学	13	汤尔和	秉志	雍克昌
国语教学	13	张一麐	胡适	黎锦熙
国语字母	7	张士一	庄泽宣	陈鹤琴
英语教学	12	张士一	林语堂	
历史教学	15	梁启超	徐则陵	陈衡哲
地理教学	15	丁文江	翁文灏	李贻燕
美育	9	刘海粟	郑锦	武绍程
国民音乐	12		杨祖锡	易章斋
体育	22	麦克乐	董守义	吴蕴瑞
教育卫生	18	周颂声	赵士法	胡宣明
心理教育测验	12	张耀翔	陆志韦	陈鹤琴
教育统计	29	陶行知	张敬虞	薛鸿志
图书馆教育	8	戴超	洪有丰	程时煃
蒙古教育	15	范源濂	黄成埒	
国际教育	30	邓萃英	殷芝龄	汪懋祖
世界儿童通信	10	杨荫榆	刘吴卓生	

（资料来源：中华教育改进社：《中华教育改进社第三次社务报告》，1924年6月，第3–6页）

注：到1925年8月第四次年会时，国民音乐委员会改名为音乐委员会，科学教育委员会改名为理化教学委员会，体育委员会与教育卫生委员会合并为体育与卫生委员会，合计32个委员会，参见中华教育改进社1925年6月编印的《中华教育改进社第四次社务报告》第61–63页。

在各学术委员会中，正副主任和书记，少则1人，多则3人是归国留学生，尤以留美学生最多，如中等教育、乡村教育、成人教育、国语字母、英语教学、心理教育测验、图书馆教育、国际教育等委员会之正副主任和书记，都是留美归国学生。其他如教育行政委员会主任邓萃英，职业教育委员会邹秉文和钟道赞，商业教育委员会曹云祥，女子教育委员会张默君和俞庆棠，童子军教育委员会张伯苓，公民教育委员会程湘帆，科学教学委员会秦汾，生物教学委员会秉志，国语教学委员会胡适，历史教学委员会徐则陵和陈衡哲，体育委员会吴蕴瑞，地理教学委员会翁文灏，教育卫生委员会胡宣明，教育统计委员会陶行知和张敬虞等，亦都是留美归国者。

归国留学生特别是留美学生，在学术委员会中居领导地位，便利美国最新最近之教育思想和理论在我国传播，便利最新最近之教育实验和方法在我国之推广。在历次年会中，各委员会通过之议决案，无疑是在新的思想和理论之影响下，就教育各方面的问题，提出积极的改良办法，其对改进中国教育之影响，深入到各个微观的层面。

在改进社行政组织架构中，学术委员会与总事务所处于平行地位，同受董事会之领导。总事务所偏重于社务之组织筹划，学术委员会偏重于专门问题之研究。学术委员会之活动，须有总事务所之支持；总事务所有关学术方面的社务，需要学术委员会配合。

附：中华教育改进社组织系统图

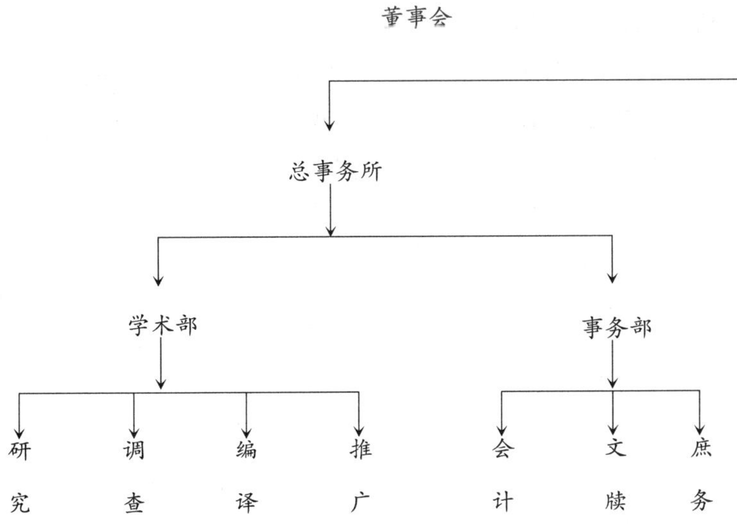

第三节　社员资格与社员概况

一、社员资格

1921年12月23日改进社成立大会通过的《社章》第三章第四条规定，社员资格有四项："一、机关担任本社每年合组费二百元以上者，但中等以下学校得出合组费百元以上；二、个人担任本社每年合组费二百元以上者；三、研究学术有特别成绩者；四、办理教育有特别成绩者。合以上四项资格之一者，由本社社员三人以上之介绍，经董事会通过，得为本社社员。"[①]其中，个人社员资格有三项，符合任何一项都可申请成为该社社员。但是，年纳合组费二百元一项门槛过高，非教育界和学术界一般人士所能负担。当时国立大学教授的月薪一般也就在二百多元，而且政府累月拖欠教职员薪金，教职员索薪风潮此起彼伏，更遑论一般的教育机关。无须交纳合组费者为"研究学术有特别成绩者"和"办理教育有特别成绩者"两类人，所谓"有特别成绩者"并没一个明确的指标，也很难制定一个可操作的指标，难以确定某人是否属于"有特别成绩者"，处理不好，将有可能生出是非。总之，《社章》中关于个人社员资格的规定有明显不合情理和不够周密的地方，不利于发展个人社员。

发展社员既是社务活动得以开展的根本，也是该会活动经费的重要来源之一。1922年2月，第一次董事会议在上海召开时，就非常重视发展社员的工作，推定委员分任16个省的社员征集工作。同年5月，第二次董事会议又加推委员，分任其余各省区社员征集工作。然而，这项工作的进展并不乐观，特别是个人社员数，教育改进社成立时个人社员有49人，半年后教育改进社在济南召开第一次年会时（1922年7月初），个人社员数没有增加。其中有27名个人社员参加了这次年会，表3–3是他们的姓名、任职机关和职务，从中大体可以了解此一时期个人社员的整体状况。

①《中华教育改进社简章》，《新教育》，1922年第5卷第3期，第345页。

表3-3　出席1922年7月中华教育改进社第一次年会个人社员名录及其职务

姓名	职务	任职机关
梁启超	名誉董事	中华教育改进社
张一麐	名誉董事	中华教育改进社
陈宝泉	司长	教育部普通司
邓萃英	参事	教育部
张谨(代表白镇瀛)	局长	北京学务局
蔡元培	校长、董事长	北京大学、中华教育改进社
胡适	教授	北京大学
金邦正	校长	清华学校
李建勋	校长、董事	北京高等师范、中华教育改进社
汪懋祖	教授	北京高等师范
刘廷芳	教员	燕京大学
熊希龄	督办、董事	北京直隶水灾督办处、中华教育改进社
汤尔和	校长	北京医学学校
郑锦	校长	北京美术学校
方永蒸	教员	北京高等师范附属中学
张鸿来	主任	北京高等师范附属中学
周纲仁	教员	北京女子高等师范附属中学
程昌祺	教员	北京女子高等师范附属中学
汤茂如	主任	中华教育改进社庶务科
孙凤藻	厅长	天津教育厅
张伯苓	校长、董事	南开大学、中华教育改进社
刘次萧	省视学	济南教育厅
范予遂	教员	济南第一中学
赵宗鼎	教员	金陵大学
陶行知	主任、主任干事	东南大学教育科、中华教育改进社
黄炎培	副会长、董事	江苏省教育会、中华教育改进社
袁希涛	会长、董事	上海义务教育期成会、中华教育改进社

(资料来源:《到会社员一览表》,载《新教育》,1922年第5卷第3期,第708-714页)

很显然，此一时期教育改进社个人社员很少是普通学校和机关的教职人员，这与该社集合全国同志改进中国教育的宗旨有所背离，不利于社务活动的开展和进行。

在这次年会上，董事蔡元培、黄炎培、袁希涛、李建勋、梁启超、张伯苓等提议，经全体社务大会议决，对个人社员资格条款进行了修订，由三项合为两项，个人社员研究学术或办理教育有成绩者，岁纳社费五元以上者，合以上二项资格之一者，经该社社员三人以上之介绍，经董事会通过，得为该社社员。[①]个人社员年纳合组费标准从二百元以上，大幅调降为五元以上，同时将办理教育或研究学术"有特别成绩者"改为"有成绩者"。此次修订，一方面说明董事会期望吸纳教育界和学术界一般人士加入，另一方面降低了教育界一般人士成为社员的门槛。这次年会后，个人社员在数量上有了急速的增长。

机关社员按合组费分为两类："机关担任本社每年合组费二百元以上者，但中等以下学校得出合组费百元以上者。"教育改进社成立时，机关社员数有46个，到第一次年会时增加到86个，此后增长亦相当缓慢。当时高等及专门学校大多属于国立，中等学校多数属于省立，校数总体说来均很有限，而市县以下的地方学校、教育团体和学术机关，数量最多，但是加入成为机关社员者却很少，究其原因，一百元的合组费对于这些学校、团体和学术机关来说，同样也不是一个小数目。直到1925年8月，教育改进社在太原召开第四次年会时，董事会提出，经全体大会议决，对机关社员资格做出修订，添加县以下教育行政机关、团体和学校一项，合组费为二十元以上。

二、社员发展概况

在教育改进社第一次年会之《社务报告》中，个人社员49个，较改进社成立时没有增加，机关社员86个，较改进社成立时增加了40个。[②]该次年会修订个人社员资格后，个人社员逐年有了较大幅度的增加，但是机关社员增长有限，这

①《社务会议纪录》，《新教育》，1922年第5卷第3期，第368-369页。

②中华教育改进社：《社务报告》，1922年2—6月，第12页。

是董事会在1925年8月教育改进社第四次年会上提议修订机关社员资格的主要原因。[①]表3-4是历年社员发展概况：

表3-4　中华教育改进社社员发展概况一览

地区	个人社员(人)				机关社员(个)			
	1922年6月	1923年6月	1924年6月	1925年6月	1922年6月	1923年6月	1924年6月	1925年6月
北京		185	319	351			22	23
奉天		67	105	136			1	1
直隶		55	154	217			11	10
河南		34	67	86			7	8
绥远		2	3	5			1	1
热河				2				
察哈尔		2	3	5				
山西		28	51	113			2	2
陕西		7	15	23			2	2
甘肃		1	1	1				
山东		71	146	157			20	9
安徽		42	41	83			2	2
江苏		179	277	520			21	19
浙江		16	21	63			5	7
福建		14	22	45			3	3
江西		4	6	23				
湖北		61	97	186			4	5
湖南		8	21	52			7	8
广东		4	15	45			3	3

①社员人数之统计，依据中华教育改进社1923年8月、1924年6月和1925年6月编印的第二、三、四次年会之《社务报告》。

续表

地区	个人社员(人)				机关社员(个)			
	1922年6月	1923年6月	1924年6月	1925年6月	1922年6月	1923年6月	1924年6月	1925年6月
广西			1	8			1	2
四川		6	20	62			2	4
贵州				2				
云南		7	21	26			2	2
黑龙江		4	3	4				
吉林		9	30	49				1
南洋				2				
美国		12	24					
欧洲			4					
美英法德				4				
菲律宾							1	1
新加坡							1	2
未详			4	29				
总数	49	818	1471	2299	86	118	118	115

(资料来源:中华教育改进社1923年8月、1924年6月和1925年6月编印的第二、三、四次年会之《社务报告》)

个人社员主要集中在北京、江苏、山东、奉天、湖北和直隶等六省区,1923年占个人社员总数75.6%,1924年为74.6%。机关社员方面,1924年,北京22家,江苏21家,山东20家、直隶11家,河南、湖南各7家,浙江5家,湖北4家,广东、福建各3家,安徽、山西、陕西、云南和四川各2家,奉天、绥远、广西各1家,此外菲律宾、新加坡还各有1家。

再从类别上分,根据1924年7月编印的《中华教育改进社同人录》统计,各级各类学校是机关社员的主体。详情如表3-5:

表3-5　中华教育改进社机关社员名录

机关社员类别	1923年7月	1924年7月	备注
教育行政当局	山西教育厅 山东教育厅 福建教育厅 广东教育委员会 河南教育厅 绥远学务局 直隶教育厅 京师学务局 奉天教育厅	山西教育厅 山东教育厅 福建教育厅 广东教育厅 河南教育厅 绥远学务局 直隶教育厅 京师学务局 奉天教育厅 安徽教育厅 江苏教育厅 广西省长公署教育科 云南教育司 湖北教育厅 湖南教育司 陕西教育厅	两年后没有退出，增加了7个
教育团体	江苏省教育会 江苏师范学校联合会 江苏师范附小联合会 江苏中学联合会 中华职业教育社 开封教育会 湖南师范学校联合会 湖南专门学校联合会 湖南中学教育改进会 全川教育改进会	江苏省教育会 江苏中学校联合会 江苏省立师范学校联合会 江苏师范附小联合会 中华职业教育社 河南省教育会 湖南师范学校联合会 湖南专门学校联合会 湖南中等教育改进社 全川教育改进会 湖南省教育会 广东省教育会 云南省教育会 中国基督教教育会 全国青年会协会 菲律宾华侨教育会 江苏实业专门学校联合会 南通中等学校联合会 天津中等以上学校联合会	两年后没有退出，新增9个

续表

机关社员类别	1923年7月	1924年7月	备注
高等学校	北京大学 北京高等师范 北京女子高等师范 北京中国大学 北京交通大学 南开大学 金陵女子大学 湖北中华大学 汉口明德大学 金陵大学 河北大学	北京大学 北京师范大学(附中、附小) 北京女子高等师范 北京中国大学 北京交通大学 南开大学 金陵女子大学 湖北中华大学 汉口明德大学 北京工业大学校 北京法政大学 北京农业大学 北京清华学校 北京医科大学校 北洋大学 西北大学 同济大学 武昌师范大学校 东南大学南京高师 金陵大学 雅礼大学 齐鲁大学 福建厦门大学 广东高等师范学校 沪江大学 暨南学校 燕京大学 警官高等学校 河南中州大学 南洋大学 唐山大学	两年后,金陵大学、河北大学2家退出,新增22个

续表

机关社员类别	1923年7月	1924年7月	备注
中等专门学校	山东工业专门学校 山东农业专门学校 山东甲种农校 北京美术学校 北京税务专门学校 北京工业专门学校 北京农业专门学校 北京法政专门学校 直隶工业学校 直隶农业专门学校 直隶医学专门学校 直隶水产学校 直隶公立法政专门学校 山东医学校 开封农业专门学校 南京暨南学校 上海中法通惠工商校	山东工业专门学校 山东农业专门学校 山东第一甲种农业学校 北京美术专门学校 山东女子职业学校 河南农业专门学校 河海工程专门学校 浙江法政专门学校 浙江盐务中学校 浙江税务学校 尚志学会附设商业学校 山东棉业讲习所 山东模范职业学校 山东蚕业讲习所	两年后退出13家，新增10家
普通中学	北京女子高等师范附中 直隶第十一中学 天津南开中学 天津大营口中学 山东第一中学 山东第四中学 山东第五中学 山东第七中学 山东第九中学 山东第十一中学 山东私立正谊中学 河南开封第一中学 河南开封第二中学 厦门集美学校 北京尚志学校 哈尔滨东华学校 开封留欧美预备学校 直隶第一中学 直隶第二中学 直隶第六中学 直隶第七中学	北京女子高等师范附中 直隶第十一中学 天津南开中学 天津大营门中学 山东第一中学 山东第四中学 山东第五中学 山东第七中学 山东第九中学 山东第十一中学 山东私立正谊中学 河南开封第一中学 河南开封第二中学 福建私立集美学校 南京东华学校(哈尔滨) 杭州蕙兰中学校 浙江第一中学校 重庆公学 新加坡华侨中学校	两年后退出7家,新增5家

续表

机关社员类别	1923年7月	1924年7月	备注
普通师范学校	直隶第二女子师范 山东第一师范 山东第二师范 山东第四师范 开封第一师范 直隶第一师范 直隶第五师范 直隶第一女子师范	直隶第二女子师范 山东第一师范 山东第二师范 山东第四师范 开封第一师范 山东女子师范 直隶第二师范 直隶第五师范 安徽第四女子师范 山西第二女子师范 浙江第一师范 川东联合县立师范	两年后退出3个,新增加7个
其他机关	六国银行公司 北京中央观象台 商务印书馆杂志社 山东教育月刊 国语统一筹备会	六国银行公司 北京中央观象台 商务印书馆 山东教育月刊管理处 国语统一筹备会 香山慈幼院 湖南实业杂志社 教育杂志社 The East China Christian Educational Association	两年后没有退出,新增5个

第四节　办公原则和议事程序

中华教育改进社有独立的办公处所,有常设的办事机构,有专职的办事人员,因此,就管理上说,其活动行事不能不有基本的原则、合理的规定、公开的程序。

一、办公原则

总事务所是中华教育改进社董事会决议案的执行机关，其基本的任务是对外联络社会各界，对内联络社员，组织系列的社务活动。活动的进行，尚需和各种机关联络。仅年会组织一项，就涉及全国各处与会人员的报名登记、特邀会员之联络、食宿之安排、会务材料之准备、交通机关车船票之减免、媒体之联络等，面广事繁。总事务所成立后，陶行知就该部门的工作，提出八点原则性意见。

第一，唯事的。他认为中国人办事，往往采唯人主义，一者事因一人之变更而兴废，二者任人唯亲，不计能力。他强调，办公者，非一人为另一人做事，而人人为一事或数种事尽力。事宜分工者则分，宜合作者则合，一切以事为中心。人之去就不足损事，事之兴废不复因人。

第二，科学的。昔之办公者，墨守成规，故步自封。若以科学精神注于事业，则事业为学问，日求改良以利公务，利用科学方法，比较、实验以求结果之善。有科学之态度，则于所做事能怀疑、反省、试验、分析、实证，而不囿于陈法；有科学之方法，则于所做事有改良余地。

第三，效率的。效率视所费时间、精力、财力与结果价值之比而定。所费多而成功少，则效率小，反之则大。故欲效率之大，有二事须注意：一，事当其时；二，人当其才。不当时之事，不当才之人，皆有损于效率。故欲提高效率，一须先有计划，二须善于利用便利之工具。

第四，教育的。昔办公者，因所办之事，日日无所变更，遂渐成习惯，而流为机械。日坐公事房中，兴趣索然，毫无人生兴趣。因此，治一事，固望事之进步，亦望人有进步，人有向上之理智，故其做一事，决不愿终身于此而无进步之望，故当利其向上之心，使做事有进步者，得依进步之渐升较高之职位，则人皆努力于所做之事，而求有以改进之。

第五，美术的。中国办公处，最不讲美观，一如猪槛马厩，望而生厌。故办公处不能不稍事讲究以求适于美的观念。一是环境布置适宜，错落有致，清雅幽静，几净窗明，亦能使人心怡目悦；二是所办之事，亦宜有美术，表格最贵整洁，信件亦宜雅致；三是办公室不仅为物质环境，同时仍有人的环境，若办公者囚首垢面，衣履乖张，亦使人不乐；四是美术尚条理，重秩序，当做不作，不当做而作，皆不美。

第六，卫生的。办事有美术的意味，则精神上得无限之安慰，若再能合卫生原则，则心身并受其益。中国办公者，多在湫隘卑湿之小屋中，既无日光，亦无空气，又复桌椅高低不合人体，办公者更则随地吐痰，随时吸烟，办公室内空气污浊而不堪，故近则人无宁日，而公事遂亦因之而减其效率。是以办公室必合卫生适宜，总以能使人舒畅而安为是。

第七，兴趣的。各人所做之事，能合其兴趣，此乃最难之事，兴趣能减少疲劳，增加努力，于工作至有影响。人于不合兴趣之事，不但不愿有以改良之，每因循敷衍，不利于己，有损于事。

第八，互助的。办公固不为人，然人与人之互助，不因此而减少，人不能常健康，亦不能无其他意外重大事，于是有离职一问题，一机关中，苟无人代其职务者，则当其离职也，此项职务必完全停顿。故一机关中，最好一人于其所办之事，必有第二人能十分明了其职务，则虽有缺席离职之时，而事无停顿阻碍之日。且公事中亦有须合作者，更赖互助精神以成之。①

以上八项，为办事者应当遵循的基本原则，特别是公开、公正、科学、互助，乃为事业发达的根本保障。

二、会议与议事程序

《社章》关于会议的组织有两项：一是董事会议，二是社员大会。前者制定有《董事会规程》，后者制定有《年会规程》。

《董事会规程》规定，董事会议有下列十项工作：(1)规定进行方针；(2)筹募经费；(3)核定计划及预决算；(4)审核各科办事细则；(5)聘请主任干事；(6)提出候选董事；(7)核定聘员之任免；(8)审定社员资格；(9)审定名誉社员、名誉董事之资格；(10)组织委员会。议事程序有六项：(1)遇有必要召开临时会议时，得由董事三人以上同意，由部长召集之；(2)开会时董事得有六人以上始可开议；(3)议决事项须得到会者半数以上同意；(4)董事如有特别缘故不能到会时，

①陶行知：《办公原则》，《教育汇刊》，1922年第4集，第1–5页。

得委托代表出席，但以社员为限；(5)开会时部长如因故不能出席，得于到会董事中推选一人为主席；(6)会中讨论要点及议决事项，应详载于议事录，由主席签字备查。[①]

1922年5月19日，董事会议通过陶行知、胡适、陈宝泉起草的《年会规程》，共十三章三十八条。规定社员大会每年于暑假期间举行，开会地点由前一年大会决定，第一次大会由董事会议决。年会宗旨为："报告教育实况，讨论教育问题，并决定下年进行方针及计划。"具体内容包括三项：一是主任干事报告一年来改进社社务进行情况，二是报告董事会关于下一年度社务进行方针和计划，三是与会代表共同讨论各种教育问题及解决办法。前两项为社务大会，由全体社员参加，末项为分组会议和全体学术大会，除社员外，特邀会员和旁听人员均可参加。社务大会仅社员有表决权，分组会议和学术大会，除社员外，特邀会员亦享有表决权。

全体会议之主席由董事长担任，另公推副主席二人，如主席因故不能出席，而副主席尚未推出，则由主席另推一人为临时主席代表之。全体会议设书记二人，由主席推任之。分组会议各组设正副主席各一人，书记一人。如主席有事不能出席时，副主席代行其职，如正副主席均有事不能出席时，应由组员公推临时主席。无论全体大会还是分组会议，有表决权之会员须半数以上方可开议，提案须半数以上同意方为通过。分组分议有议决不下之提案，须提交全体学术大会讨论并表决。

第五节　经济状况

非营利性的民间组织，其经费一般有两个来源：一是会员会费，二是社会捐助。中华教育改进社《社章》规定该社经费来源，除社员社费和社会捐助外，明确有官厅补助一项，可以说，该社从创建伊始，就有争取官方补助，列入预算的计划。这一方面在于新教育共进社曾获得教育部和江苏省的财政补助，深受鼓

①《中华教育改进社董事会规程》，《新教育》，1922年第4卷第3期，第533-534页。

舞，另一方面在于该组织有与政府合作的意愿。

中华教育改进社印发的四次年会《社务报告》中，除第一次年会因其召开时间距该社成立仅半年，没有关于这半年的收支方面的报告外，其余三次年会《社务报告》中均有对前一年度（每年7月至次年6月）收支情况的详细报告。各年度收支状况，见表3-6：

表3-6　中华教育改进社财务收支概览

统计年度	收入(含上年积存)(元)		支出(元)	积存(元)
	本期收入	上年积存		
1922年7月—1923年6月	45062.945		38199.719	16419.895
1923年7月—1924年6月	45030.04	16419.895	49890.738	11559.197
1924年7月—1925年6月	45894.542	11559.197	34360.664	23093.075

注：据1924年6月《中华教育改进社第三次社务报告》，1922年7月至1923年6月会计年度积存款额为16419.895元，而该年度收入减去支出，余额为6863.226元，多出部分应为1921年底中华教育改进社成立至1922年6月收支余额。

在三个统计年度的收入项中，占比最大的是社费、官厅补助和社会捐助，具体数额见表3-7：

表3-7　中华教育改进社历年收入来源一览

统计年度	年度总收入(不含上年积存)(元)	社费		官厅补助		社会捐款	
		收入(元)	占比(%)	收入(元)	占比(%)	收入(元)	占比(%)
1922年7月—1923年6月	45062.945	24705.75	54.82	11080.76	24.59	7000	15.53
1923年7月—1924年6月	45030.04	16986.08	37.72	17860	39.66	6237	13.85
1924年7月—1925年6月	45894.542	12916	28.14	(1)13100	28.54	1772	3.86
				(2)11000	23.97		

注：1924年7月至1925年6月会计年度，官厅补助有两项：(1)是每年例行补助；(2)是财政部对1923年该社代表出席旧金山世界教育会议的经费补贴。

表中数据反映了下列几个方面的状况：

第一，社费、官厅补助和社会捐款三项是中华教育改进社的主要收入来源，第一个会计年度三项收入占全年总收入94.94%，第二个会计年度占91.23%，第三个会计年度占84.51%。

第二，在三个会计年度中，社费收入占比由高到低的变化，与该社组织状况的变化呈正相关。第一个会计年度是该社创建前期，社员对该社期望值较高，入社社员的社会地位也较高，社费收入占比高达54.82%。该年度末个人社员818人，按人均年纳社费5元计，合计应为4090元；机关社员118家，因为这些机关社员绝大多数不属于年纳会费100元以上的中等以下学校，按《社章》规定年纳会费应为200元以上，因此合计应在20000元上下。上述两项社费收入应在24090元上下，实际收入24705.75元，应属正常，几无欠缴。第二个会计年度，个人社员增至1471人，会费收入应在7355元；机关社员118家，没有增减，会费收入大抵应该维持在20000元上下。两项社费合计应在27355元上下，实际收入16986.08元，两者悬殊较大，应有部分社员未纳会费。第三个会计年度，个人社员增至2297人，会费收入应在11485元，机关社员125家，较前增加7家。机关社员社费的修订是在1925年8月第四次年会，应该不影响此前年度机关社员会费的收入，因此该项收入不应低于20000元。两项社费收入应在31458元左右，然而实际收入只有12916元，也就是说，大约有60%的社员没有缴纳社费。这种现象是在社员数量大幅增长的情况下出现的，反映了该社到1925年间，组织业已涣散的程度。1925年，随着国内政治局势的变化和教育界的倾轧纷争，中华教育改进社的社务活动大多开始停顿，人心涣散，社员纳费的意愿大幅下降。

第三，官厅补助收入大幅增加。由于中华教育改进社前期事业发展迅猛，各项工作得到官方的认可，补助费逐年增多，收入比不断提高。特别是在第三个会计年度，中华教育改进社不仅获得正常的年度经费补助，还获得财政部对该社派代表参加世界教育会议的经费补贴。两项收入合计高达全年收入的52.51%。政府补助款和社费在同一会计年度增减不同步，究其原因，政府补贴有一定的滞后性，是对前期活动的补贴，而社费多是即时性的，一旦意识到社务组织不良的苗头，社员纳费的意愿就会迅速降低，社会捐款占比亦可说明此种问题。前两年，社会捐款分别占年收入的15.53%和13.85%，第三年则降至3.86%，社会捐款的热情也在迅速消退。

在三个统计年度的支出项中，因为中华教育改进社有专职工作人员和雇员，因此，薪金支出占比最大，其他则为调查、印刷、文具、书报、设备、维修等各项。各个统计年度支出数据，见表3-8：

表3-8 中华教育改进社历年支出项目一览

支出项	1922年7月—1923年6月	1923年7月—1924年6月	1924年7月—1925年6月
薪金(元)	15262.365	20374.936	19193.299
调查(元)	4195.130	1305.447	277.685
研究(元)		185.000	506.400
编译(元)	413.000	955.000	
补助(津贴)(元)	964.622	2584.184	110.000
旅费(元)	1472.725	1109.160	2548.975
交际(元)	289.837	309.255	566.628
邮电(元)	1392.969	1167.787	1063.820
印刷(元)	1557.502	3466.688	1459.660
文具(元)	1017.820	1472.221	775.932
书报(元)	303.840	2495.438	
修理(元)	3851.625	931.570	959.811
设备(元)	2837.518	2763.379	149.873
租金(元)	897.000		
消耗(元)	406.812	1089.574	787.543
杂项(元)	811.500	1223.149	1163.324
年会(膳费)(元)	2512.458	1305.810	494.868
年会游览费(元)	1013.000		
世界教育会议(元)		6857.440	2600.000
汇水(元)		140.030	
测验(元)		54.670	

续表

支出项	1922年7月—1923年6月	1923年7月—1924年6月	1924年7月—1925年6月
羊市大街平民教育(元)			18.439
外国专家招待(元)			118.500
总额(元)	38199.719	49809.738	34360.664

此外，表外尚有美元收支各项，主要是美国友好人士和社会组织捐款，用于支付来华襄助中华教育改进社工作的美国教育专家推士、麦柯和柏克赫斯特的旅费和薪金，以及购买心理学仪器和图书资料。收支各项，见表3-9：

表3-9　中华教育改进社海外捐赠及支出一览

收入		支出	
来源	数额(美元)	项目	数额(美元)
洛氏基金会补助推士年薪	5000.00	推士麦柯来华旅费	3000.00
孟禄博士捐助麦柯年薪	4000.00	推士薪金	5000.00
国际教育社捐助麦柯来华	3000.00	麦柯薪金	4000.00
司梯雷特夫人捐助图书仪器费	1000.00	购买心理学仪器书籍	1000.00
克兰夫人捐助柏克赫斯特旅费	500.00	柏克赫斯特来华旅费	500.00
利息	40.63		
总额	13540.63	总额	13500.00

1925年8月中华教育改进社第四次年会闭会后，中华教育改进社各项事业基本停顿，组织业已涣散，因此，社费和社会捐款两项收入来源基本断绝，仅靠上年积存的23093.075元维持社务运转，其中包括编辑《新教育评论》，出版中华教育改进社丛书和丛刊，调查乡村教育，着手乡村教育改造事业，以及美国生物学家柯脱博士、道尔顿制创始人柏克赫斯特、设计教育学创始人克伯屈等在华讲学等费用。到1926年底，学术部主任凌冰写信给陶行知，称“本社的经济情况，已是山穷水尽”。陶行知当时正在南京以中华教育改进社的名义，筹创晓庄试验乡村师范。他给凌冰回信说：“本社已是山穷水尽，本社同人应当怎样呢？

我们应当在山穷水尽的时候，找出一条生路来！本社之所以山穷水尽，是因为中国教育已到山穷水尽了。我们倘不能为中国教育找出生路，决不能为本社找出生路。”①

陶行知通过社会募捐，争取官厅补助，筹集资金，创办了南京晓庄试验乡村师范学校。1929年晓庄师范成立两周年之际，陶行知著文感谢各位赞助人，文中写道：

首先壮我们的胆子，继续作本校雄厚的后盾的便是程霖生先生。他认识我们是由于江彤侯先生之介绍。允许改进社变更补助费用途，使本校经常费得立最低限度之基础的，就是中华教育文化基金董事会干事长范静生先生。会中本身经费困难万分，而肯在本校产生之始极力济急的，是江苏义务教育期成会同志及会长袁观澜先生。特别设法发放江苏国库补助费，俾改进社得以进行开创本校的，是江苏教育经费管理处钟叔进、卢绍刘、刘北禾三先生。国民政府首先以行政财力鼓励本校，俾本校经常费增进来源的，是第四中山大学行政院程柏庐院长，南京特别市教育局陈剑脩局长、陈鹤琴课长。拨给公债实现本校乡村计划，为本校今后开一新纪元的，是中华民国大学院蔡孑民院长。冯焕章先生、浙江大学、安徽教育厅为发展乡村教育起见，特对本校捐建浙江、安徽、甘肃、陕西、河南五馆，以备学生留校学习。霍守华先生为便利乡村教育研究起见，特对本校捐建乡村图书馆一所，以便同志参考。吴蝶卿先生为提倡乡村艺术起见，特对本校捐建艺术馆一所，以便同志研究。潘哲人先生为提倡乡村卫生起见，特捐建乡村疗养院一所，以便乡民及同志休养。中华职业教育社为改造乡村教育起见，特与本校合设农艺馆、中心茶园、中心木作，以资试验……②

中华教育改进社南京晓庄试验乡村师范学校完全依靠其办学成绩，赢得教育行政当局和社会各界的重视，获得各方面的经济资助，为学校事业发展开辟了与寻常学校截然不同的新的道路。

---

①陶行知：《山穷水尽——致凌济东先生的信》，《陶行知全集（第8卷）》，四川教育出版社，2005年版，第97页。

②陶行知：《对于乡村教育及本校赞助人之总致谢》，《陶行知全集（第2卷）》，四川教育出版社，2005年版，第364-365页。

第四章

中华教育改进社四次年会

中华教育改进社成立后，召开过四次年会。与会人员有社员代表、特邀专家和旁听人员。年会的形式，有限该社社员参加的社务大会，与会代表均可参加的学术大会和分组会议。会议期间，还举办专家演讲会和各种教育展览会，便于与会者了解近期教育方面的重要信息。会议的主要议程，有主任干事陶行知做社务报告，与会代表审议和表决各种提案。在陶行知所做报告中，历年持续进行的调查、研究、编辑出版以及推广等事项，因有专章介绍，本章一般不再赘述，其他如到会代表情况、各种会议经过情形、议决案等，尽可能地详细介绍，从中亦可明了中华教育改进社事业发展、转折的历史过程。

第一节　第一次年会(济南 1922年)

一、到会代表及开幕大会概况

本次年会于1922年7月3—8日在山东济南召开，距离中华教育改进社成立仅有半年时间。其时社员总数不多，仅有135个(人)，到会的机关社员代表和个人社员共有108人，[①]特邀专家多达162人[②]，旁听112人[③]。所有与会代表来自全国17个省区，其中北京92人，江苏78人，山东74人，直隶33人，湖北19人，河南13人，湖南9人，山西9人，安徽6人，四川5人，福建4人，其他省区1~3人，另有数人籍贯不详。[④]从与会代表供职的机关看，高等专门大学教职员92人，其中校长15人；中等学校教职员126人，其中校长44人；初等学校教职员26人，其中校长12人。此外，中央教育行政人员10人，省级教育行政人员20人，县级教育行政人员7人，学术及其他团体职员54人，另有数人不详。[⑤]显然，与会代表以中等以上学校教职员为主体，占三分之二多。

山东是孔孟之乡，有着深厚的历史底蕴和儒教文化传承。清朝末年，山东堂邑县的一个乞丐武训，以其乞讨所得，兴办了3所学校，招收贫寒子弟入学，传为佳话。本次开幕大会主席台正中，高悬武训画像，画像上书“作新民”三字。[⑥]陶行知在致辞时说：“世人以为无钱可以不办学，但武训不是这样想，他说就是穷到讨饭也要办教育，他是已经照这话实行的。武训死了，他的办学精神是永不死的。”[⑦]开幕大会的会场布置，意在勉励教育界同人，发扬武训精神，致力于中国教育普及的工作。

山东省长田中玉在开幕大会上致欢迎辞，更是褒扬中国教育界同人团体合作的精神。他说“数年来国中南北分裂，南又与南分裂，北又与北分裂”，但是，“教育家是不分什么南北的，可见我国民的精神上还是统一。立国之道，非教养莫办，人亦是动物之一，动物无不求安宁的，安宁须从精神上着想，今全国人的精神上既统一了，所以我说这一层是中国前途的最大希望”。[⑧]田氏所言，真实地反映了教育界同人不受南北政治分裂的影响，共同致力于改进中国教育的精神和意志。

①《到会社员一览表》，《新教育》，1922年第5卷第3期，第708-714页。

②《邀请员一览表》，《新教育》，1922年第5卷第3期，第702-708页。

③《旁听员一览表》，《新教育》，1922年第5卷第3期，第715-718页。

④《各省区到会人数图表》，《新教育》，1922年第5卷第3期，第720页。

⑤《到会人员职务图表》，《新教育》，1922年第5卷第3期，第723页。

⑥韦润珊：《赴济南参与中华教育改进社纪游》，《史地学报》，1922年第2卷第1号，第95页。

⑦《中华教育改进社第一次年会开幕典礼纪事》，《新教育》，1922年第5卷第3期，第360页。

⑧《中华教育改进社第一次年会开幕典礼纪事》，《新教育》，1922年第5卷第3期，第360页。

董事长蔡元培致开幕辞，着重阐明中国教育的现状和中华教育改进社的使命。他说："中国古有教育，惟不进步，近年来欧美教育，日新月异，以中国现况较之，实相差远甚。（一）义务教育。欧美义务教育之年限日增，向之望国民教育普及者，今则欲提高至人人有中学及高等知识。中国则四年之国民义务教育，且不能实行，其他如成人教育，盲哑教育，无论已。（二）上进教育。西洋一方普及，一方提高，大学之上有研究院，罗置图书，广设仪器，供上进者之研究，中国则缺如。此二者乃荦荦大者，其他不如人者，正不知多少也。现中国教育部、教育厅，皆注意教育，热心提倡，但仅赖行政机关，收效甚小，最要在办教育者自动。"他进一步指出："中华教育改进社即合各县教育实行家研究切身问题，共同讨论，共同解决，计划，设施以谋教育自身之发展。教育改进社所欲解决者有数问题：一、学制问题，究其是否适合于各地方；二、方法，昔日所教授者，如理化、历史、地理等科，皆为前人研究之结果，言经程及方法者极少，今当注意方法问题；三、教育经费问题，今日教育之摇动者，类为经济不足，解决经费困难，实一最大而最要之事。以上三者，本会皆有分组会详细讨论之。"①

蔡元培所说的学制、教学方法和教育经费等三问题，自是本次会议所要审议的重要问题，但又不止于此，举凡教育方面的各种具体问题，与会者均有相关提案，并在会中得到认真的审议。因为会议邀请了众多学界领袖专家，本次会议议决案，有相当高的水准，特别是有关学制方面的议决案，在会后集中整理编印，函送教育部和学制会议代表，以资参考。

二、全体大会概况

（一）社务会议

中华教育改进社成立仅仅半年，各项社务活动刚刚计划或在起步阶段，相关内容已经编印成报告手册，分发给与会者，因此所应报告或讨论的内容并不太多。本次年会期间，于7月4日上午召开社务会议一次，由董事长蔡元培主持。

首先，陶行知简略报告社务进行情况，除经费收支外，主要有下列数项：

①《中华教育改进社第一次年会开幕典礼纪事》，《新教育》，1922年第5卷第3期，第357-358页。

1.调查研究方面:孟禄于1921年调查中国教育,指出中等教育问题最大,重订新学制正在讨论中,在即将颁布实施的新学制系统中,中等教育处于枢纽地位,最为重要。因此,董事会议决本年度该社事业以改进中等教育为主,聘请哥伦比亚大学博士、时任清华学校教务长张仲述为中等教育研究主任,又聘请南京和北京两所高等师范教育心理学教授担任各种教育心理测验工作。同时函请孟禄帮助,推荐了美国科学教育专家推士博士、心理教育测量专家麦柯博士来华,主持和指导中华教育改进社调查研究工作,全国和地方教育调查工作业已进行。

2.编译方面:除续办《新教育》杂志外,尚有三项工作:一是将1921年中国教育状况,分门聘请专家著述,且已陆续在《新教育》上发表,计划译成英、法、德、日四国文字,汇印成册;二是将调查所得,以图表形式辑成《中国教育概况》一书,亦将译成英、法、德、日四国文字;三是请胡适和凌冰将《社章》译成英文,傅梦良译成日文,李宜之译成德文,郭敬中译成法文,再编印成英汉、日汉、德汉、法汉等四种合订本。上述数种翻译材料,均将分送各国,以为交流之资。

3.推广方面:与国内40余家报刊社商定,开辟中华教育改进社通信栏目,报道社务进行消息;敦请熟悉英、美、德、法、日等国人士,负国际教育通信之责,向相关国家教育界同人报告改进社活动消息。此外,俟调查研究取得相关成果,再举办专门演讲,向社会报告,演讲主要请专家趁调查考察之便,随时举行。改进社聘请的专家已在上海、南京、济南、天津、北京、太原等处,演讲20余次。①

其次,讨论蔡元培、黄炎培、袁希涛、李建勋、梁启超、张伯苓等董事提出的《社章》部分条款的修订,其中最主要的是个人社员资格和董事选举办法两条。原《社章》第四条规定个人加入为该社社员,年纳合组费200元以上,与高等学校、专门大学加入为该社机关社员同等标准,极大地制约了个人社员的发展。大会议决:“个人研究学术或办理教育有成绩者,岁纳社费五元以上者,合以上二项资格之一者,经本社社员三人以上之介绍,经董事会通过,得为本社社员。”②个人社员年纳合组费标准大幅调降为5元以上,同时将办理教育或研究学术“有特别成绩者”改为“有成绩者”。此次修订,说明董事会期望吸纳教育界

①中华教育改进社:《社务报告》,1922年2—6月,第1-10页。

②《社务会议纪录》,《新教育》,1922年第5卷第3期,第368-369页。

和学术界一般人士加入为社员，并为此降低了入社的门槛。本次年会后，个人社员在数量上有了急速的增长。原《社章》第一条董事选举办法规定，每年改选3名董事，由董事会提出候选董事9人，通信全体社员选举。大会议决，每年改选3名董事，由董事会提出候选董事9人，通信机关社员选举产生。个人社员遍布全国各省区，由于通信及交通不便等原因，希望全体社员参与票选，不切实际，而且各方面的成本过高。

再次，讨论决定下次年会的时间和地点。董事会提议下次年会在南京或长沙举行，邓芝园提议在北京或山西举行，经大会表决，决定下次年会在北京召开，以南京为备选会址。

中华教育改进社成立半年来，各项社务有序进行，开局可谓顺利。新学制正在讨论制定过程中，种种新问题需要面对和解决，社会对于中华教育改进社的期待，在在都有助于该社事业的进行和发展。

（二）学术大会

7月6—8日上午，全体到会代表举行学术大会3次，均由董事长蔡元培主持。在第一次会议上，他首先就举行学术大会的目的，从三个方面做了说明："（1）发扬各组主张之精华，（2）沟通各组互相之关系，（3）使各组会员明白年会全部之运动及共同努力之方向。"[①]换言之，就是通过学术大会，使与会者除了明了自己所在分组讨论议题及情形外，同时也能了解其他各组讨论的情形，进而对整个大会的全貌有所了解。

会议主要议程，由各组报告分组会议情形，宣读分组会议议决案。这些议决案如在学术大会上没有代表提出异议，即视为本次年会通过；如在分组会议上有异议，且须提交学术大会讨论，或者虽然在分组会议上议决通过，但在学术大会上有异议，均由学术大会讨论公决。

本次年会中，各组议决案合计124件，在学术大会上通过123件，未予通过的1件，系高等教育组议决的"废止法政专门学校案"。该组会员张建伯在学术大会上对该案陈述的理由提出质疑；蔡元培称废止法政专门学校，转而扩充大

①《全体学术会议纪录》，《新教育》，1922年第5卷第3期，第593页。

学法科，旨在提高学生程度；原提案人王伯秋又再次陈说理由；李建勋认为如此重大问题，须先做仔细调查，调查清楚之后，再寻求解决之办法，仅凭一二人的提议，遽然废止，似嫌草率。与会代表对于该案持有异议的人较多，大会最终决定作为保留案，暂不予通过。[①]

学术大会还审议了义务教育组提交的3件重要议案：

一是武绍程提出的“筹办蒙回边藏教育案”，王卓然、李建勋、何炳松、汤茂如、方永蒸、郑锦等17人附议。该案系北京高等师范教育研究科中国教育行政问题研究之子目，提出的理由有四项。其一，教育平等，当使各族人民同受平等教育之待遇。其二，教育普及，应以全国领土为范围。其三，教育为国家统一之要素，又为国民立宪之基础，故通称为国家根本。清末预备立宪，亦知筹办全国教育，京师既设满蒙高等学堂及殖边学堂，又派边务大臣改川边为西康行省，首先规定行政及教育经费，有全国兴学之趋势。改革后川边改省既未实行，京师满蒙殖边各学堂亦复先后撤废，十年以来，蒙藏时形反侧，川边虽在国家统治之下，而其人民亦时为外人利用，几不知自身为何国国民，追溯原因，实多由于未受国家教育之缘故。教育界不为国家根本计则已，如为之计，自不能不为全国教育计，即不得不筹办蒙回边藏教育。其四，教育保全国家，亦所以维持人道。查东蒙一带，日人已施其强迫式的教育，西藏各地英人已散布其侵掠式的教育，中国不筹办教育，人即代起筹办，教育权失，尚何土地人民之可言？此为国家前途利害计，不能不筹办蒙回边藏育。该案实施办法有七条：其一，于教育部普通司内设蒙藏教育股（俟推广时另设蒙藏教育局），专司蒙回边藏教育行政；其二，于北京设立蒙藏师范学校，内分蒙文科、藏文科，专为养成蒙藏学校师资；其三，西北沿边各省师范学校增加蒙藏文科目，以为学生中志愿担任蒙回边藏各地教育者之准备；其四，西北沿边各省师范学校，对于蒙回边藏各地学生，应宽予容纳；其五，国立中等以上学校，免收蒙回边藏各地学生学费；其六，特别制定服务蒙回边藏各地教育人员之褒奖条例；其七，请政府特筹教育基金若干（至少应比中央教育经费五分之一），专为蒙回边藏各地学校有成绩者之补助金。[②]

二是杨成章提出的“请教育部注意日人在华扩充教育之政策及现状以谋补

①《全体学术会议纪录》，《新教育》，1922年第5卷第3期，第594页。

②《全体学术会议纪录》，《新教育》，1922年第5卷第3期，第615-617页。

救案”，王卓然、王凤喈、袁敦礼、武绍程等10人附议。提出的理由为：大战告终，世人皆知武力政策之不足恃，于是群起而提倡文化主义。文化固为世界进化之媒介，然苟附以侵略之色彩，则失其真正之文化主义，对于此种冒牌的文化主义，不可不加以注意。日人变其武力政策，而操文化主义，在东三省及山东等省扩充教育，不惜巨万之资，以行其文化侵略主义。华人子弟图目前种种之利益，群趋以投彼之学校，其教育发展之状况，大有一日千里之势，长此以往，数年后在以上各省之中国教育，无形中将受莫大之摧残！须知教育竞争之失败，将是永久之沉沦，非若武力之失败，尚可以卧薪尝胆以图恢复。改进社同人热心国事，努力于教育，对于此种关乎国家前途之教育，不能不奋然兴起，群策群力，共谋补救之方。具体方法有三：其一，教育公开，合乎世界教育原理，日人此种政策，其用心究竟安在，请教育部详细调查其设施之目的及现状，以谋应对，关于此种调查事宜，教育部应设日人在华教育调查委员会以实行之；其二，请教育部向政府代请，将退回庚子赔款中之一部分，做各该省扩充教育之经费；其三，请教育部饬令各该省教育厅，将全省教育经费至少增加原额二分之一或倍之。①

三是陈时提议，李步青、谷毓琦、赵元治、王凤喈等10人附议，“将年会之分组会议保留为本社研究教育学术之常设机关案”。该案理由有三项：其一，《社章》虽设学术部，但范围太狭，不能容纳众多之专门人才，每届年会倘须经过邀请分组诸手续，办事上太不经济，责任上亦不固定；其二，本届年会议案太多，且有不合改进社宗旨者，仓促中审查，于议案中之真义，不能做彻底之鉴定，如有常设机关，于会前进行审查，决其可否，再行编入议案册；其三，本届年会各组中，已有因案件重要，提议组织委员会讨论者，实际上亦有常设机关之要求。其法有八条：其一，第一届年会各组公推之正副主席及书记，均为常设机关之执行者，其职责至第二届年会选出时解除之；其二，各组中如有分配不相当者，许其自由更组；其三，各专门委员会中应有相当的教育经验之人才；其四，除现有之各组外，应添加外国语、数学、农业教育、工业教育、商业教育、幼稚园教育等五组；其五，各组中平时得以通信方法自行研究各种专门问题，或以研究结果提出

①《全体学术会议纪录》，《新教育》，1922年第5卷第3期，第618-620页。

下届年会讨论;其六,董事会如认为学术上、教育上有重大问题应解决时,得委托专门委员会,平时通信讨论或提议于年会;其七,年会各组议案应于会议召开三个月以前寄交总事务所,由主任干事分配各组审查,审查标准在注重教育学术之研究与发明,审查成立之议案,应于年会两个月以前分交各社员及组员;其八,分组会议之组织法,或于《社章》之内规定之,或单独订定,由学术大会建议于董事会。①

上述三案,意义重大:一是关于边疆民族教育,二是关于外国人在中国办理的教育,均涉及国家教育主权问题,三是关于完善中华教育改进社的组织,重在学术机构之建设。三案均为学术大会表决通过。

三、分组会议概况

本次年会共分22组,出席会议的代表自行决定参加某组讨论,其中数理化教学组仅有2人,成人教育组仅有1人,故未开会,亦未审议提案。年会召开前,会务筹备组已将各代表提交的议案分类汇编成册,便于各组开会时讨论;会议期间,亦有代表临时向各组提交议案。分组会议共收到提案200余件,议决124件。各组会议概况及议决案如下:

1. 教育行政组,开会5次,到会23人,公推袁希涛为主席、邓萃英为副主席,范莲青、李金藻为书记,议案审查员为正副主席及陈宝泉、李建勋、李步青。审议提案24件,通过7件:(1)取缔电影案;(2)各学校及各教育机关应公布财政用途案;(3)变更视学制度案;(4)建议改进社设立教育经费委员会案;(5)学界厉行新历案;(6)设立教育行政组委员会案;(7)设教育行政研究会案。②

2. 义务教育组,到会李步青、井守义、袁希涛、林立、章慰高、李金藻、方维夏、陈宝泉、罗濬、戴应观、虞铭新、胡士魁、张明新、李正昌、米增兆等。会议次数不明,议决案5件:(1)中等以上各学校得兼办平民教育案;(2)义务教育年限定为四年,但视地方生活状况,或采简易办法,或于普及后延长之;(3)义务教育就学年龄得依地方情形特别规定,以便实施强迫案;(4)组织义务教育委员会

①《全体学术会议纪录》,《新教育》,1922年第5卷第3期,第614–615页。

②《分组会议纪录》,《新教育》,1922年第5卷第3期,第376–380页。

案;(5)拟具义务教育计划案,该案以李步青“义务教育进行计划案”为主,参酌虞铭新提案“义务教育经费应以国家费为本位,而以地方费补助之,其国家费即由地丁之半数充之”,并参酌井守义提案“增加关税、退还赔款两项应拨教育经费内数内,拟十分之五以上作全国推行义务教育补助”。该项决案包括经费计划、师资计划和设计计划三项。①

3.高等教育组,开会3次,先后有蔡元培、汤尔和、丁文江、胡敦复、秦汾、徐廷瑚、任凯南、赵翰恩、马冀良、周颂声、李志敏、陶孟和、蒋梦麟、张伯苓、何鲁、王伯秋、孙伏园、卢逮曾等18人到会,主席蔡元培,副主席汤尔和,书记陶孟和。审议14案,通过6案:(1)专门以上学校应以各专门学科为本位,凡各科一切事务,除关系学校全体者外,均归各科主任教授分任之;(2)减少兼任教员并限制各学校专任教员兼课兼职以重功课;(3)学校经费之支配标准,应使教职员薪俸不高于百分之六十五,设备及图书费不低于百分之二十;(4)酌量废止讲义案;(5)提倡创办青岛大学案;(6)废止法政专门学校,法律、政治、经济各科应在大学教授案。②

4.中等教育组,开会5次,程时烽、陆殿扬、方永蒸、贡沛诚、王卓然、刘廷芳、杨成章、童文豹、汪懋祖等37人先后出席,公推程时煃为主席,陆殿扬为副主席,方永蒸、贡沛诚为书记。审议提案22件,先由审查委员分为6大类。一是关于教科书问题4案,二是关于教学问题4案,三是关于学制问题3案,四是关于训育问题6案,五是关于设备问题2案,六是关于教育行政问题3案。最后议决案5件:(1)请改进社审查编辑并出版中学各科教科书案;(2)改进社宜提倡中等学校改良教学方法案;(3)组织中等教育研究委员会案;(4)男子中学得酌量地方情形兼收女生,俾女子得求学之便利案;(5)设法使中学生课外活动不妨碍课业进步案。③

5.初等教育组,开会5次,到会11人,公推庄百俞为主席,孙惠卿为副主席,杨卫玉为书记。审议17案,通过8案:(1)优待小学教员案;(2)请改进社特设或指定一校办试验小学案;(3)请组织小学学程委员会并征求草案案;(4)小学校

①《分组会议纪录》,《新教育》,1922年第5卷第3期,第567-586页。

②《分组会议纪录》,《新教育》,1922年第5卷第3期,第383-399页。

③《分组会议纪录》,《新教育》,1922年第5卷第3期,第413-426页。

得兼设初级中学案;(5)小学校从一年级起课程内加自然研究和卫生案;(6)新学制的多级小学编制上宜酌量变通案;(7)组织全国儿童玩具展览会筹备会案;(8)凡初等学校概不得有宗教教育案。①

6.职业教育组,开会5次,到会19人,公推黄炎培为主席,李师膺为副主席,王仲篪为书记。审议15案,通过9案:(1)年会分组会议拟请添设工业专门教育组案;(2)中华教育改进社应设职业调查及指导股;(3)编造全国职业教育统计案;(4)各职业团体筹款设立职业学校案;(5)组织职业学校学程标准案;(6)省教育行政机关应设职业教育科并置专科视学员案;(7)推广女子职业教育案;(8)推广工人工徒职业教育补习案;(9)由中华教育改进社、中华职业教育社执行该组会议议决各案。②

7.师范教育组,开会4次,到会23人,公推任诚为主席,刘平江为副主席,陈纶为书记。收到议案9件,通过5案:(1)请改进社函知各高等师范及行政官厅,高师所设附属中学注重试验方法,并随时将办法及结果报告各校,或就地方原有之中学作为试验中学;(2)请各高等师范于原设英文科外,兼设法文、德文等科,以养成中等学校教员;(3)请改进社函知各高等师范,添设教员指导员养成科,造就相当人才以谋教育改进案;(4)修正师范学校学制案;(5)请改进社组织师范学校学程和教材研究委员会案。③

8.女子教育组,开会4次,朱其慧、张默君、俞庆棠、萧会极、王昌国、推士夫人等20余人到会,公推张默君为主席,徐亦蓁为副主席,俞庆棠、萧会极为书记。审议15案,通过12案:(1)各省每道自1922年度始,至少应筹设女子中学一所,经费由各省政府支出,此种中学应采用新学制,其毕业程度以能直接插入大学一年级为标准;(2)应请各大学校及专门学校酌定奖学金及免费办法,男女学生同一待遇;(3)请政府下令严禁女子缠足,限三年内全国一律禁绝;(4)请改进社增设家事科委员会,研究家事科学程及教授法(女子高师家事科及中小学校均在内),并由改进社劝告各县筹办家事补习教育(或另行创办或附设于相当女校内),以谋家事教育之普及;(5)请改进社自1922年度始,组织女子教育劝

①《分组会议纪录》,《新教育》,1922年第5卷第3期,第441-460页。

②《分组会议纪录》,《新教育》,1922年第5卷第3期,第431-440页。

③《分组会议纪录》,《新教育》,1922年第5卷第3期,第401-411页。

导团，分往各省切实宣传，以谋增加女生就学人数；(6)请清华学校自1922年度始招收女生，派遣留美时女生学额暂如男生额数之半，嗣后逐渐增加，以达到同等额数为止；(7)请扩充并增设女子高等教育机关；(8)推广女子教育计划；(9)女子中学以上应注重实用社会学并课余实习社会服务，将来担任社会服务员，以为女子高尚职业之一种；(10)从根本上谋发展女子职业教育；(11)应采用确有学识能力之女子为教育行政机关人员；(12)女子教育组当组织中华教育改进社女子教育研究会。①

9.公民教育组，开会3次，最多时有19人与会，程锦章为主席，任凯南为副主席，贡沛诚为书记。审议7案，其中一案为中等教育组移交的“中等学校公民科宜速规定教材标准案”，通过3案：(1)改小学修身学科为公民科案；(2)组织永久的公民教育研究会，编辑中小学公民科教材及推广公民教育；(3)城乡宜多举行通俗讲演并设书报室，以图公民教育之普及。②

10.历史教学组，开会3次，到会者有梁启超、徐则陵、朱希祖、陈衡哲、何炳松、柳贻徵等，另有旁听者6人，公推徐则陵为主席，何炳松为书记。何炳松提议，编辑或讲授历史，应以说明历代社会状况之进化，使学生明白现代状况如何嬗递而来为标准。徐则陵提议，历史一科重要者在陶养公民，我国中小学历史一科应追求此种效果，故提议组织委员会研究中小学历史教学问题。陈衡哲提议，中等以上学校之历史教授应废弃讲义，至少须废弃印成之讲义，而用学生自修法。梁启超提交中学国史教材改造案。朱希祖提议，中学宜先教地理，后教历史，教地理、历史均宜本国、外国同时并授，本国、外国历史教学时间之分配，均宜以上古、中古和近古史占二分之一，近现代史占二分之一，本国、外国现代史均宜提前教授，其后随时补讲至毕业时为止。会议最后议决案1件，即由改进社函请国内学者9人以上组织一中小学历史教学研究委员会，研究中小学历史之目的、教材、教法等问题。③

11.地理教学组，开会3次，高鲁、白眉初、竺可桢、韦润珊、彭国珍、张体方等7人到会，另有旁听者3~4人。审议8案，通过8案：(1)地理教授法案，全国小中

①《分组会议纪录》，《新教育》，1922年第5卷第3期，第461-471页。

②《分组会议纪录》，《新教育》，1922年第5卷第3期，第473-479页。

③《分组会议纪录》，《新教育》，1922年第5卷第3期，第503-507页。

高各级地理宜实行利用空白地图及照片幻灯以增学生兴味及记忆力，小中高各级教材均宜注重经济地理以期养成今后人民之常识；(2)调查蒙藏地理案；(3)拟请每县择一中学或小学担任报告雨量及暴风案；(4)拟请中学地理一科注重天文学案；(5)组织地理教学研究会案；(6)教授地理应废除“以政治区划作主要观念的地理志”案；(7)拟请教育部或中华教育改进社管理青岛观象台并加以扩充案；(8)中学校宜特辟混合地理一门案。①

12.国语国文组，开会4次，张一麐、胡适、黎锦熙、张士一、陈颂平、周铭三、方毅、汪怡、廖立勋、白镇瀛、苏耀祖、李正乐、周纲仁等13人到会。议决11案：(1)国民学校初年级教注音字母者可用注音字母试代汉字；(2)用科学方法修改注音字母使之成为国语字母；(3)拟请于增加关税或退回庚子赔款中筹拨一次开办费，以便创设中国语音测验所，研究中国语音并解决中国语言中一切与语言有关之各问题；(4)小学校读音应注意统一；(5)修改国音字典案；(6)拟请于增加关税或退回庚子赔款中筹拨经费，组设国语图书编纂会，编纂国语词书及其他有关国语重要图书；(7)小学校国语科教学话法案；(8)高小国文科讲读作文均应以国语为主，当小学未能完全实行七年国语教育时，中等各校国文科讲读作文亦应以国语为主，于国语文通畅之后方可添授文言文，但作文仍应以国语文为主；(9)拟请于增加关税或退回庚子赔款中筹拨经费设立国语专修学校，广植国语人才并推行国语教育；(10)大学、高等师范及师范学校添设国语专修科案；(11)国语教育之推行，除正式小学校外，宜设各种方法使年长失学者皆有学习机会，尤宜使妇女能受国语教育。②

13.生物教学组，开会3次，汤尔和、郑章成、秉志、胡先骕、雍克昌、刘炳炜、钱城、周汉藩、李炳辰等9人到会，公推汤尔和为主席，郑章成为副主席，雍克昌为书记。审议提案7件，议决5件：(1)请中华教育改进社于适宜地点设立假期生物研究所；(2)请中华教育改进社组织永久委员会研究生物学教授上之种种问题；(3)永久委员会未组成之前，请中华教育改进社调查现行动植物教科书，择其比较适用之教本二三种，介绍于各中等学校，供选择教本者之参考；(4)永久委员会未成立前，请中华教育改进社组织临时委员会，审定中等学校动物、植

①《分组会议纪录》，《新教育》，1922年第5卷第3期，第509-512页。

②《分组会议纪录》，《新教育》，1922年第5卷第3期，第485-502页。

物课程之标准;(5)将湖南代表周汉藩“实施新学制关于博物教授上诸问题案”移交永久委员会讨论,该案包括若干问题,如中学校博物宜采用何种名称,教材编辑宜用分科法抑或混合法,初级中学采用博物教材应以何者为限,初级中学之博物每周教授时间,中学校应否教授男女性的知识,编辑初级中学博物教材应如何顾及小学及高级中学之课程,初级中学教授博物时是否应另加实验时间,初级中学博物是否用学分制,高级中学博物学分应如何规定,高级中学应否以博物科为必修科,高级中学之博物教科书应如何编辑,时间应如何分配,等等。①

14.美育组,开会2次,到会者有蔡元培、郑锦、陈衡恪、李景纲、武绍程、钱稻孙、高鸿缙和雷家骏,公推蔡元培为主席。审议4案,通过4案:(1)提议于退回庚子赔款中拨出一部分经费实施美育案;(2)普通美育以造成普通国民具有美的赏鉴与制造之兴味为目的;(3)专门美育以造成专门人才增进美的制造以供国民之赏鉴为目的;(4)欲求美术普及,急宜设美术院。②

15.国民音乐组,开会3次,林美德、萧友梅、易韦斋、杨昭恕、李荣寿、张蔚瑜等7人到会,公推萧友梅为主席。审议提案10件,通过7件:(1)提倡国民音乐应以世界能通行者为限案;(2)各省应派员来京讲习案;(3)请各省到会代表回籍征集民歌歌词案(并入易韦斋作歌意见书);(4)请设法筹款办理管弦大乐队案;(5)征集各地原有之歌词曲谱及乐器案;(6)由改进社提议各处高等师范学校添设唱歌教员养成科,以期养成多数音乐师资,并由改进社函请政府通知各该校实行;(7)各小学校唱歌科应用林美德女士新制音阶组成表教授,初学认谱法。③

16.体育与国民游戏组,开会5次,各次到会社员1~2人,特邀专家15人左右,旁听7人左右,公推麦克乐为主席,董守义为副主席,袁敦礼、谷毓琦为书记。审议33案,其中列入提案册者13件,临时提案20件,议决11案:(1)请政府设立体育专门学校,男女兼收;(2)各省应酌量增设体育专门学校案;(3)高级中学师范科及师范学校体育课程应充分添设,俾养成小学校体育教员或分任体育

①《分组会议纪录》,《新教育》,1922年第5卷第3期,第481-484页。

②《分组会议纪录》,《新教育》,1922年第5卷第3期,第513-522页。

③《分组会议纪录》,《新教育》,1922年第5卷第3期,第537-545页。

教员;(4)宣传及推广公共游戏场案;(5)各地方宜联络社会上各机关共同组织及推广社会体育案;(6)组织全国体育研究会,附设于中华教育改进社案;(7)设立体育传习所或其他补习机关以辅助体育教员案;(8)各体育学校应注重训练体育行政人员,待有相当之人才后,各省各城教育行政机关应酌量增设体育行政人员;(9)鼓励军警界学习提倡及实施近代体育方法案;(10)高等专门学校及大学每年皆应有体育课程列为必修科;(11)高等专门学校及大学校得设军事学科及兵式教练,列为选科,但不得以之代替体育。①

17.学校卫生组,开会1次,到会者有赵士法、兰安生、周颂声、童文豹、陈鹤琴、李广勋、王注东、胡鸿基、赵翰恩、倪测天等,公推周颂声为主席,胡鸿基为书记。审议提案6件,通过5件:(1)各级学校中应设卫生学程(内分五项:一是小学各年级每周须有两小时以上之卫生游戏及谈话,以养成学生卫生习惯为主旨,不用教科书,尤宜预先养成专门人才充当卫生教员;二是中学各年级每周须有两小时以上卫生课程,教学用教本,除解剖生理以外,应增加个人卫生及公共卫生之要旨;三是中学以上学校至少须有一年之必修卫生学课程,每周授课两小时或两小时以上,教本内容,除普通卫生外,应包括公共卫生学,传染疾病的原因及其预防方法;四是组织委员会,请国内卫生学专家编辑各级学校卫生教科书;五是卫生学教员以医校毕业者为合格,如为暂时调剂计,应请医校设卫生讲习所,以养成此项人才,入学资格限于专门学校毕业或师范毕业者);(2)学校保健(包括校医及其资格,校舍之建筑及设备,体格发育不良学生之补救,学校看护员及其资格和职务,学校看护员与学生名额比例,添设齿科医生,为营养不良、心脏疾病患者和常常感冒之学生设露天教室,教室卧室之换气,室内温度,课桌椅之标准,厕所之改良,茶水茶碗之清洁消毒,学校毛巾肥皂之配备,教室之长宽高和色彩,等等);(3)体育教育,应注意团体运动及各种球戏,废除兵式体操,每日下午四时后宜有游戏比赛;(4)来年十二月中应实行的议案(内分三项:一是推定委员组成委员会,编辑卫生学教科书,调查国内学校卫生状况,审查现行的教科书;二是组成委员会,调查高等师范学校卫生教学状况,并筹划在高等师范学校内添没学校卫生科,以养成中小学卫生教员;三是高等师范学校

①《分组会议纪录》,《新教育》,1922年第5卷第3期,第523-536页。

应选择同一地点之医学机关，合组学校卫生部，试行学校卫生及疾病观察事项）；（5）学校卫生组通过之议案，应付印分送各学校以便参考。[①]

18.心理教育测验组，开会1次，到会者有张耀翔、吴肇基、张体方、刘树仁、陈鹤琴、方永蒸等6人，仅方永蒸一人为社员，未推举主席，仅请方永蒸记录。审议4案，通过3案：（1）请中华教育改进社聘请或推定专家组织教育心理委员会执行下列事项：测验、实验、调查、编辑、推广；（2）由中华教育改进社呈请教育部，通令全国大中小公立学校，对于心理测验及教育测验团体或个人，经中华教育改进社或中华心理学会或同样专门学术机关介绍者，有许其自由测验并襄成一切之义务，不得故意推诿；（3）请改进社设立学校调查部，制定中学国文标准，改进社应聘请桑代克或与之齐名之教育心理专家，来华教授讲演并指导教育心理测验，聘请专家制造8~10种国家的智力测验，测验一般国民。该组认为该案非常重要，俟该组委员会成立后，再议详细计划执行之。[②]

19.图书馆教育组，开会4次，戴超、沈祖荣、洪有丰、杜定友、戴超夫人、朱家治、孙心盘等7人到会，公推戴超为主席。审议13案，通过8案：（1）各校应添设教导用图书方法课程案；（2）中国师范学校及高等师范学校应增设图书馆管理科案；（3）呈请教育部推广学校图书馆案；（4）拟请教育部通知各省省长转饬各教育厅长，除省会内必须建设省立图书馆外，凡所属之重要商埠（如上海、汉口等）亦必有图书馆之建设案；（5）拟请教育部会同财政部筹拨相当款项建设京师图书馆案；（6）凡著作家出版之书籍，欲巩固版权须经部审查注册者，应将其出版之书籍尽两部义务，一存教育部备案，一存国立图书馆以供众览；（7）各市区小学校应就近联合，于校内创设巡回儿童图书馆，以补充教育室内之教育案；（8）请中华教育改进社组织图书馆教育研究委员会案。[③]

20.童子军教育，开会1次，到会者有张伯苓、顾拯来、李启藩、沈维桢、雷家骏、章辑五、张鸿烈、陆礼华和杨永烈等，公推张伯苓为主席，顾拯来为副主席，雷家骏为书记。议决向中华教育改进社建议案1件，内分7项：（1）由改进社公布该组同人所建言，使全国童子军有所遵循，以利进行，并敦促上海方面尽早筹

①《分组会议纪录》，《新教育》，1922年第5卷第3期，第547–551页。

②《分组会议纪录》，《新教育》，1922年第5卷第3期，第553–554页。

③《分组会议纪录》，《新教育》，1922年第5卷第3期，第555–561页。

备成立全国童子军联合会，使有合法之最高机关，以考察各地童子军，甄别各地童子军，鼓吹童子军事业，趋重训练人格，俾不致误入歧途；(2)改进社建议国内高级学校及师范学校添设童子军讲习会，以培植教学人才，但须有相当之领袖人物主其事；(3)由改进社建议各地各校，于童子军创办之始，慎重行事，以免贻误于将来；(4)童子军用书籍由训练童子军教练员之高级学校或各地教练员编辑之，须经全国联合会组织委员会详加审定，再行付印，通告各地童子军采用；(5)女童子军事业方在萌芽，鉴于男童子军过去经费之困难，宜特别慎重考虑，然后举办，此点请改进社注意之；(6)由改进社请教育部通信各省区，将童子军之经费列入教育经费预算中；(7)由改进社征求童子军成绩，发表于《新教育》杂志，并供给国内外童子军参考。[①]

第二节　第二次年会(北京 1923年)

一、到会代表及开幕大会概况

本次年会于1923年8月20—26日在北京清华学校举行，到会代表580人，其中，社员427人，特邀专家32人，旁听121人。[②]与首届年会相比，社员大幅增加，特邀专家则大幅减少。从与会代表籍贯看，因在清华学校开会，北京代表最为便利，到会人数高达232人，前次济南开会时只有92人出席，本次增加了140人。山东则相反，上年济南年会出席代表74人，本次减至35人，可见开会地点于当地会员入社、参会影响极大。此外，奉天30人，上次仅有3人。湖北52人，较上次19人，亦有大幅增加。江苏、直隶、河南、湖南等均稍有增加。[③]上次年

①《分组会议纪录》，《新教育》，1922年第5卷第3期，第563-566页。

②《到会人员一览表》，《新教育》，1923年第7卷第2、3期合刊，第433-469页。

③《第一届年会与第二届年会各省区到会人数比较图》，《新教育》，1923年第7卷第2、3期合刊，第476页。

会没有代表出席的浙江、陕西、云南、察哈尔等四省，各有代表1~2人到会，故本次有21个省区代表出席会议。从供职机关及职务看，高等专门大学教职员115人，其中校长15人；中等学校142人，其中校长53人；初等教育88人，其中校长40人。此外，学术及其他团体职员55人，中央教育行政机关14人，省教育行政机关40人，县教育行政机关18人，未详者98人。①

开幕大会于8月20日上午举行，董事长熊希龄主持会议并致辞说："本社一年来的会务，虽不敢说有什么项大的成绩，然亦做过不少的事情。还有一项最可喜的事，即是本社毫无党派的意味，非独没有卷入政潮的漩涡，即学潮也未曾加入，这一层真可算本社的特别精神。""此次年会，预备解决去年年会未解决的及本届所提出的各项议案，并讨论此后进行的方针"，"惟本期的议案，较第一届年会为多，望到会社员分门讨论，以便得个好结果"。②

主任干事陶行知从两个方面说明该社社务进行方针："第一，教育为互助的合作的事业，故本社方针，务求在教育进行上，得有合作之机会。如原理上有彼此不相融洽者，须交换意见。方法上有彼此发生冲突者，须设法消灭。具此精神，始能共同努力而收良好效果。第二，以前的教育，多系单纯的、整个的，有浮泛笼统之弊。人各研究同一之问题，数十年而效果不见。故研究教育，首贵分析。须一个人在同一时代中，做一件事，继续一年二年以至一生一代而研究之。故本社之方针，重在分析研究。"③

清华学校校长曹云祥在开幕大会上演讲，纵论中西教育之异同，他认为中国教育问题不少，改进社所进行之智力测验、科学教育和中学课程改造之研究，"皆用科学之法以解决之，即中国所谓格物致知之道是也。惟泰西之法较为精细，故宜取其方法，并不求其精神与同等之人才。盖中国之社会，与泰西不同，故中国之教育，若不能造就适合于中国社会需用之人才，则全归失败。由此观之，中国教育之宗旨及其目的，不能仿效泰西，仅能取用其法，以利自动自学，庶不致囫囵吞枣"④。曹氏所言，肯定中华教育改进社以科学方法解决国内教育问

①《第一届年会与第二届年会到会人员职务比较图》，《新教育》，1923年第7卷第2、3期合刊，第475页。

②《年会开幕大会纪事》，《新教育》，1923年第7卷第2、3期合刊，第20页。

③陶行知、熊希龄：《欢迎词》，《新教育》，1923年第7卷第2、3期合刊，第22-23页。

④《年会开幕大会纪事：曹云祥先生演说词》，《新教育》，1923年第7卷第2、3期合刊，第31页。

题，不以仿效西洋教育为鹄的。

二、全体大会

（一）社务会议

8月21日举行社务大会一次，由张伯苓主持。首由陶行知报告一年来社务进行事项，因已编印有年会《社务报告》一册，且刊载于年会日刊中，故未再在会上宣读，而是就中等教育研究和科学调查两项工作，详加报告。综合书面和口头两方面的报告，除调查、研究、编辑、推广等四项主要工作外，尚有如下事项：

1.推行第一次年会决议案。第一次年会议决案120余件，其中有不少重要建议。年会结束后，总事务所积极联络推行，附函寄送各机关。其中，呈送国会2案，其中一案系学术大会议决，陈宝泉、袁希涛、方维夏、李步青等4人起草的"在宪法中列入教育普及条例案"。此外，呈送内务部3案，外交部1案，教育部53案，各省区教育厅局所38案，大学及高等专门学校12案，高等师范学校15案，师范学校8案，女子师范学校8案，中学校9案，小学校12案（请各省教育厅转劝学所分发），清华学校12案，中华职业教育社9案，各省教育会7案，等等。[①]尤为重要者有两项：

一是推行有关学制方面的议决案。教育部于1922年9月召集学制会议，总事务所选出有关学制和教育行政组织方面的议决案10件，先期分寄教育部、各省区教育厅和教育会，以资研究和提倡，教育部亦将该10案印发给学制会议代表参考。该10案为：（1）义务教育就学年龄得依地方情形特别规定以便实施强迫案；（2）义务教育年限定为四年，但视地方人民生活状况或采简易办法或于普及后延长之；（3）新学制的多级小学校编制上宜酌量变通案；（4）小学校得兼设初级中学案；（5）男子中学得酌量地方情形，冀收女生，俾女子得求学之便利案；（6）各省每道自十一年度起，至少应筹设女子中学一所，经费由省政府支出，此种中学，必采用新学制，其毕业程度以能直接入大学一年级为标准；（7）修正师范学校学制案；（8）变更视学制度案；（9）省教育行政机关应设职业教育科，并置

①中华教育改进社：《中华教育改进社第二次社务报告》，1923年8月，第22-25页。

专科视学案;(10)应采用确有学识能力之女子为教育行政机关人员。[①]此外,又选择问题较为普遍且有赖各方面协助提倡者21案,印发给学制会议各代表、全国省教育会联合会第八届会议代表、中华教育改进社各社员以及与议决案有关的各机关。[②]

二是推行关于中华教育改进社组织专门委员会的议决案。原拟组织委员会31个,因参加国际教育会议,又增加国际教育组,计32个。现已成立25个,即教育行政、高等教育、中等教育、初等教育、师范教育、职业教育、女子教育、公民教育、义务教育、成人教育、童子军教育、教育统计、图书馆教育、科学教育、生物教学、国语教学、国语字母、历史教学、地理教学、美育、体育与国民游戏、国民音乐、心理教育测验、学校卫生、国际教育等委员会,此外尚有外语教学、农学教育、商业教育、工业教育、医学教育、幼稚教育、数学教学等7个委员会没有成立。[③]本次分组会议的组织工作,多数由各委员会负责进行。

2.筹备出席世界教育会议。世界教育会议于1923年8月在旧金山市召开,为全美教育会发起组织。该社为参加世界教育会议,于1922年底组织国际教育委员会,并联络北京国际教育研究会,依据全美教育会拟定的世界教育会议宣言书,共同提出议案7件:(1)汪典存关于国际公民学案;(2)徐则陵、孙世庆关于编辑教科书案;(3)袁观澜、陈宝泉关于普及教育案;(4)戴志骞、沈祖荣、洪有丰等关于交换印刷品案;(5)王文培、欧阳祖经关于世界恳亲会案;(6)张士一关于世界语问题案;(7)陶行知关于世界教育会组织大纲案。同时,分请国内专家就中国近年来教育方面的发展状况,用英文著成报告17种,分别编印成册,以便分送各国代表。计有《中国之新文化运动》(胡适著)、《中国近日教育之趋势》(刘伯明著)、《中国之新学制》(陆志韦著)、《中国之高等教育》(郭秉文著)、《中国之中学教育》(廖茂如著)、《中国中学课程之改造》(朱经农著)、《中国之师范教育》(朱斌魁著)、《中国之职业教育》(黄炎培著)、《中国之初等教育》(郑宗海著)、《中国之女子教育》(俞庆棠著)、《中国之平民教育运动》(庄泽宣著)、《中

①《中华教育改进社第一次常年大会议决关于学制及教育行政组织问题各案汇录》,《安徽教育月刊》,1922年第56期,第7-8页。

②中华教育改进社:《中华教育改进社第二次社务报告》,1923年8月,第23页。

③中华教育改进社:《中华教育改进社第二次社务报告》,1923年8月,第2-4页。

国十年内之平民教育》(晏阳初著)、《中国之体育》(麦克乐著)、《中国之教育心理测》(麦柯著)、《中国之图书馆教育》(戴志骞著)、《中国之教育统计》(陶行知、薛鸿志合著)、《中华教育改进社之历史组织与事业》(陶行知著)。[①]

3.教育心理统计名词的审查。请推士博士拟出教育、心理、统计等各科专门名词,组织三个委员会,担任各科统一及整理之责。教育学科由孟宪承、郑晓沧和陶行知负责,心理学科由庄泽宣负责,统计学科由朱斌魁负责。[②]

4.与其他机关或个人协作进行的事业。与中华农业协进会及中华职业教育社发起全国农业讨论会;与北京、南京各高等专门学校举办教育心理测验;与其他学校教师研究中学课程及专科教学法;补助专门人才从事教育心理的研究;与东南大学合办全国体育调查,请麦克乐及其同人指导;支持和赞助朱其慧、晏阳初提倡平民教育,希望早日普及教育。[③]

5.提倡女子教育。济南年会后,率先成立女子教育委员会,专门研究女子教育问题,以为提倡女子教育之准备。委员会开展了女子教育调查、研究女子教育各级课程改造等工作。委员会主任朱其慧到国内各地演讲,推动组织分会,以期推广女子教育。1922年底,清华学校决定停止派遣女生赴美留学,该委员会竭力主张恢复,最终为清华学校当局所采纳。[④]

6.筹备教育陈列所、教育图书馆等。北京政府内务部将北京帝王庙拨归中华教育改进社做永久办事处,该处庙宇雄伟,可供使用房屋较多,故在该处设立教育陈列所,江苏督军齐燮元捐助开办费1万元,计划于1924年春开馆,现正向国内外征集各种教育出产品,以反映国内外教育实况。展览品拟分成历史的陈列、历程的陈列、比较的陈列、特长的陈列、模范的陈列等五种。同时,还在该处筹备教育图书馆,旨在辅助专家研究教育学术,帮助总事务所所在地教职员增进普通学识。教育图书馆内部设备请清华学校图书馆主任戴志骞筹办,图书选购则请东南大学图书馆主任洪有丰协助,计划与教育陈列馆同时建成开放。[⑤]

7.商请政府免征教育图书仪器关税。中国近代新教育发展,最需吸收外国

---

①中华教育改进社:《中华教育改进社第二次社务报告》,1923年8月,第26-27页。

②中华教育改进社:《中华教育改进社第二次社务报告》,1923年8月,第21页。

③中华教育改进社:《中华教育改进社第二次社务报告》,1923年8月,第28页。

④中华教育改进社:《中华教育改进社第二次社务报告》,1923年8月,第22-23页。

⑤中华教育改进社:《中华教育改进社第二次社务报告》,1923年8月,第19-20页。

教育学术，亟须从外国购入图书仪器。为中国教育发展计，中华教育改进社呈请政府豁免所有图书仪器进口税。政府业已批准，自1922年7月16日起两年内免征。此项努力普惠中国各级教育机关和学校。[①]

陶行知最后还恳请与会代表说，中国幅员广阔，该社社员应无地无之，然热河、贵州、蒙古、西藏等处，尚无人加入为该社社员，希望广为介绍，以便教育改进的效果，广遍全国。[②]

报告结束后，到会社员还就下列数项进行讨论和表决：一是该社是否加入世界教育联合会案，议决请该社国际教育委员会定夺；二是关于下次年会地点，社员提出山西、武昌和南京三处，结果决定在南京举行，如因时局关系不能在南京开会，则改定在武昌；三是议决以中华教育改进社名义，致谢麦柯博士和其他合作人员，电贺参加世界教育会的中国教育代表团取得的成绩。[③]

（二）学术大会

学术大会于8月23—25日上午分别召开3次，首次和末次会议由张伯苓任主席，第二次会议由黄炎培任主席。鉴于前次年会学术大会经验，各组议决案，多为各该组代表所关心，在学术大会宣读，很少能引起他组兴趣，故本次各组报告议决案后，如无必要讨论的一般议案，大会即予确认，无须空耗时间，以免重要案件，不能从容讨论。此即为本次学术大会的常规。

本次年会学术大会除确认各组议决案110余件外[④]，还审议了提交学术大会讨论的重要提案，通过6件：

（1）反对各国公使团护路委员会主张干涉中国全国国有铁路警察及会计权案。该案由殷芝龄博士紧急提议，具体方法：一则致函各国公使团，表示该社反对的态度；二则通电重要都会及商埠之报馆，转告全国国民从速表示反对态度；三则通电重要都会及商埠之商会，除表示反对态度外，从速组织商团，协助国家保护铁路，使不再有匪祸发生，以免外人口实。议决以本届年会全体会员名义，

①中华教育改进社：《中华教育改进社第二次社务报告》，1923年8月，第21-22页。

②《社务会议纪录》，《新教育》，1924年第7卷第2、3期合刊，第43-44页。

③《社务会议纪录》，《新教育》，1924年第7卷第2、3期合刊，第45-46页。

④《全体学术会议议决通过案主文一览表》，《新教育》，1923年第7卷第2、3期合刊，第358-375页。

通电各方，并公推董事熊希龄、张伯苓、黄炎培赴各国公使馆、交通部和外交部，陈述同仁意见。

（2）请组织整理议决案委员会案。委员会之职责，在推行年会议决各案。

（3）否认日本将庚子赔款拨充对华文化事业之用途案。

（4）请声明条约上特许翻译外版图书权利以俾教育案。

（5）组织教会教育委员会，调查教会各级学校现状，研究教会教育各问题之解决方法案。

（6）改进社应组织维持教育经费委员会案。[①]

此外，学术大会第一次会议请殷芝龄博士报告世界教育会议经过情形[②]，本书第七章有详细介绍。第三次会议各案审议结束后，梁启超发表演讲，从四个方面高度评价中华教育改进社一年多来所取得的成绩。首先，改进社积极进行的教育心理测验，把从前主观的教授法改变了，这是一种新经验，为教育界开一新纪元。其次，中学教育方面特别注重科学的教育，这种新气象是极可乐观的。再次，改进社已经加入世界教育会，世界教育会的副会长一个是英国的，一个是中国的郭秉文，中国真可以借此把爱好和平的精神发扬出去。末次，改进社成立了32个学术委员会，议决了100多件议案，这都是同人互助努力的结果，同人还须继续努力下去。中国在政治上很纷乱，很悲观，但是，教育界方面很有乐观的现象，改进社本着自立的精神，联合各省的教育专家组成一个不依赖政府，实际上为政府办了许多许多的事情，可见国人的自治能力是很强的，至少说明知识阶级的自治能力是很强的，应当把这种精神扩充出去，把自治的精神尽量发挥，做改造中国的先锋。[③]

三、分组会议

本次年会分34组，较前次年会增加了12组。但各组人数悬殊，20人以上的组有教育行政组77人，中等教育60人，初等教育组73人，师范教育组39人，职

①《全体学术会议纪录》，《新教育》，1923年第7卷第2、3期合刊，第351–358页。

②《全体学术会议纪录》，《新教育》，1923年第7卷第2、3期合刊，第351–363页。

③《全体学术会议纪录》，《新教育》，1923年第7卷第2、3期合刊，第357–358页。

业教育组35人，图书馆教育组29人，女子教育组24人，体育教育24人，幼稚教育组21人，历史教育组21人，义务教育组20人，心理教育测验组20人；最少者中医学教育组仅有3人。上次年会的国语教育组，本次分拆为国语教育组和国语字母组，前者有35人，后者只有1~2人。

各组审议各种提案共计240余件，除国语字母组因人数太少没有单独召开会议，公民教育组和外国语教学组没有议决案外，其他31组共通过117案。各组会议及议决案情形如下：

1. 教育行政组，开会4次，到会有40人左右，邓萃英为主席，章慰高为书记。审议53案，保留15案，通过12案：(1)政府对于学校员生旅行乘火车轮船给予减价证以示优待案；(2)请教育部设立中央盲哑教员养成所暨附设学校案；(3)中小学校教职员之待遇宜特别规定案；(4)修改检定小学教员规程及施行办法案；(5)咨请教育部统筹全国各级学校学额以免升学困难案；(6)催促政府实行兴办蒙回边藏教育案；(7)请教育部修订省区县乡教育会规程并呈由大总统颁布案；(8)请政府维持留学经费案；(9)变更部省视学制度案；(10)各省区教育厅宜速设参议员案；(11)请规定各学校改用米突法案；(12)拟请改进社辅助政府维持历法案。①

2. 义务教育组，先后到会12人，公推姚孟宗为主席，相菊潭为书记。审议6案，通过3案：(1)提倡市乡居民代种教育树以充义务教育基金案；(2)通令各省实施义务教育案；(3)扩充师范教育以便实施义务教育案。保留1案，请予增加关税项下应拨教育经费数内，以十分之六作为义务教育补助金案。②

3. 高等教育组，开会2次，先后到会者有陶孟和、蒋梦麟、汤尔和、张伯苓、汪宗海、李志敏、费伟、王金吾等16人，张伯苓为代主席，李志敏为代书记。审议8案，否决4案，撤销1案，保留1案，通过2案：(1)为普及学术于一般社会起见，请各大学举办通俗学术讲习班、晨班或夜班案；(2)请各大学及专门学校宣布入学试验标准案。③

4. 中等教育组，开会4次，先后有杨成章、相菊潭、陆殿扬、倪测天、张彭春、

①《分组会议纪录》，《新教育》，1923年第7卷第2、3期合刊，第51-88页。

②《分组会议纪录》，《新教育》，1923年第7卷第2、3期合刊，第140-142页。

③《分组会议纪录》，《新教育》，1923年第7卷第2、3期合刊，第89-95页。

陶玄、汪懋祖、赵乃传、方永蒸等60人到会。审议15案，通过6案：(1)中学每班人数应有相当限制案；(2)中等学校急宜筹设学生图书馆以发展儿童自动精神案；(3)中等学校应按各地方需要情形授以相当外国语案；(4)中等学校应注意学生性之修养案；(5)中等学校实施训育方法参考案；(6)请各省区教育行政机关于教育经费内划出成数资给中等学校职教员赴国内外考察案。①

5.初等教育组，开会4次，先后到会73人，孙世庆为主席，吴研因为书记。审议19案，通过4案：(1)为提倡儿童课外读物，请各地教育界组织团体审慎选择并规定使用方法案；(2)请改进社通知各大书局对于小学教科书的编辑，应考虑地方教材以期适用案；(3)小学校应规定认识词类数案；(4)提倡小学教员储蓄，借便优待建议案。保留4案：(1)请组织全国儿童成绩展览会筹备会案；(2)新制小学校课程标准案；(3)小学校手工、图画、家事等科应和其他学科一律重视案；(4)中小学用书亟应改为左行横写以便儿童之观察。②

6.幼稚教育组，开会4次，到会21人，丁锡纶为主席，郭业耜为书记。审议5案，通过4案：(1)请改进社依据儿童玩具展览会审查结果，委托各地玩具店制造优良玩具以供儿童之需求案；(2)请改进社设法敦促各地方普设幼稚园并广储保姆人才案；(3)审查儿童玩具标准案；(4)推广幼稚教育案。③

7.职业教育组，到会35人，黄炎培为主席，陆规亮为书记。审议9案，通过7案：(1)促进各县职业教育案；(2)平民学校应注重简单工艺案；(3)请中央及各省政府修改教育行政机关组织，添设职业教育专员案；(4)提倡军队职业教育案；(5)请改进社与中华职业教育社协力调查全国需要之职业，指导国内外学生求学方针案；(6)我国职业学校宜特设商店案；(7)改进社应与中华职业教育社协作聘请专家讲演教育并指导职业教育事业案。④

8.师范教育组，开会4次，到会28人，刘平江为主席，徐金涼、金曾澄为副主席，吴昆为书记。审议13案，通过6案：(1)请改进社添设课程标准委员会与教科书委员会；(2)各级师范教育应注重实际教育作业与证验实习案；(3)师范学

①《分组会议纪录》，《新教育》，1923年第7卷第2、3期合刊，第97-109页。

②《分组会议纪录》，《新教育》，1923年第7卷第2、3期合刊，第113-126页。

③《分组会议纪录》，《新教育》，1923年第7卷第2、3期合刊，第131-137页。

④《分组会议纪录》，《新教育》，1923年第7卷第2、3期合刊，第161-168页。

校应添授小学应用医学常识案;(4)师范学校、高中师范科教育学程教授次第案;(5)师范学校应注重指导毕业生案;(6)请改进社组织教职员介绍局案。[①]

9.农业教育组,开会2次,先后到会8人,推郭葆琳为主席,王金吾、孙守廉为书记。审议2案,通过2案:(1)请教育部速于西北察哈尔、绥远两省区设立农业学校以解决垦殖问题案;(2)请求各省县推广及整顿农事试验场以便农校学生实习案。[②]

10.工业教育组,开会2次,到会8人,推举杨育平为主任,刘焕琛为副主任。审议4案,通过1案:请设中国化学工业原料研究所案。保留3案:(1)请饬各省工业试验所附设技工职工养成所案;(2)请创办全国模范工厂以立工业基础案;(3)拟请改进社添设学校建筑委员会案。[③]

11.商业教育组,开会2次,到会8人,公推曹庆五为主席,孙伯恒为副主席,蔡竞平为书记。审议1案,通过1案,即中华教育改进社宜注重商业教育,务使学界与商界接近,俾免教育失败案。[④]

12.医学教育组,开会1次,到会3人,其中2人为外籍在华人士,另有旁听员数人。公推Dr.George A.Hantley为临时主席,胡宣明为临时书记。该组出席人少,且以外籍医学专家为主,旁听者于医学教育方面经验极少,故仅开会1次,审议通过5案:(1)请改进社通函邀请国内中外名医为医学教育组委员,共同计划一种妥当的具体的医学教育进行办法,会议中即席拟定邀请全国名医10余人,拟请加入为委员;(2)改进社应请国内教育界鼓励学生学医,并增加医学预科教育设备案;(3)请中华医学会及博医会商定促进医学教育之办法,呈请中国政府核定施行;(4)改进社对于中华医学会及博医会医士训练之计划表示赞同案;(5)请中华医学会及博医会对于医学毕业生之程度,以及医士资格之取缔,提出办法呈请中国政府核行案。[⑤]

13.女子教育组,开会4次,先后到会23人,朱其慧为主席,李昂为副主席,陶玄为书记。审议8案,其中6案合并为“推广女子教育办法案”,与会代表分女

①《分组会议纪录》,《新教育》,1923年第7卷第2、3期合刊,第145-159页。

②《分组会议纪录》,《新教育》,1923年第7卷第2、3期合刊,第175-179页。

③《分组会议纪录》,《新教育》,1923年第7卷第2、3期合刊,第181-185页。

④《分组会议纪录》,《新教育》,1923年第7卷第2、3期合刊,第187-191页。

⑤《分组会议纪录》,《新教育》,1923年第7卷第2、3期合刊,第193-194页。

子小学教育、女子中学教育、女子高等教育、女子师范教育、女子职业教育等5组,分别审议,另两案合并为“请扩充女子服务范围案”。审议各案均获通过。[①]

14. 成人教育组,开会4次,到会9人,公推晏阳初为主席,邝震鸣为书记。审议5案,通过2案:(1)我国成人教育应设法提倡并要求政府予以经济上之援助;(2)拟定成人教育目标及形式,谘请各教育机关参考设法进行。[②]

15. 童子军教育组,开会3次,到会14人,公推张伯苓为主席,章辑五为书记。审议5案,通过4案:(1)童子军组织应在学校外力求发展,其在学校内组织之童子军,应注重于课外之事项,以免与校课有所重复;(2)改进社应聘任童子军游行教练,担任辅助各地童子军之组织并实施童子军之方法案;(3)组织全国童子军协会案;(4)组织执行委员会以便推行该组两届年会议决案。[③]

16. 公民教育组,开会2次,到会8人,原定主席和书记均未到会,推黄止端为临时主席,高国瑛为临时书记。审议2案:一为公民教育推行之方法案,建议保留;二为订定全国少年冠礼仪式以重成人责任案,此案问题重大,非仓促间所能讨论,应由原提案人详拟办法,函交公民教育委员会审察,作为下次年会议案。[④]

17. 科学教学组,开会2次,到会10人,因科学委员会主任、书记均未到会,故推张开轩为临时主席,张绍闻为临时书记。审议5案,通过4案:(1)中等学校理科教学须使学生分组实验,并于经常费内规定成数扩充设备案;(2)请教育主管机关从速编译各科学书及图表以饷学子案;(3)请改进社理化教学委员会编制或审定各级学校理科教科书,并根据所定教科书编定理科试验手册,规划应用仪器标本;(4)推士出席该组会议,就中学科学教学提出22条建议,包括中国小学应设自然学(Nature Study);科学教学应注意实验室内所发生的问题,并宜注重生理学;高级中学应习地文学;实验钟点应比课堂讲授钟点多,实验次数至少每周一次;每名学生须备实验录,务于实验室内随时记录;教授时间须减少至百分之五或百分之十,以其余时间供问答讨论之机会;中学校应施行科学测验,

①《分组会议纪录》,《新教育》,1923年第7卷第2、3期合刊,第195-199页。

②《分组会议纪录》,《新教育》,1923年第7卷第2、3期合刊,第201-204页。

③《分组会议纪录》,《新教育》,1923年第7卷第2、3期合刊,第205-208页。

④《分组会议纪录》,《新教育》,1923年第7卷第2、3期合刊,第209-210页。

并先定测验标准；科学课本应用中文；关于设备上种种问题，须发行一种杂志或课本以研究之，设备并须注重国货；中学教员或预备充当中学教员者，须受关于科学教学法之训练；小学校应注重彩色的图画（以画图补仪器之不足）；中学生应习家政学；中等学校理科教员应联合设一俱乐部，以便讨论科学教学上种种困难的问题；编辑出版中国科学教学杂志；中学理科教员俸给不应以时计，应以经验、学识、教授方法三者为标准；合并中等学校校数，借以节约经费而谋扩张；合并中等以上之学校，并勿升格为专门学校或大学；各中等学校须有实验室及设备；反对中学课程加入大学所应研习的知识；中学学生每周上课时数至多为20小时；学生于教室以外，须有充分的预备；中学教员须受图画及实验上的训练。①

18. 数学教学组，开会3次，到会12人，公推卫淑伟为主任，王世毅为副主任，张济为书记。审议1案，通过1案：初级中学数学科宜用混合教学法案。②

19. 生物教学组，开会4次，到会者15人，汤尔和为主席，陈映璜为书记。审议6案，通过3案：(1)以该组全体名义请改进社于本届年会后推进该组去年议决事项案；(2)自第三次年会起该组侧重专门讲演，并由各地会员随意选择各地标本或研究材料以供众览；(3)请各省生物学会编定各省植物图志及动物图志案。③

20. 国语教学组，开会次数不明，到会35人，正副主任因事缺席，书记黎锦熙为临时主席。审议13案，通过11案：(1)拟请教育部明定各省区教育行政机关添设国语循环指导团案；(2)函请各报主笔改用语体案；(3)请采用国语教育调查表填注全国国语教育概况以为推行之筹备案；(4)国语的学理与国语的技能应两面兼重案；(5)中等以下各校国语与国文不应分科案；(6)师范学校国语科教学话法案；(7)规定师范学校国语科之教学范围与时数，并计划其材料分量之配置，请教育部公布案；(8)修订新学制课程标准起草委员会所拟定之小学国语课程纲要案；(9)请教育部通令并由改进社函致各师范附小及地方模范小学，施用注音字母国语拼音文字案；(10)请教育部国语统一筹备会组织调查小学校应

①《分组会议纪录》，《新教育》，1923年第7卷第2、3期合刊，第213-218页。

②《分组会议纪录》，《新教育》，1923年第7卷第2、3期合刊，第219-221页。

③《分组会议纪录》，《新教育》，1923年第7卷第2、3期合刊，第223-228页。

用词类委员会案；(11)划分语词的初级国语读本宜促令实现案。该组与国语字母组、初等教育组曾开联席会议1次，就白镇瀛提交的“小学校应规定识字数案”进行讨论，未有结论。①

21.外国语教学组，开会2次，到会9人，推定秦骎为主席，蔡心寿为书记。审议2案，否决1案，保留1案为：世界语于吾国教育有特别需要，宜积极提倡进行案。②

22.历史教学组，开会4次，各次到会人数11~16人不等，正副主席梁启超、徐则陵，以及书记陈衡哲均未到会，推朱经农为主席，吴研因为书记。审议6案，通过4案：(1)小学历史宜用语体而采小说体裁案；(2)急谋外国史地人名、地名统一案；(3)提倡讨论“研究本国旧史书的方法”案；(4)保存中国古物案。③

23.地理教学组，开会3次，到会14人，高鲁为主席，韦润珊等3人为书记。审议5案，通过2案：(1)请改进社图书馆部从速调查官书以为改进民国地理之材料案；(2)急谋外国史地人名、地名统一案。④

24.美育科，开会3次，郑锦、刘海粟、黄公觉等10人到会，李荣培为主席，汪亚尘为书记。审议3案，通过2案：(1)小学及初级中学各种艺术科应与其他学科同样重视案；(2)各省高级中学起首至少有美术科(校)，或美术工艺科(校)两处，并续年增设案。⑤

25.国民音乐组，开会1次，到会6人，萧友梅为主席，黄继文为书记。审议4案，通过3案：(1)各高等专门学校应设暑期音乐讲习会，召集音乐教员讲习案；(3)全国学校宜悬国歌挂图案；(3)吾国古今乐曲在国民音乐中有相当价值，应组织研究会(由中外音乐家担任)，将所有现成乐曲译为世界共同乐谱，以备作曲家之参考案。⑥

26.体育与国民游戏组，开会4次，到会24人，麦克乐为主席，戴成龙、章辑五为书记。提案13件，经该组提案审查委员会审查，分列整理成21件，最后通

①《分组会议纪录》，《新教育》，1923年第7卷第2、3期合刊，第229-251页。

②《分组会议纪录》，《新教育》，1923年第7卷第2、3期合刊，第255页。

③《分组会议纪录》，《新教育》，1923年第7卷第2、3期合刊，第257-263页。

④《分组会议纪录》，《新教育》，1923年第7卷第2、3期合刊，第265-267页。

⑤《分组会议纪录》，《新教育》，1923年第7卷第2、3期合刊，第269-270页。

⑥《分组会议纪录》，《新教育》，1923年第7卷第2、3期合刊，第73-276页。

过9件：(1)一切运动与测量身体的尺寸要专用米突法案；(2)优待小学体育教员案；(3)各地体育机关及学校体育教员应注意社会体育案；(4)教育部及各省教育厅应设专员主持体育事业案；(5)由改进社呈请政府将退还庚子赔款拨助各省创办体育事业案；(6)由改进社呈请教育部每年选派男女各四人以上赴欧美学习体育，毕业回国后专在各学校游行指导以促进体育事业案；(7)由改进社联络各机关发起组织万国运动委员会，于明年春季选派专员赴万国运动会，调查运动情形案；(8)请规定师范学校体育教育方针案；(9)体育与国民游戏组应改为体育组动议案。①

27.学校卫生组，开会3次，到会11人，其中8人是外籍人士，胡宣明为主席，罗一东为书记。审议7案，通过5案：(1)拟请改学校卫生组为教育卫生组案；(2)学校内宜施行肠热症接种法以预防肠热症案；(3)中学校之生理卫生学学科应改授体育学学科案；(4)呈请教育部颁行强迫儿童接种牛痘条例案；(5)学校卫生组与体育组试行合并案。②

28.心理教育测量组，开会4次，国内外教育心理测量专家刘廷芳、德尔门、麦柯等21人到会，刘湛恩为主席，赵崇华为书记。审议4案，其中，请教育部通饬各省教育厅组织教育测量委员会案、请改进社附设之教育心理测验讲习会继续举办并分区增加分会所案、函请各省各教育会筹设教育心理测验讲习会或研究会案，合并为推广教育心理测量案，获得通过。另1案保留。③

29.图书馆教育组，开会3次，到会23人，戴志骞为主席。审议14案，通过5案：(1)呈请中华教育改进社转请政府及美国政府，以美国将要退还之庚子赔款三分之一作为扩充中国图书馆案；(2)省立图书馆应征集省县志书及善本书籍案；(3)呈请中华教育改进社转请全国各公立图书馆，将所藏善本及一切书籍严加整理布置，酌量免费开放案；(4)组织各地方图书馆协会案；(5)请中华教育改进社备函与国内各大图书公司接洽，凡各地学校公立及私立公开之图书馆购书，应予以相当折扣案。另保留7案。④

①《分组会议纪录》，《新教育》，1923年第7卷第2、3期合刊，第277-284页。
②《分组会议纪录》，《新教育》，1923年第7卷第2、3期合刊，第285-290页。
③《分组会议纪录》，《新教育》，1923年第7卷第2、3期合刊，第291-292页。
④《分组会议纪录》，《新教育》，1923年第7卷第2、3期合刊，第295-317页。

30. 教育统计组，开会2次，到会14人，陶行知、张敬虞为主席。审议7案，除“教育统计学上名词统一案”因改进社已出专书，不再讨论外，其余6案合并为4案，全部通过：(1)教育统计学科之推行与人才之培养案；(2)改进社应编纂各种教育统计学教科书，以备各级师范学校之应用案；(3)每届年会应将上届年会议决案之施行与否，调查后制为统计表，报告大会，俾明现状而策进行案；(4)地方教育行政机关应编教育概况统计案。[①]

31. 国际教育组，开会1次，黄炎培、邓萃英、高鲁、陶行知、殷芝龄、汪懋祖、吴家镇等7人与会，邓萃英为主席，殷芝龄为副主席，吴家镇为书记。审议2案，通过2案：(1)加入万国教育会联合会案；(2)关于执行世界教育会议决议案之办法案。万国世界教育会于今年在旧金山召开，改进社派代表郭秉文出席，并与其他代表合组中国代表团，郭秉文被公举为世界教育会副会长兼亚洲部部长，会议决案数，该组逐条讨论，决定如何执行。[②]

第三节　第三次年会(南京 1924年)

一、到会代表及开幕大会概况

本次年会于1924年7月3—9日在南京东南大学召开，到会社员699人，特邀专家28人，旁听189人，此外有会议筹备人员124人，总计1040人。[③]与上次年会相较，与会社员增加了272人，特邀专家和旁听人数大抵持平。

与会代表来自全国22个省区，上次有代表出席会议的黑龙江和绥远两省，本次没有代表到会；上次没有代表到会的蒙古、广西和贵州三个边远省区，本次均有代表到会。总之，无论是与会人数，还是所代表的省区，较前两次年会均有

①《分组会议纪录》，《新教育》，1923年第7卷第2、3期合刊，第319-331页。

②《分组会议纪录》，《新教育》，1923年第7卷第2、3期合刊，第333-336页。

③《改进社三届年会到会人员之统计》，《中华教育界》，1924年第14卷第2期，《国内教育新闻》第4页。

增加。详情见表4-1：

表4-1　第1~3次年会与会代表人数和籍贯统计表

单位：人

籍贯	第一届	第二届	第三届	籍贯	第一届	第二届	第三届
江苏	78	97	313	江西	1	5	18
安徽	6	15	99	黑龙江	0	1	0
直隶	33	44	80	吉林	1	3	11
京兆	92	232	21	察哈尔	2	1	1
奉天	3	30	26	绥远	1	1	0
山东	74	35	60	蒙古	0	0	3
河南	13	16	36	陕西	0	1	6
湖北	19	52	65	云南	0	1	2
湖南	9	13	45	贵州	0	0	2
四川	5	2	42	南洋	1	0	0
福建	4	9	32	美国	0	0	9
浙江	0	2	76	英国	0	0	1
山西	9	9	21	韩国	0	0	1
广东	1	1	18	未详	0	0	51
广西	0	0	2	韩国	0	0	1
				总数	352	570	1040

（资料来源：《中华教育改进社三届年会与第一、第二两届年会到会人员籍贯比较表》，载《教育月刊》，1924年第41期，第13–15页）

开幕大会于7月3日上午在南京公共演讲厅举行，约有2000人到会，江苏省长韩国钧、督军齐燮元均应邀莅会。董事长熊希龄致开幕辞，总结以往一年所取得的成绩，主要有三个方面：一是教育心理测量；二是推士主持的科学教育调查；三是平民教育现已推行到22省，发行《平民千字课》50万部。中华教育改进社现时正竭力进行的事业有两项：一是蒙古教育，他认为清政府多用羁縻政策，绝未施以文教，今苏俄竭力鼓动，蒙古青年受苏俄赤化者多，倘不以教育陶铸蒙古人民，使之内向，则分裂之祸，当不在远，本次年会已有蒙古代表到会，当讨论蒙古教育问题；二是华侨教育，旅外华侨因无政府保护之力，常遭外人欺凌，痛苦无可诉说，且与祖国声教不通，遂至同化于西人或土著，故华侨教育刻不容缓，本次已有华侨信到，日内或有代表抵会。①

韩国钧省长致辞，就江苏教育现状，提出几大问题，颇有值得思考研究之价值：新学制实行，学校实际的程度能否达到新定标准，此其一；程度提高，造成各种人才，能否悉应社会需要，此其二；江苏教育费年达三百万元，而学校常患寡，常患贫，今后能否以经济的计划，补其偏而救其弊，此其三；学界思潮，迁流至捷，青年心理，冲动尤多，阻之遏之，必成溃决，放之纵之，尤恐燎原，此其四。凡此种种问题，希望改进社诸君建言献策。②

齐燮元督军对于教育事业多有支持，不仅个人捐资东南大学，建筑孟芳图书馆，而且捐资中华教育改进社一万元，在北京总事务所筹建教育品陈列所。他就现今教育上的问题，提出三点：使全国人民受到教育，是将现行办法加以扩充，抑或另采他法，以谋普及，此其一；教育成效，在于人民，人民之良否，即可觇教育之良否，如何使人民良好，此其二；教与育有别，既有差别，孰轻孰重，此其三。他希望与会专家注意研究解决此类问题。③

东南大学校长、该社董事郭秉文演说，要点有三。其一，提倡"中国式教育"。他认为友邦人士在华所办学校，有为宗教，有为政治，有为经济，虽目的不同，皆为他国之教育则一。留学生不免各带其所留学国之色彩，近来亦形显著，如英国拟退还中国庚子赔款，于是有人提倡英国式教育。他强调，欧美各国有人觉得其立国主张有改良之必要，且认为中国哲学有补于彼国，因此中国人应当携手提倡中国式教育，如能有所贡献，必有益于世界。其二，青年思想，乃中国前途所系，青年思想正确，则中国前途必有希望。近年青年出版物，稳健者固多，不稳健者亦复不少，如何指导青年思想，乃极重要之问题。其三，教育功效在远不在近，欧美各国教育机关很多，如教会、家庭、学校、图书馆、公园等，皆负教育的责任，中国仅赖学校，其难可知，然而，愈难愈是教育界建不朽之功的时机。④

---

①《中华教育改进社第三届年会纪要》，《直隶教育旬报》，1925年第8年第1期，第24–26页。

②《中华教育改进社第三届年会纪要》，《直隶教育旬报》，1925年第8年第1期，第27–28页。

③《中华教育改进社第三届年会纪要》，《直隶教育旬报》，1925年第8年第1期，第30–31页。

④《中华教育改进社第三届年会纪要》，《直隶教育旬报》，1925年第8年第1期，第32页。

陶行知演讲称，今年中华教育改进社努力的目标有四个方面：一须创造合乎国情的中国式教育；二须建立有根的教育；三须全国教育界具有合作之精神；四须各类教育方面的同志分组研究。[①]

蒙古代表首次参加中华教育改进社年会，呼伦贝尔代表郭道甫致辞说："呼伦为蒙古族之一部，库伦二次独立，所以不加入者，因光绪年间已有汉文学校之设，鄙人即习汉文之一人，报章书籍全系汉文，虽风俗与外蒙无异，而向心力则与习俄文各部不同，蒙古人种，在世界观之，与中国汉人及俄人，同为亚洲人种，其人数虽少，但习于俄则俄，习于中则中，其转动枢纽，全在今后中俄对外蒙教育势力之大小如何耳。"[②]发展蒙古教育乃为实现五族共和之根本，亦为中华教育改进社高度重视，本次年会有关发展蒙古教育议决案有十余项之多。

本次南京年会召开时，正是中华教育改进社事业发展鼎盛时期，熊、韩、齐、郭、陶等五人演讲，既为激发该社同志热情，又期望与会诸人切实研究教育问题，创造合乎中国国情、切合中国社会需要的教育，此种倡议和目标，实为前两次年会所未见。

二、全体大会

（一）社务会议

本次年会期间，中华教育改进社筹备成立教育费委员会，举办全国教育品展览会，中国体育联合会举行成立大会，中华平民教育促进会召开会议，众多会议和活动同期举行，因此，本次社务会议，仅讨论修订《社章》和决定下次年会召开地点，关于一年来的社务进行情形及今后进行计划，均载于《社务报告》。兹摘其要者，略述如下：

1.一年来的社务活动。

除持续进行的调查、研究、编辑、推广等4项事业外，改进社所开展的事业，主要有下列各项：

①《中华教育改进社第三届年会纪要》，《直隶教育旬报》，1925年第8年第1期，第28-29页。

②《中华教育改进社年会纪》，《申报》，1923年7月5日。

（1）推行第二次年会议决案。第二次年会议决案130件，年会结束后，组织整理议决案委员会，审查与第一次年会议决案有无关联，有无抵触，实际上能否推行，再将所有议决案区分性质，除关于改进社方面的议决案外，其他和各级教育行政当局、各级各类学校、各种教育团体、言论界出版界有关的议决案，总计有111件，分别函送各处，并附公函，说明系改进社年会时全国教育界人士公意，请尽力设法分别推行。其中，教育部41件，外交部、交通部、农商部各2件，各省区督理都统公署1件，各省长公署11件，各县教育局12件，各省区教育厅教育司教育科25件。此后，又函询各处，调查各项议决案推行情况，计发函表4912件，各机关单位推行情形，目前尚未可知。

（2）与南京东南大学共同邀请美国生物学家柯脱博士于1923年10月来华，在南京、上海、杭州、济南、北京、天津等处演讲。专题演讲有：农业之重要、农业之改造、植物门之进化、有花植物之进化、植物遗传性之进化、天演与遗传等6项；普通演讲有：生物学为实用科学、植物之机会、植物之将来、植物研究之进化、天演之意义、科学之观念、遗传与反应、新植物、近世文化之科学规律等11项。

（3）筹备教育图书馆和陈列馆。教育图书馆于1923年夏开始筹备，有2万册以上图书的容量，桌椅可同时供百人阅览之用，馆内设备请清华学校图书馆主任戴志骞计划和购置，图书征集先由东南大学图书馆洪有丰、朱家治发函到国内外书馆及出版机关征集，共发函数百封，上海、北京两处由改进社接洽，现已收到各方寄赠书籍：商务印书馆992种计有2000余册，都系该馆出版的科学书籍、辞典、中小学课本、英文课本和各种地图挂图；中华书局寄赠600余种计有1700余册，都系该局出版的科学书籍、中小学课本、英文课本、国语课本、辞典、挂图、国学和杂志等；中美图书公司赠送西文书籍101册，大多属于文学、教育和商业方面；亚东图书公司赠送40余册，为该公司出版的文学书籍；群益书社赠送47册，亦为该社出版的科学书籍、英文课本、辞典和文学书籍；晨报社赠送图书10余册。此外，英国牛津图书公司赠送中西文图书50余册，多为文学、历史类书籍；非利比公司赠送60余册西文图书；美国芝加哥大学印书馆、麦根利巴得利公司、纽约图书馆和学校等均有1种或多种寄赠；美英各大学寄赠章程，图书馆寄赠目录，研究会寄赠研究报告，共计400余种。又胡适拟有“一个最小限度之国学书目”，分工具、思想史和文学史3部，也已陆续购齐。1924年春，聘请高仁山任图书馆主任，致函欧美各大学征求印刷品，亦收到400余种。从本年起，商务印书馆、中华书局及国内杂志社陆续寄赠杂志、周刊多种，俟各方面组织准备略具端倪，即可开馆。教育陈列馆也在积极筹备中，计划分历史的、历程的、比较的、特长的、模范的等5种方式陈列。现有中华博物学会寄存的动物、植物、昆虫、矿物等标本6601件，以及中外博物书籍80余部。

(4)组织地方图书馆协会。图书馆教育组上次年会建议各地组织图书馆协会，本年2月中华教育改进社致函图书馆委员会主任戴志骞，并通知在各地图书馆任事的社员，发起组织图书馆协会，并约北京各图书馆于3月16日在总事务所开会，组织北京图书馆协会，拟定北京图书馆协会简章，30日召开了成立大会。两个月后，南京图书馆协会于5月31日在东南大学孟芳图书馆召开第一次大会，天津、开封、南阳、浙江等地，在5—6月亦先后成立图书馆协会。

(5)英语教学研究。请东南大学张士一教授担任，首先从教材着手，因为没有适当的教材，就是有好的教法，也难以得出好的结果。张士一从1923年9月起就制定了研究计划，决定先从教材的应用价值上做一个科学的统计，然后根据这个结果，研究现行教材的内容合不合用，不合用的地方如何改良。

2.今后社务进行计划。

今后社务进行计划，除持续进行的调查、研究、编辑、推广诸事业外，主要有两项：

一是与江苏合作进行模范学务调查报告和专门问题之研究，拟各择一处县教育行政机关、师范学校和中小学，通过试验，确立一种可资推行的教育统计报告样本。因为学务方面的改进，必须有正确的报告；正确的报告，必须有详密的表册；各学校和各县有了详密的表册和正确的报告，全省的学务报告和统计，才靠得住；各省学务报告和统计靠得住，全国的学务报告和统计，才有根据。因此，此项工作从县以下基层做起，由一校而推到全县，则一县的学务和统计就可以成立。此项工作须先行试验，俟试验成功，再施之于一省，由一省而施之于全国。试验工作有四项：(1)小学校的模范统计与报告；(2)中学校的模范统计与报告；(3)师范学校的模范统计与报告；(4)县的模范统计与报告。除上述计划外，本年拟继续与江苏中小学合办《中等教育》和《初等教育》杂志，继续协助研究平民教育，继续与江苏方面的专家合作编造测验。为便利社务进行，拟在南京设立分事务所。

二是开展专门问题的研究。教育问题须有专家分析研究，始能得到解决；须根据国内需要，以及人才条件，对于各种具体问题，依据条件，分别着手研究。本年计划就教育经费、体育、教育行政、英语教学等四方面进行，中华教育改进社与江苏有密切的合作关系，研究员和调查员可就研究所得，随时随地举办演讲会或讨论会，与江苏教育行政人士交换意见。

（二）学术大会

学术大会于7月7—9日上午先后召开了3次，首次由张伯苓任主席，第二、三两次由郭秉文任主席。经董事会议决，本次年会学术大会议事程序有所改革，即各组之议决案，如果在各该组内没有异议，无须再经学术大会宣读确认；如有异议，表决不下，再提交学术大会公决。改革的原因在于，各组议决案在事实上仅能引起各该组代表注意，他组代表极少关注，因此无须再向学术大会报告，以免虚费时间。本次学术大会得以有更多的时间，讨论重大的提案，共审议通过下列12案：

（1）范源濂提交“日本研究之必要及进行办法案”。范源濂阐释理由称，一方面，以往中国国耻纪念日，徒有蹈空之弊，不能从实际上进行研究。另一方面，近邻日本，无论政府还是私人所办事业，对于中国社会、政治、经济等各方面之影响，较其他任何国家都大。日本明治维新以来不过五十七年，一跃而为强大国家，中国欲求为强国，首先宜以日本为楷模。基于上述两方面之原因，吾人都应加强对日本之研究。研究的重点有三：一为日本本土之政治、土地、人口、交通等；二为日本与中国之关系，包括政治、军事、法律、商业、教育、医学等；三为日本与英、意、法、美和南洋诸国之关系。研究之方法，当组织各种研究团体为佳。总之，吾人纪念国耻之方法急需改变，约略可分四种：一要引起全国人民之精神，使中国人民明了中国为世界之独立国家，非日本之附属，须以实力对付之；二要明示“二十一条”不撤销，国耻即不能除，故须将一年中与日本发生之种种事务，详加考察，以定改良之方；三要将历年中国之情形，与日本进行比较，观其孰优孰劣，相差到何种程度，力谋改进之方；四是在发现弱点以后，借国耻纪念日提出目标，为下一年努力方针。学术大会一致赞同，具体施行办法，建议董事会组织委员会研究办理该案。[①]

（2）反对日本对华文化事业案。范源濂陈述三理由：一是日本所谓退还赔款，并非真正退还，其对华文化事业实为日本行政之一部分；二是日本并不采纳中国人之意见；三是日本在华设立图书馆等之土地，得由中国拨给，不啻又开一种新式租界，与“二十一条”之第五款相同。

（3）致谢俄美两国退还赔款，发展我国教育案。

（4）反对英国在华商会对英国退还赔款用途之意见案。郭秉文称，英国商会及教育家建议其政府，退还赔款限于英人在华所办之教育与医院，以及其他有英国精神者及英国式之工业。倘若英国政府采纳此种主张，那么，其一，英国实际并非退还赔款；其二，各国教育自有其特性，当以适合中国国性为目的；其三，此仍为有条件之退还赔款。因此，在此事未决之前，改进社附设筹划全国教育费委员会须表示反对，致函英国在华商会、公使馆及留英学生，主张中英合组委员会，实地调查中国教育需要。

（5）各国退还赔款，均宜直接用于教育文化事业，以避免假借他种名义，办理实业、建造铁路等，以负友邦兴学之本旨。此案为北京国立八校联席会议提出，陈裕光加以说明。

（6）改进社力谋收回教育权案。该案议决办法五条：第一条，请求政府制定严密之学校注册条例，使全国学校有所遵守；第二条，注册分甲乙两种，凡学校及与学校相类之机关，须一律经过乙种注册，凡学校按政府订定课程最低限度办理，并有妨碍中国国体情事，经视察无讹者，得行甲种注册；第三，凡未经甲种注册学校学生，不得享受已经甲种注册学校学生所享之一切权利；第四，凡外人借学校实行侵略，经调查确实，应由政府勒令停办；第五，凡幼稚园、小学及中学有宣传宗教课程，或举行宗教仪式者，不予甲种注册。

（7）禁种鸦片及贩运毒品案。提议人胡宣明说明理由有三：一是鸦片破坏教育界的工作；二称鸦片为中国的大问题，教育界须负起责任；三指鸦片也是全

---

①《学术会议纪录》，《新教育》，1923年第7卷第2、3期，第433-436页。

世界的问题。该案提出解决办法七种，要点在于：外与国际相关组织联络，内则教育界联络，制造舆论，禁种禁运，并建议改进社组织委员会，将鸦片之害，编入教科书。

(8)各省征收卷烟特税案。邓萃英说明，海关税虽有凡洋货除值百抽五外，无论该货在中外人之手，皆不得重征别税，然则各国对于烟酒皆有特税，此种特税含有寓禁于征之意，完全为中国内政，外人不能干涉。

(9)李步青提交"学界发起之戒吸卷烟问题案"。李步青报告称，卷烟有损中国人的身体，尽人皆知，卷烟之侵略，不亚于强国之侵略。即以江苏为例，卷烟年耗三千万元，而全省年教育费，仅及其十分之一，倘能挹彼注此，教育必极圆满。[①]

(10)陶行知、马鹤天提交"蒙古教育方针案"。陶行知报告提案之理由时称，民国成立，虽曰共和国，然汉藏满蒙回五族，依然是各干各的，今欲建立真正之五族共和国，其法有二：一为建立四通八达之交通；二为四通八达之教育。就后者言，应有四个目标：一为养成五族共和之资格（普及教育）；二为培植蒙贤治蒙（人才教育）；三为保持蒙古民族之独特性（语言文字等）；四为依据现在生活状况，图谋适应社会进化之需要。张伯苓谓蒙古稍开通者，厌闻"恐其归俄归日，而必使受汉族化以为殖民地之言"，陶氏上述四方针，能够避免此病。有社员提出此案独注意于蒙古教育，而不注意藏回两族，似应各方兼顾。陶氏称，本拟以边疆教育为范围，但在并进与分进之间，以为分进较为便利。这一主张，必各民族自己参与，始能合作，此次有蒙古代表与会，故先进行。张伯苓谓，董事会鉴于以往之经验，须聚集精神和方针，分别实施，较为便利，此次对于蒙古教育，即为如此。[②]

(11)南京警厅平民学校学生请愿各地警厅办理平民学校案。

(12)本次年会议决案须由中央政府执行者，一律取消"中央"二字，以统一议决案的名称。

---

①《学术会议纪录》，《新教育》，1923年第7卷第2、3期，第437-438页。

②《学术会议纪录》，《新教育》，1923年第7卷第2、3期，第436-437页。

三、分组会议与论文报告

本次年会有30个组开会，一方面，依照常例审议各项提案，除商业教育、教育统计、公民教育和华侨教育等4个组没有决案外，其他26个组决案127件；另一方面，会议筹备组曾于会前邀约各方面专家，撰写相关论文，年会时在相关分组会议上宣读，旨在增强分组会议的学术内涵。年会召开期间，共有16个分组43篇论文当场宣读并讨论交流，大多数论文后来被集中刊载于《新教育》1924年第9卷第1~2期合刊。分组会议情形略述如下：

1.教育行政组，开会4次，邓萃英为主席，陈潜夫为书记。高仁山宣读论文《各国教育制度与中国教育》，中华基督教干事吴哲夫宣读论文《私立学校在国家教育制度中之地位》。议决案15件：(1)各省区设立县教育会联合会案；(2)拟请教育部规定中学校长及教员任用资格案；(3)请规定师范生担任平民教育案；(4)请教育主管机关于教育经费内规定成数专办平民教育案；(5)教育行政机关应聘请建筑专家专司建筑案；(6)各省区组织入学试验委员会以统一标准案；(7)拟请教育部及各省教育行政机关规定各级公立学校酌量免收小学教员子弟学费案；(8)改进成绩考查法和计分法案；(9)取缔学生罢课风潮案；(10)县视学应回避本籍俾得认真视察案；(11)促进社会教育案；(12)改善学级编制和升降办法以重天才教育案；(13)请求力谋收回教育权案；(14)无中华民国国籍者，不得在中华民国领土内对中华民国国民施行国民教育案；(15)学校训育方法宜有系统的组织案。①

2.高等教育组，开会2次，正副主席和书记均未到会，推郭秉文为临时主席，查良钊为临时书记。议决1案：组织大会联合会以期联络各校解决共同关心诸问题案。②

3.中等教育组，开会5次，廖茂如为主席，夏承枫为书记。宣读论文者有孟宪承《初中国文教学》，赵述庭《初级中学与小学及高中之关系》，窦维思《学校市》，徐养秋《中等学校教员生活调查》，朱经农《编制初中课程之争议》。议决案8件：(1)各中学对于成绩优良、家道贫寒、无力升学之毕业生应予相当之援助

①《分组会议纪录》，《新教育》，1924年第9卷第3期，第449-472页。

②《分组会议纪录》，《新教育》，1924年第9卷第3期，第485页。

案；(2)请改进社继续设法调查各省中学实况，指导一切应行改革事宜，并函请各大学培养视学指导人才；(3)各省教育机关应分别组织全省教学研究联合会案；(4)改进社应添设训育研究组以增进教育效率案；(5)全国中学急宜开放女禁；(6)中学史地应以中国为中心，公民科须添加道德材料作为参考案，交中学课程委员会审议；(7)中等学校入学试验应以语体文为主；(8)由改进社呈请教育部速颁中学教员检定办法，并请教育部饬令或函请各省区大学校、师范学校及高级中学校酌量情形，附设二年师范专修科，招收高级中学或旧制中学毕业生，以培养初级中学师资案。①

4.初等教育组，余子夷为主席，杨聘渔为书记。马客谈宣读论文《小学新方法之批评》。议决4案：(1) 小学校应注重休闲教育案，今后小学修身国语诸科应规定编制标准以保其价值与信仰案；(2) 请维持小学教员生计以奠教育之基案；(3) 各省区宜设编审处编审中小学校教科书，以期合于地方实施而收教育实效案；(4)改良算学教学，组织委员会调查中国社会实际状况，研究中国中小学应否学习分数及其学习分量究竟如何，研究现在教科书中诸种关系之改正案。②

5.幼稚教育组，开会4次，正副主席及书记均未到会，公推丁锡纶为临时主席，张步月为临时书记。议决5案：(1)由改进社请专家编辑幼稚教育书籍案；(2)请改进社组织编辑幼稚园教学法委员会案；(3)请改进社组织幼稚园课程标准委员会案；(4)请改进社调查全国幼稚教育现状案；(5)请改进社征集关于幼稚教育之论文及其他材料在《新教育》刊印特号。③

6.师范教育组，开会3次，宣读论文者有郑宗海《师范学校教育学科之教学》，余家菊《师范生实习问题》，汪懋祖《师范教育三大问题》。议决3案：(1)全国各师范学校彼此急宜设法互相联络案；(2)请规定新学制三年初级师范课程标准；(3)各级师范教育应注意实际教育作业与证验实习。④

7.职业教育组，开会3次，黄炎培为主席，杨鄂联、谢守恒为书记。黄炎培宣

①《分组会议纪录》，《新教育》，1924年第9卷第3期，第497-506页。

②《分组会议纪录》，《新教育》，1924年第9卷第3期，第507-520页。

③《分组会议纪录》，《新教育》，1924年第9卷第3期，第521-526页。

④《分组会议纪录》，《新教育》，1924年第9卷第3期，第489-495页。

读论文《中国职业教育之经过及计划》,刘湛恩宣读论文《职业指导之研究》。议决10案:(1)请改进社与中华职业教育社合作调查全国职业案;(2)请改进社心理测验委员会编制测验,为实施指导之资料案;(3)请各省师范学校及各大学添设职业教育科案;(4)请改进社与中华职业教育社合作继续提倡职业指导案;(5)请农商部暨各省实业厅刊行所属农场、工场试验成绩,俾农工两校采作教材案;(6)请改进社转请部省通令国内公私立农业蚕桑各学校,应一律增设推广部,以资联合社会实施改良农业案;(7)请教育主管机关切实奖励职业学校教员在本国实业机关服务案;(8)应多方设法改善劳工生活以利职工教育进行案;(9)小学校应设职业补修科;(10)本国宜多添公立女子中等职业师范学校及女子师范增加职业课程案。①

8.农业教育组,开会2次,邹秉文为主席,孙守廉为书记。议决4案:(1)国内中等以上农业学校亟宜调查及研究农村社会情形,并培植农政人才,以期改良农村案;(2)在西北边疆设立农林学校案;(3)全国及各省县每年应各举行农业或农业教育展览会一次;(4)全国及各省县应酌派农专以上毕业生,赴国外农业机关实习研究。②

9.商业教育组,开会3次,曹云祥为主席,蔡竞平为书记。该组两议案与上次年会内容大体相类,故未讨论,亦无议决案。会议请马寅初讲《国家财政预算与币制之关系》,赵师复讲《中等商业教育问题大纲》,叶渊介绍南洋华侨商业活动情形,赵师复讲中等商业教育问题,与会者就上述演讲内容进行讨论。③

10.女子教育组,开会4次,朱其慧、张默君各主持2次,章绳以、谈社英为书记。议决案6件:(1)改进各地方办理不良及程度不及新学制课程标准之学校,或请当地教育机关取缔;(2)女子中等学校均应设家事科,尤宜注意儿童学;(3)请改进社建议教育行政机关,就各地方成绩卓著之女子高级小学按必要情形附设相当年限之师范班,以培成初级小学师资案;(4)请改进社自年内始聘才学优长富有教育经验之女干事常川驻社,专任发展女子教育事宜案;(5)请改进社提倡各地方设立妇女成年补习学校案;(6)劝导女子放脚仍应设法进行,以期

①《分组会议纪录》,《新教育》,1924年第9卷第3期,第628-634页。

②《分组会议纪录》,《新教育》,1924年第9卷第3期,第635-640页。

③《分组会议纪录》,《新教育》,1924年第9卷第3期,第641-647页。

普及而杜后患案。①

11. 义务教育组，开会3次，袁希涛为主席。顾倬宣读论文《底图教育实施事项》，袁希涛宣读论文《义务教育筹费问题》。议决案2件：(1)筹划教育经费案；(2)推请专员分赴各省区提倡义务教育案。②

12. 国际教育组，开会4次，殷芝龄为主席，章松龄为书记。议决案3件：(1)改进社应执行去年世界教育会议议决案；(2)下届世界教育会议筹备出席事宜；(3)普及相扶互助的教育于全世界案。③

13. 蒙古教育组，开会2次，范源濂为主席，马鹤天为书记。议决8案：(1)蒙古教育方针，提交学术大会公决。(2)中华教育改进社关于提倡蒙古教育之初步计划，包括十三项：商请中国高等专门学校，订定优待办法，增设蒙古学额，收录蒙古程度相当之学生，俾受高等教育案；研究进展蒙古初等、中等教育办法，并力谋是项办法之实现案；设立蒙古教育委员会案（业已实行）；在相当地点筹设蒙古教育同志俱乐部案；组织蒙古教育考察团案；谋蒙古教育同志到内地，内地教育同志到蒙古旅行之便利案；在内地举行蒙古生活展览会，至蒙古举行内地生活展览会案；举行内地学生与蒙古学生通信案；搜集并编辑关于蒙古之教材案；请高等专门学校及公立图书馆搜集关于蒙古及各国文字之蒙古书籍案；举行关于蒙古生活及教育之讲演案；印行关于蒙古教育之著作及蒙文书报案；对于赴蒙之内地人及未到边省之蒙人筹施适当之社会教育，俾能彼此了解并增进同情案。(3)下届年会拟以推行蒙古教育为改进社集中问题案。(4)请政府筹设蒙古大学案。(5)请改进社设法筹助呼伦贝尔蒙古教育经费案。(6)蒙古教育请取内地蒙旗双方并进办法以收速效案。(7)划拨兴办蒙古教育专款案。(8)由改进社商请各印刷机关添加蒙文活板铅字案。④

14. 国语教学组，开会次数不详，正副主席及书记均未到会，公推周盘为临时主席，方毅为临时书记。丁觉群报告湖北国语教学状况，方毅宣读论文《扬子江下游的国语教育》。议决5案：(1)请提倡采用“她”“他”“哪”等代名词及形容

①《分组会议纪录》，《新教育》，1924年第9卷第3期，第529–535页。
②《分组会议纪录》，《新教育》，1924年第9卷第3期，第549–550页。
③《分组会议纪录》，《新教育》，1924年第9卷第3期，第537–540页。
④《分组会议纪录》，《新教育》，1924年第9卷第3期，第541–547页。

词，并规定其读音以改进国语案；(2)利用注音字母推广平民教育案；(3) 中等学校学生入学试验以国语文为主案；(4)请教育部切实执行统一国语施行令案；(5)请出版界依法停印小学文言课本，各报改用国语案，由改进社具函向出版界劝告。①

15.数学教学组，开会3次，正副主席及书记均未到会，公推黄际遇为临时主席，祝纪年为临时书记。黄际遇演讲《今后教育数学之位置》。议决案3件：(1)请教育部通饬各省中等学校数学教员，除口答、笔试、黑板练习外，应负随时查阅练习册之责案；(2)请教育部编审高中算学课本案；(3)请教育部设法统一算学名词案。②

16.历史教学组，开会3次，徐则陵为主席，凌树勋为书记。4位代表宣读论文，分别是柳翼谋《拟编全史目录议》，徐则陵《史学上之心理问题》，朱经农《批评经济史观及否认因果的历史哲学》，陈衡哲《历史教学与人类之前途》。议决2案：(1) 史地名词急宜划一以便教学案，公推徐则陵、柳翼谋、刘崇本等3人与地理教学组合作，组织史地名词审查委员会；(2)小学历史宜专授近世史案。③

17.地理教学组，开会5次，公推韦润珊为临时主席。翁文灏宣读论文《山脉新解》，并就地理教学之革新提出两观点：一为材料之革新，最新之地质调查报告材料应纳入教材；二为理论之革新。竺可桢宣讲《近来地理教学之趋势》。议决3案：(1)各省区急宜资助中等学校地理教员实地考察案；(2)史地在高中应为必修科；(3)请东南大学史地学会发起，联络国内与地学有关系之重要机关组织地学译名统一会。④

18.生物教学组，开会4次，首次由秉志任主席，后3次由周汉藩任主席，蔡松筠为书记。陈席山宣读论文《中学生物学教学法问题》。议决2案：(1)由改进社函请各省从速组织生物学会；(2)中学生物学教学应注重实验、观察、采集标本案。⑤

19.理化教学组，开会3次，张准为主席，张鼎为书记。议决3案：(1)利用假

①《分组会议纪录》，《新教育》，1924年第9卷第3期，第583-591页。

②《分组会议纪录》，《新教育》，1924年第9卷第3期，第567　571页。

③《分组会议纪录》，《新教育》，1924年第9卷第3期，第593-595页。

④《分组会议纪录》，《新教育》，1924年第9卷第3期，第563-566页。

⑤《分组会议纪录》，《新教育》，1924年第9卷第3期，第551-554页。

期组织科学教学研究会案;(2)请地方教育当局规定公私立小学创办之始,其开办费须有百分之五为购置仪器标本之用,百分之五为添设及修理之用;(3)请改进社科学教学研究会添设讯问组,以便答复各学校关于科学教学上各种问题案。①

20.英语教学组,开会3次,张士一为主席,林语堂为副主席,蒋石洲为书记。有4位代表宣读论文,分别是沪江大学教授Mr.Westbrook《英语默读测验》,Faucett《格莱其英文标音法》(*The GraiGie Marking*),林语堂《辜恩之外国语教学》和张士一《英语教学改进之计划》。议决5案:(1)由该委员会职员邀请国内英语教学专家,草拟学校英语教学大纲,报告该委员会案;(2)师范大学及分科大学应养成中等学校英语师资,师范学校及高级中学应养成初等小学英语师资,详细办法由英语教学大纲委员会草拟报告;(3)各省或联合数省添设中小学英语教学指导员案;(4)由该委员会职员请英语教学界相当人物组成中国英语教员委员会案;(5)在退还庚子赔款中指定若干数额拨充改进英语教学之经费案(归筹划教育经费委员会酌办)。②

21.美育组,开会4次,刘海粟为主席,雷家骏为书记。议决案6件:(1)高级中学必设艺术科案;(2)中小学校图画科废止临摹案;(3)组织中华艺术协进社案;(4)议请于英国退还庚子赔款中至少划拨一百六十分之一建美术馆案;(5)请各省设立美术馆案;(6)建议教育行政机关添设艺术学科指导员案。

22.音乐组,原称"国民音乐组",开会3次,杨祖锡为主席,徐希一为书记。议决6案:(1)拟师范讲习科音乐课程纲要标准案;(2)拟后期师范艺术专修科音乐课程纲要标准案;(3)该组组织音乐教材研究会案;(4)检查音乐教科书案;(5)改进中等学校音乐课程案;(6)呈请教育部从速筹设国立音乐专门学校案。③

23.体育与卫生组,开会6次,麦克乐为主席,吴瑞蕴为书记。演讲和宣读论文者,有麦克乐《体育标准》,胡宣明《检查体格中体重的关系》,张冠春《跳舞之新趋势》。议决案8件:(1)高中及后期之师范学校体育卫生课程案;(2)明年请

①《分组会议纪录》,《新教育》,1924年第9卷第3期,第559-561页。

②《分组会议纪录》,《新教育》,1924年第9卷第3期,第555-557页。

③《分组会议纪录》,《新教育》,1924年第9卷第3期,第573-575页。

改进社与洛氏基金会在东南大学开办暑期体育卫生讲习所；(3)全国省教育会联合会与改进社体育组合并；(4)组织国技委员会；(5)改进社增添医药检查委员会；(6)调查体育标准；(7)请改进社按课程标准编制专门课本以应现时之要求；(8)请卫生专家订出最紧要之卫生标本模型等，俟四次年会时再请各校实行。①

24. 心理教学组，开会4次，陆志韦、刘湛恩、陈鹤琴先后担任主席，薛鸿志、赵惠谟为书记，议决5案：(1)请改进社聘请专家编著关于心理教育测验初步方法之课本，内容以适用于初级师范学校为准，统计之理论及方法以测验方面需要者为限；(2)请改进社将国中现行八种智力测验相关度求出，以便制定采用标准；(3)测验中之B表应加修正；(4)请改进社选派对于测验及数学均有研究者二人前往美国，专门研究测验统计之高深理论三年，所有费用均由改进社设法供给，回国后即在改进社服务；(5)请改进社函请全国高级中学师范科添设心理教育测验学程案。②

25. 童子军教育组，开会2次，张伯苓为主席，章辑五为书记。议决2案：(1)培植童子军人才具体办法案，由改进社请求办理童子军有成效之各大学，附设童子军领袖训练班，或由改进社请求各地童子军联合会办理教练班，或由改进社选择成效最优之学校，定为函授学校，或由改进社选择设备完全之学校，加请各地领袖，设立暑期学校；(2)组织全国童子军联合会案。③

26. 图书馆教育组，开会5次，戴志骞为主席，朱家治为书记。议决案5件：(1)请改进社转请部省，凡公立图书馆应一律免除券资案；(2)刊行图书馆学季报，由该组筹备组织案；(3)各省公立图书馆得附设古物陈列所案；(4) 请改进社转请教育部及各省教育厅，于留学科内添设图书馆教育科案；(5)各省宜酌设农村图书馆，由改进社建议各省署通饬各县。④

27. 教育统计组，开会3次，朱君毅为临时主席，无议决案。会议由朱君毅报告《学校报告细目及表格》，查良钊报告《学务调查》，张见庵报告《县教育统计之试验》。⑤

①《分组会议纪录》，《新教育》，1924年第9卷第3期，第610–619页。
②《分组会议纪录》，《新教育》，1924年第9卷第3期，第577–582页。
③《分组会议纪录》，《新教育》，1924年第9卷第3期，第621–625页。
④《分组会议纪录》，《新教育》，1924年第9卷第3期，第649–664页。
⑤《分组会议纪录》，《新教育》，1924年第9卷第3期，第671–674页。

28. 乡村教育组，开会次数不详，葛敬中为主席。议决3案：(1)乡村小学教师宜兼事推广农业案；(2)提倡乡村教育案；(3)确定发展乡村教育办法案。[①]

29. 公民教育组，开会次数不详，程湘帆为主席，未有提案审议，王种和报告《初中公民学》教本编写情形，包括本旨、教学方法、报告纲要等，并提出问题讨论。[②]

30. 华侨教育组，开会次数不详，仅有涂开舆、申炳韶、郑伯聪、唐育度、周贺章等5人到会，主席赵厚生未到，公推涂开舆为临时主席。会议由涂氏报告南洋最近教育情形，无议决案。[③]

第四节　第四次年会(太原 1925年)

一、到会代表及开幕大会概况

本次年会于1925年8月17—23日在山西太原大学举行。山西偏居西北一隅，阎锡山经营多年，为提高社会发展程度，谋长治久安之道，力推教育普及，为全国教育界所瞩目，与会代表得有机会趁暇观瞻。该省教育行政当局对于改进社在山西召开年会，极为重视，教育厅长陈受中任年会筹备主任，省教育会会长冯司直任副主任，成立了总务、议案、注册、编辑、询问、招待、交通、交际、卫生等9组，计有服务人员172人。[④]

本次会议较之往年，社会情形大变。南方国民革命军积极准备北伐，北方军阀集团内讧不断，各种政治势力把教育界视作运动的工具，教育界中人被裹挟到各派系斗争中，不可胜计，全国一心改进教育的热情迅速退潮，这从出席本

①《中华教育改进社第三届年会纪要》，《直隶教育旬报》，1925年第8年第1期，第44页。

②《中华教育改进社第三届年会纪要(续)》，《直隶教育旬报》，1925年第8年第2期，第25页。

③《中华教育改进社第三届年会纪要(续)》，《直隶教育旬报》，1925年第8年第2期，第23页。

④中华教育改进社：《中华教育改进社第四次社务报告》，1925年6月，第63-65页。

次年会社员之少可见一斑。到会社员238人，仅为南京年会到会社员数之三分之一多。其中，个人社员为226人，机关社员仅12个各派代表1人出席，它们是福建厦门大学、山东齐鲁大学、南京金陵大学、上海中华基督教教育会、交通部铁路职工教育委员会、北京协和医院、北京香山慈幼院、北京尚志学会、湖北教育厅、浙江省教育会、湖南省教育会、武昌中华大学。中华教育改进社主要机关社员，如江苏省教育会、中华职业教育社、东南大学、北京大学、北京师范大学、南开大学等，都未派代表出席。本次年会特邀27人，其中蒙古代表13人，西藏代表4人，大多并非教育方面的专家。另有旁听273人。[①]

本次年会到会社员较往届少了许多，但是山西军政文教界人士反响热烈，开幕大会总计有1000余人到会。[②]董事袁希涛主持会议，发表两点感想：一是革命以来，中国政治之不良，已坏到极点，兵灾天祸，各省均有，唯山西平安无事；二是教育普及之声，日高一日，不过都是纸上谈兵，然山西自1919年以来，实行强迫教育，贫富儿童一到入学年龄，均能接受教育，这是国内少有的好现象。[③]陶行知致辞时称，近一年是中国最不幸的一年，天灾人祸，内忧外患，纷起叠来，教育界亦陷于不幸时期，无法发展。[④]董事陈筱庄代表教育总长致词，称如诸君发奋努力，战胜困难，则困难便是使大家努力的好机会。他期望教育界发扬创造精神、互助精神和信仰精神，努力战胜困难，国家前途庶几有望。[⑤]

山西代表在开幕大会上的发言，均十分注重该省教育发展问题，并祈请到会专家供给意见。省长阎锡山在致欢迎辞时表示，山西境内中学、大学、专门学校都很幼稚，学生毕业后不能以所学求生活，推其原因，教育目标高而社会程度低，又无法调和。山西正拟采行“做什么学什么”，就是在专门学校招生时，工招工人，商招商人，农招农人，庶几学生毕业后各用所学，各专其业，渐次提高社会程度。他希望到会专家对于此种方法，给予指教。[⑥]教育厅长陈受中表示，山西学校数量虽然不少，好的尚属不多。其所关心的问题是，省内学生升学，每年需

①《第四届年会到会会员人数一览》，《新教育》，1925年第11卷第2期，第329–333页。

②《改进社年会昨日在太原开幕》，《申报》，1925年8月18日第7版。

③《年会开会纪事：袁观澜先生致开会词》，《新教育》，1925年第11卷第2期，第155页。

④《年会开会纪事：陶知行先生报告社务》，《新教育》，1925年第11卷第2期，第155页。

⑤《年会开会纪事：教育总长代表陈筱庄演讲词》，《新教育》，1925年第11卷第2期，第157页。

⑥《年会开会纪事：阎省长演说词》，《新教育》，1925年第11卷第2期，第157–158页。

费百元，贫家子弟不能升学，能够升学者，皆为资产富有子弟，故欲普及教育，须及早研究办法，如设立图书馆、工读学校等，此种办法，尚须到会专家指教。[①]省教育会长吴炳南亦希望与会诸君考察山西教育时，能直言不讳，指陈问题，予以方法。[②]

本次会议邀请西藏代表出席，满蒙藏回汉五族人士，首次共聚一堂，讨论教育问题。虽然因语言关系，彼此沟通多有困难，然而发展蒙藏教育的愿望均很热切。蒙古代表王普霖在开幕大会上致辞，李凤冈翻译，内容略有三点。一谓山西距蒙古最近，蒙人来山西省踵趾不断，此次各省代表集会太原，蒙人见此，必受影响，回到蒙古后或能力行提倡教育。二谓清政府用愚民政策，蒙人读书，不过佛经而已，几不知读书为何物，中华教育改进社成立蒙古教育委员会，将来对于蒙古教育力谋发展，定能使蒙古教育日趋发达。三谓民国成立，政府虽优待蒙人，而能受其惠者，不过几位驻京官员，彼等官员又借此鱼肉蒙人，蒙人所受之苦，殆与前清无异。若蒙人能得中华教育改进社热忱辅助，能受相当教育，或可由奴隶地位而得自由平等。[③]

二、全体大会

（一）社务大会

社务大会于8月19—20日开会2次，社员并不积极。第一次到会社员81人，不及出席本次年会社员数之一半，年会职员和旁听员则有300余人；第二次到会社员仅有60人，不及出席本次年会社员数之三分之一，年会职员和旁听员则有400余人。[④]

1.一年来的社务报告。

该项议程因于会前印有《社务报告》一册，分发给与会代表，故未于会中宣读报告。该社一年来所举办的事业，除持续进行的调查、研究、编译、推广四项

①《年会开会纪事：教育厅长陈受中演讲词》，《新教育》，1925年第11卷第2期，第158页。
②《年会开会纪事：省教育会会长吴炳南演讲词》，《新教育》，1925年第11卷第2期，第158页。
③《年会开会纪事：蒙古代表王普霖演讲词》，《新教育》，1925年第11卷第2期，第159页。
④《社务会议纪录》，《新教育》，1925年第11卷第2期，第165-166页。

外，尚有其他数项，择其要者如下，以见一年来事业进行，未因时局变化而停顿。

其一，筹备蒙藏教育。上年南京年会议决，对于西藏、蒙古教育，应特加注意，并成立蒙藏教育组，请陈潜夫为干事，对于蒙古青年来京就学者，竭力设法帮助。上年秋间，蒙古青年10余人赴京求学，因人地生疏，主任干事陶行知介绍至北京大学、北京师范大学两校旁听，将来成绩及格，即可为正式生。本年蒙人因宗教关系晋京朝拜者甚多，董事长熊秉三与京中名流王士珍、汪大燮、颜惠庆诸先生，发起组织来京蒙人友助团，由干事陈潜夫带领参观京中各著名学校。该友助团拟出期刊，取名《友助》。西藏班禅本年晋京，其左右不通汉语者极多，该社聘请金醒吾先生为班禅行辕国语教授，现已教授3个月，学员亦由13人增至20人，国语读本已授至第二十二课，能识能写300个汉字，能懂汉字约500个。现班禅至五台山避暑，其左右俱随往，金醒吾亦将前往五台山继续教授。

其二，邀请美国图书馆专家鲍士伟博士来华讲演及考察。为提倡图书馆教育起见，经武昌文华大学韦棣华女士接洽，美国全国图书馆协会推定鲍士伟博士来华，改进社图书馆教育委员会主持鲍氏来华一切事务，并由该委员会书记朱家治负责记录一切行事，所有招待事项，由该委员会函请经过之各省教育厅转知各图书馆，并另函请各图书馆协会主持，无协会者则请一图书馆主持。苏、浙、京、津、湘、鄂、鲁、豫、晋、粤等处，均函复筹备欢迎，邀请演讲，讨论图书馆问题。该委员会同时调查全国图书馆实况，以供研究参考。鲍氏于1925年4月26日抵达上海，遍历上海、杭州、苏州、南京、汉口、长沙、武昌、郑州、开封、太原、天津、济南、泰安、北京、奉天等处，分别由杜定友、洪有丰、朱家治、沈祖荣、胡庆生、袁同礼、查修等分任翻译。鲍氏至北京后，将各处考察结果，作一报告，以供研究图书馆教育者之参考。

其三，邀请道尔顿制创始人柏克赫司特女士来华演讲及考察。柏女士于1925年7月14日抵达上海，在华约6个星期，往返旅费均为柏女士自筹。该社曾分函北京师大查良钊、北京大学教育系高仁山、江苏省教育厅、江苏省教育会、国立东南大学、浙江省教育厅、浙江省教育会、湖北省教育厅、湖北省教育会、中华大学陈叔澄、湖北省立模范小学、湖南省教育厅，湖南省教育会、天津教育厅、天津教育会、南开大学，以及济南、开封、太原、奉天等处，说明邀请柏女士来华之目的及其行程，请组织道尔顿制讨论会。同时准备下列各事：(1)征集本地及就近地方学校实施道尔顿制之材料;(2)研究道尔顿制之原理及实施各种问题;(3)预备柏女士到时共同讨论之实际问题;(4)协助引导参观学校;(5)协助接洽招待柏女士事宜。为便利各处研究道尔顿制起见,该社特请高仁山、章洪熙编辑《柏克赫司特女士与道尔顿制》一册,由商务印书馆印行。

其四,推举代表参与世界教育会联合会第一次会议。本年世界教育会议于7月20日在英国爱丁堡举行,董事会议曾议决请蔡元培、郭秉文、凌冰为代表,后又加请蔡元培夫人周竣女士及留英学生黄建中和陈宝锷。分送给各国与会代表的材料,有陶行知、程其保合编的《民国十三年之教育状况》,晏阳初撰著的《平民教育运动》。此外,更请程其保等预备世界教育会议提案,以便代表在世界教育会议上提出。

其五,教育图书馆。该馆于1923年夏开始筹备,馆址在总事务所,面积约2000平方尺,请清华学校图书馆主任戴志骞负责该馆之布置和设备购置,又请东南大学图书馆主任朱家治和洪有丰发函至国内外图书公司及出版机关,征集图书,现已收到商务印书馆、中华书局、亚东书局、群益书社、晨报社、申报馆、中华职业教育社、中美图书公司、美国麦美伦公司、麦根利巴公司、芝加哥大学印书馆、纽约图书馆、英国罗公司、格兰公司、非利比公司、牛津图书公司以及麦柯、推士、陈容诸先生等书籍2200余种,计3400余册。此外,尚有英美各大学寄赠章程、印书馆寄赠目录、研究会寄赠研究报告等,共计400余种。又依据胡适所拟《一个最小限度之国学目录》,陆续购齐相关书籍。1923年7月间,请朱家治来京整理已征集之图书资料,下半年请高仁山至欧美各国订购英文教育学术杂志45种,并撰写《欧美教育杂志之介绍与批评》予以介绍,俾我国研究教育者得知国外思潮之一斑。1924年春间,复请高仁山为教育图书馆主任,发函致欧美各大学征集简章及印刷品,计收到欧美各大学章程及印刷品400余种。1924—1925年,商务印书馆、中华书局以及国内各杂志社赠送杂志、周刊10余种。国内中文教育杂志、论文将由章洪熙编成目录发表,以供教育界参考。现仍在筹备款项,继续添购图书,一俟各项筹备工作完毕,即行开馆,供人阅览。

其六,教育陈列所。开办费由前江苏督军齐燮元捐助万元,所有教育品拟按五种方式陈列:(1)历史的陈列,(2)历程的陈列,(3)比较的陈列,(4)特长的陈列,(5)模范的陈列。1924年更请高仁山为陈列所主任,曾发函至各省征集陈列品。该项工作，现仍在筹备进行中。陈列所中，现有部分是中华博物学会寄存之各种标本，有剥制标本98件，浸制标本171件，昆虫标本250余件，植物腊叶标本4569件，植物标本（木材种子类）268件，浸制植物标本20件，矿物标本1225件，中外博物图书80余部。此外，因柏克赫斯特女士雅爱中国学生国画，中华教育改进社曾函请各省学校征集国画作品，陆续收到20省区6520幅，于本年8月初柏女士来京时，在陈列所举行学生国画展览会，拟于其中择一部分赠送柏女士。

其七，推行第四次年会议决案。上次年会有110余件议决案，分别函请中央相关各部及各省区教育厅、教育会、县教育局、各大中小学校、社会团体、外国人驻华机构等，查照施行。如反对日本对华文化事业案、退还庚子赔款均应直接拨充全国教育基金案，函请外交部查照施行；蒙古教育方针案、收回教育权案、请维持小学教师生计以奠教育之基案、各省区宜设编审处编审中小学教科书以期合于地方实际而收教育实效案、请教育部设法统一算学名词案等，均函请教育部查照施行；为抛弃庚子赔款余额致谢俄美及出力人员案，则分别函谢各公使或个人；反对上海英国总商会对于英国庚子赔款用途之主张案，则分函上海英国总商会和英公使，表明主张和态度；拒毒运动会案，函托中华国民拒毒运动会及北京国民拒毒运动会尽力推行。①

2.今后进行方针和计划。

今后对于教育上的努力，注重向适合中国国情及生活需要的方向进行。其入手方法，选择宗旨相同且著有成绩的中小学幼稚园为特约试验学校，使研究者的学术与实行者的经验合为一体，务使用费少而收效宏，并将试验结果随时介绍全国，俾多数学校可以共向此途进展。具体计划有：

（1）特约试验学校。凡特约试验学校必须合于以下标准：其一，校址须在交通便利之处；其二，教职员须富有办学经验及热忱，并愿与中华教育改进社合作研究；其三，学校经费稳定，能继续维持现状，特约试验学校原有事业，仍由该校用原有经费维持，如遇有特别需要时，可斟酌情形予以适当补助，至于研究试验等额外开支，概由中华教育改进社担负。特约试验学校应当将试验结果以报告

①中华教育改进社：《中华教育改进社第四次社务报告》，1925年6月。

的形式公布于众,报告分定期与不定期两种,定期报告每年一次,不定期报告于每项试验有结果时公布。一年来已有特约试验学校三处,均在南京:一为南京安徽公学,二为燕子矶小学,三为鼓楼模范幼稚园。

(2)乡村教育研究。该项工作自本年度始,由乡村教育委员会主任赵叔愚主持。赵叔愚已拟定进行计划数项:

其一,乡村教育研究范围,包括:①精密研究乡村教育问题,以备将来规定标准及方法时有所依据;举行县乡教育调查,以求得乡村教育之实际状况及效果,将来实施何项改进方法,均以调查所得之结果为依据。②彻底研究普通的乡村生活状况,以便决定改良乡村社会应取之步骤。③研究国内外成效卓著之改良乡村社会方法,以备关心增进乡村民众幸福者之采择。④研究适合乡村生活之各种教育方法,以及培养具有改造乡村教育能力之师资方法。

其二,乡村教育研究计划,包括:①拟定改进全国乡村教育之草案。根据中国现时乡村学校之所急需,经过富有乡村教学经验者之研究讨论,并参酌他国确有成效之办法,制定改进全国乡村教育草案,以供提倡乡村教育者之参考。②筹设试验乡村师范学校。中国幅员广阔,乡村教育问题极为繁复,欲以一二教育学术团体之力研究改进全国乡村教育状况,非有极重要之办法,万难收到切实之功效,故须筹集经费,在全国适中之地区择一普通之乡村,创设试验乡村师范学校一所,以为研究乡村教育及乡村生活状况之中心,并试验种种改良方案。其研究试验之范围约略如下:一是乡村师范学校之课程及教材;二是乡村师范学校最经济之办法;三是适于乡村生活之小学课程及教材;四是乡村小学最经济之办法;五是利用学校为改造乡村生活中心之办法;六是增进在职乡村小学教师效能之办法。

其三,特约试验乡村小学。中国幅员广漠,人口繁庶,而农民尤占绝对多数,欲求小学普遍改进,仅恃极少数之试验小学不能济事,故应随地访查确有成绩之优良小学,稍予补助,以资试验,并将所得结果广为传布,供各该地教育界人士仿行。

其四,合组乡村生活研究所。与国内教育学术机关对于乡村生活有提倡改进之志愿者,合组乡村生活研究所,以便研究乡村教育、社会及经济方面的实际状况,以为将来各项改良乡村生活计划的根据。研究范围如下:一是促进乡村教育，无论儿童及成人教育均包括在此项范围之内；二是应用科学方法研究乡村生活，凡乡村社会问题之研究均属此项事业范围；三是改进乡村卫生；四是改良乡村娱乐及社交生活；五是发现及培养乡村社会领袖；六是改良乡村家庭；七是促进乡村组织，无论各省区、全国抑或国际上改良乡村生活的各种组织，均当与之提携合作；八是改良乡村环境，如沟渠、道路、家庭住宅及公共建筑的改良等。

赵叔愚乡村教育改进计划，已不限于乡村教育本身，而是面向整个乡村生活之改进，此于中国今后乡村教育的发展，影响至为深远。

3.社务大会议决案。

两次社务大会的主要议程为修订社章。其中修订机关社员资格一项，费时最多，讨论最为激烈。第一次会议时，陈启天提议："一切学校，须取得本国法律上之资格者，始得为机关社员。"他以口头说明："此条本意在于摒除教会学校于本社以外，盖教会学校之机关社员一旦增多，不啻我国教育界中人任令他国人共管我国教育，其殆孰甚。"大多数代表认为，照《社章》第十八条规定，须合二十名社员共同提议，方可提出讨论。①第二次会议时，陈启天联络会员附议，再次提议修订机关社员资格条款，提出"教会学校及教会机关或其他外人所办之学校及团体，不得为本社机关社员。其已入社者，得暂加容许，但不得有董事选举权"。他说明四条理由：第一条，改进社为中华的，不是非中华的；第二条，教育与宗教分离，为世界之潮流；第三条，拥护改进社之扩张，故不得不先事预防；第四条，教会学校现为一般社会人士所不取，则改进社自不能允许其加入。陈宝泉对陈启天原案加以修正，陶行知又加以补充，刘瑞恒、熊希龄、查良钊等均发表意见。陈启天提出撤回原案，赞成陈宝泉之修正案。陈宝泉修正案为："但外人所立之学校与机关及凡宣传宗教之学校，不得为本社机关社员，其已入社者得仍其旧，但此类机关之代表只得为本社名誉社员。"陶行知又复加修正，查良钊又对陶行知修正案加以修正。陶行知愿撤回本人修正案，赞成查良钊修正案。查氏修正案为："凡未经中国法律承认或注册之外人所办及含有政治侵略主义，或强迫学生学习服从党纲与宗教之学校，不得介绍为本社机关社员。"当时形成陈宝泉和查良钊两个修正案，交全体与会社员表决，均未获四分之三社

①《社务会议纪录》，《新教育》，1925年第11卷第2期，第166页。

员赞成，故未通过。[①]

社务大会最后讨论通过的《社章》修订案，凡三项：

（1）关于董事任期的修订案。原条款中没有董事可否连任的规定，议决可以连任，但以一次为限。[②]

（2）关于机关社员资格的修订案。董事会认为，中等以下学校，每年须担任合组费一百元以上，对于县教育行政机关及县教育会、小学校、小学校联合会等，数额过大，无形中使有志加入该社之教育学术团体机关，因此不能加入者不在少数，议决修改为："（甲）高等专门以上学校及以全国为范围之教育学术团体、教育行政机关，岁任合组费二百元以上者。（乙）中等学校及以省为范围之教育学术团体、教育行政机关，岁任合组费一百元以上者。（丙）小学校及以县为范围之教育学术团体、教育行政机关，岁任合组费在二十元以上者。"[③]

（3）关于年会的修订案。全体大会每年举行一次，于经济、人力等方面，均有诸多困难，议决修改为："本社全体大会每二年举行一次，倘有特别情形，经董事会之议决，或社员十分之一以上之请求，经董事会之同意者，得开临时会议。其常会开会时期地点，由前届大会开会时决定。临时会开会时期地点，由董事会决定。"[④]

（三）学术大会

学术大会承上次年会办法，分组会议议决案，除非特别重大须学术大会表决外，均视为本次大会通过，不再在学术大会上宣读。8月21日上午举行第一次学术大会，熊希龄因事未到，由年会筹备主任、山西省教育会副会长冯司直主持。主要事项如下：

1.陶行知报告凌冰来信，出席世界教育会联合会第一次大会的各国代表有一千数百人，英美两国代表占九成，日本代表10人，中国代表仅5人，未免难堪。不过郭秉文和凌冰均被推选为董事，郭秉文再次被公推为董事会副会长，日本

①《社务会议纪录》，《新教育》，1925年第11卷第2期，第166-168页。

②《社务会议纪录》，《新教育》，1925年第11卷第2期，第166页。

③《社务会议纪录》，《新教育》，1925年第11卷第2期，第165-166页。

④《社务会议纪录》，《新教育》，1925年第11卷第2期，第167页。

仅有一人当选为董事。是次会议禁止会员讨论政治和宗教问题，因此上海五卅事件无法在会内提出，遂于会外竭力宣传，请中国留学生代为散发印刷品。7月29日，凌冰在弭战会讲演上海事件，听众深受感动，临时提议并全体通过议案，要求他们政府对于上海五卅事件，应当持公正态度处理，并从速将领事裁判权交还中国。此外，他们和其他国家代表私人谈话，或向各报馆记者谈话，均能将五卅事件真相尽力宣传。

2. 审议通过5项提案：(1)教育行政组议决之“宪法内应制定教育专章案”；(2)筹设美术博览馆案，该案系美育组之决案，请改进社募集经费，于通都大邑建设之；(3)拒却日本、英国以庚子赔款行其侵略主义之教育文化办法案，该案上次年会即已通过，但迄未见日、英方面有任何改变，议决由改进社通电拒绝，并函请我国政府指派之中日文化事业委员会中国委员秦汾、郑贞文、胡敦复、伍连德、余岩、章鸿钊、文元模、朱家骅、谢应瑞和严智钟等，坚不就职；(4)推行拒毒办法案，具体办法：①由改进社组织委员会，将关于鸦片问题材料编入中小学公民教科书，②由改进社提倡全国中小学校于四年内每学期至少教授鸦片问题之课程2小时，并预先编订相关材料，分送全国各校教员，以资采择，③本年9月1日为拒毒日，由改进社通函全国一致遵守举行，④委派代表于本年9月初赴上海出席中华国民拒毒会年会，讨论进行事宜；(5)联合各省区筹设中华道尔顿制联合会案，具体办法，函请各省教育会组织道尔顿制讨论会，再联合各省组织中华道尔顿制联合会。①

三、分组会议

本次年会有25个组分别召开会议，蒙古教育组多数代表系首次出席会议，重新审议上次年会该组通过的议案，其他24组审议通过71案。各组会议次数和与会人数未见有完整资料，兹将议决案略述如下：

1. 教育行政组，通过8案：(1)陈启天“请教育部依据国家主义明定教育宗旨案”，该案由主席推定查良钊、章慰高、李辅中、程湘帆、陈启天等5人审查，部分

①《学术会议纪录》，《新教育》，1925第11卷第2期，第169–178页。

修改原案如下:“中国现时教育宗旨应养成以国家为前提之爱国国民,其要点有四:一是应注重本国文化,以启迪发挥国性之独立思想;二是实施军事教育以养成强健身体;三是酌施国耻教育,培植爱国精神;四是促进科学教育以增益基本知能。”(2)宪法中应制定教育专章案。该案由陶行知、余家菊、张彭春、王伯秋、查良钊及该组主席陈宝泉、副主席程湘帆组织教育专章案起草委员会,拟定教育专章草案10条。(3)中等以上学校设施军事训练案。该案以程湘帆、余家菊所提之“中等以上学校设施军事训练以振学风案”为主,并入熊受中所提之“中等以上学校宜组织学生军以御外侮案”。(4)请改进社组织国家教育政策委员会案(陶行知提)。(5)改进社宜组织劳工教育委员会,研究厉行工人教育办法,以养成健全之国民建议案,该案合王名烈所提之“请本社速设劳工教育组研究劳工教育”、余家菊所提之“厉行工人补习教育”等两案而成。(6)官立学校校长教员一律改为聘任制案,该案由常乃德、萧澄、崔振汉和赵一峰所提各案合并而成。(7)规定各学校职教员待遇建议案,该案由刘鹤书所提,其办法一项经该组议案审查委员修正后通过。(8)建议学术大会速以改进社名义致电教育部,阻止改北京女子师范大学为女子大学案,由余家菊等人提议。①

2.教育统计组,通过2案:(1)陶行知、薛鸿志提议,统一学校统计报告时期案。具体办法,依年度报告,自每年7月1日起,至次年6月30日止,公私立各校,应于年度终了10日内报告县行政机关,县行政机关应于学年终了40日内呈报省教育行政机关,省教育行政机关应于学年终了3个月内,汇齐各县及直辖学校呈报教育部,教育部应于学年终了8个月内汇齐各省区及直辖学校报告,编辑付印。(2)陶行知、薛鸿志提议,请改进社函请山西省行政长官,于山西省内指定一相当之县,试办教育统计案。该案旨在试验,俟有成绩,再推行全省乃至全国。②

3.公民教育组,议决2案,(1)中等学校宜及时提倡孔道,培养国民品性,以遏乱源而固国基案,提案人刘鹏书。与会者认为该案中虽有过甚之辞,但以注重孔道,培养国民品性,极合青年道德,深表钦佩。(2)成人教育或公民教育宜注重中华民国政府组织大纲,以养成负责之健全公民案,提案人周明。与会者建

①《分组会议议案汇录》,《新教育》,1925年第11卷第2期,第209-224页。

②《分组会议议案汇录》,《新教育》,1925年第11卷第2期,第307-308页。

议改进社聘请专家，搜集材料，编为专本，再请教部通令全国各地采用，以收实效。①

4. 义务教育组，通过1案，龙文提议，请政府准将地丁或他项国税划作各县义务教育基金案。办法有4项：(1)请政府明令将地丁或他项国税划作义务教育经费；(2)请政府训令各省教育厅转饬各县，总核全县义务教育经费若干，准由地丁或他项国税项下提拨，留作义务教育基金；(3)明定保管办法，并指定此项专办底图教育，他项不得挪借；(4)在该案未实施以前，应由各省教育厅严令各县知事，对于义务教育经费，切实负责筹措，指定专款，并严定考成。②

5. 中等教育组，通过2案：(1)魏遐年提议，呈请教育部重新通令各省区教育厅，转饬各中等学校校长常川驻校，不得兼任校外职务案。其理由是，校中各部训管教学均有专员负责，校长多恃校内组织完备，故多兼职于外，对于校务毫不注意，乃至以校长为挂名。如今学校风潮迭起，校长亲负训管之责，躬任课程，实无其他妥善方法。(2)改造中学手工科建议案。该案由职业教育组移交该组审议，议决印刷成册，通函各校，以做参考，下次年会时再详加讨论。③

6. 初等教育组，通过6案：(1)冯俊提议，变更小学校名称案。请教育部通令各省，一律遵照新学制令，凡初级小学和高级小学设于一校者，一律名为小学校，无须冠以初级、高级或两级字样。(2)小学教师应厚加薪金由国家特别保护案。上次年会该组议决“请维持小学教员生计以奠教育之基案”，本次呈请改进社函请教育部从速实行。(3)龙文提议，小学教科书应切丁各省之实地生活案。(4)龙文提议，小学校应厉行国耻教育案。(5)山西国民师范附属小学提议，小学以不教英语为原则，初中不得列英语为入学试验科目案。(6)仝菊圃提议，小学校应采取具体标准训育法案。理由是各学校训育，多取道德中之抽象名词，且互相仿效，漫无标准，不切实际，不问效果。建议依据儿童心理，适合儿童环境，基于儿童特殊情形，制订训育标准，江苏各师范学校附小多有实行，可资参考。④

---

①《分组会议议案汇录》，《新教育》，1925年第11卷第2期，第267-271页。

②《分组会议议案汇录》，《新教育》，1925年第11卷第2期，第242-243页。

③《分组会议议案汇录》，《新教育》，1925年第11卷第2期，第229-230页。

④《分组会议议案汇录》，《新教育》，1925年第11卷第2期，第230-240页。

7.幼稚教育组，通过1案，卫中提议，建设一种教育自然科学（科学的教育学）且实际应用之以树立各级教育之科学的根本。提案者认为，世界之教育，概由宗教之迷信或政治之迷信或兼由两种迷信而生，在这种教育内，人的自然力量，毫无活动之余地，所以不仅无发达之望，且有受病之险。国外自然科学日研日精，乃至有产生心理自然科学之程度，如能使用外国之最新自然科学，阐发中国旧有之自然心理，则可以产生一种研究人心的心理自然科学。故此他建议立一学院，招收四五岁之儿童，借其天真烂漫之自然心力，试验教育自然科学。目的有二：一是使人的精神，当其一切活动之自然原动力；二是使人所做的事物，带有真实创造的活气。议决补充补救幼稚教育办法四条：一是请教育部通令省教育当局，于各初级小学宜兼收幼稚生；二是请教育部通令各省教育当局，于各级师范宜加关于幼稚教育科之课程为必修科；三是请改进社邀请专家编辑幼稚教育教本以敷应用；四是请教育部通令各省教育当局，得专设保姆讲习，所以资补救而广应用。①

8.职业教育组，通过5案：(1)中华职业教育社提议，请各省初级中学采行职业指导案；(2)中华职业教育社提议，调查各地平民生活状况，实施职业补习教育；(3)龙文提议，组织职业介绍部案；(4)严慎修提议，创设职业指导所，兼办推销出品介绍案；(5)姜维藩提议，创设女子商业学校，以推广女子职业案。②

9.师范教育组，通过3案：(1)余家菊提议，整顿师范教育案；(2)周明提议，请教育部通令师范学校增设乡村分校案；(3)汪懋祖提议，请教育部恢复国立高等师范学校学区，改建师范大学，以发展师范教育案。③

10.乡村教育组，通过2案：(1)喻谟烈提议，请教育部通令各省教育厅注重乡村教育，并筹设乡村教育委员会及训练乡村教师学校案；(2)严育樑提议，各乡村小学应各据该乡村情形及其需要酌选教材案。④

11.女子教育组，议决4案，(1)陈春阳提议，女子教育宜添设军事常识案。办法为，在中等教育，凡女子学校除注重各项运动外，应授以军事常识，每周以

①《分组会议议案汇录》，《新教育》，1925年第11卷第2期，第240-241页。

②《分组会议议案汇录》，《新教育》，1925年第11卷第2期，第259-267页。

③《分组会议议案汇录》，《新教育》，1925年第11卷第2期，第224-228页。

④《分组会议议案汇录》，《新教育》，1925年第11卷第2期，第271-277页。

1小时为限。(2)朱其慧提议，请全国女学校切实注重家事教育案。(3)请政府通令各省区斟酌地方情形，增设女子中学校，并请专门大学依据学校情形招收女子，以昭公允案。(4)请改进社女子教育组发起并筹备中华女子教育促进会案。①

12.童子军教育组，通过3案：(1)组织全国童子军联合会进行案。该案于上届年会即已通过，本次讨论具体办法，推动改进社积极实行。(2)江苏童子军联合会提议，请改进社筹办中华童子军教练员养成所，以养成教练员人才案。(3)陆礼华提议，附设女童子军教练班于中华童子军教练员养成所案。②

13.心理教育测验组，议决4案：(1)张清源、柳文藩提议，请各省区利用假期设立心理教育测验讲习会案；(2)张清源、柳文藩提议，请各省区教育会组织教育测验研究会案；(3)张耀翔提议，各级学校入学考试加入心理测验一门，与体格检查或其他主要科目并重案；(4)张耀翔提议，请改进社组织委员会测验蒙藏人民智力，为将来实施该区教育之基础案。③

14.国语教学组，通过5案：(1)鄢云鹏提议，厉行国语以收统一之效案；(2)吴有容提议，再请教育部执行统一国语施行令，并切实严禁各书坊发行小学文言教科书案；(3)鲁清晨提议，请教育部督促各省区教育官厅一律成立国语统一筹备会案；(4)鲁清晨提议，各省区宜一律设置国语指导专员案；(5)王祖祐提交"国语语音质疑九则"一案，议决由改进社送交中华国语研究会研究答复。④

15.数学教学组，通过1案，祝纪年提议，数学教学组应组织定期刊物，以冀交换知识而改进教学案。具体办法，由改进社数学组同人创设数学杂志社，灌输普通的数学常识，报告数学研究心得，交换知识，解决数学难题，而尤注重第一项。⑤

16.英语教学组，通过2案，(1)鲍明铃提议，教授英语应以问答法为根本教法，以讲演法为辅助教法案；(2)鲍明铃提议，英语教学以直接教授为主要方法，

①《分组会议议案汇录》,《新教育》,1925年第11卷第2期,第243–249页。
②《分组会议议案汇录》,《新教育》,1925年第11卷第2期,第284–289页。
③《分组会议议案汇录》,《新教育》,1925年第11卷第2期,第309–310页。
④《分组会议议案汇录》,《新教育》,1925年第11卷第2期,第277–282页。
⑤《分组会议议案汇录》,《新教育》,1925年第11卷第2期,第282–284页。

以间接教授为次要方法案。①

17.理化教学组,通过1案,张光璧提议,请教育部设法划一理化名词案。中国新教育兴办以来,理化书籍多译自欧美,书中采用名词,虽同一来源,因译者取意不同,多至六七种之译名,教师学生无所适从,影响科学教学极大,亟应邀请国内理化专家研究,统一标准,再由教育部通令实行,特别是各书坊编译之教本,非用部颁名词,不准出版。②

18.历史教学组,通过2案:(1)吴有容提议,由该组速编各级现代本国史、世界史教本及教学新图表以利教学案;(2)乔鹤仙提议,请教育部统一历史人名地名便利教授案。③

19.地理教学组,通过1案,吴有容提议,请该组速编现代本国地理、世界地理教本及教学新图表以利教学案。具体办法,请该组社员将商务印书馆、中华书局等各大书坊出版之地理教本汇集,提出意见,在下次年会时讨论。此外,编辑中国地理分类图一套,供小学及初中使用,包括地势、交通、物产、人口密度、海洋及重要城镇。④

20.美育组,通过4案:(1)刘海粟提议,举办全国美术展览会案。该组当即举定李荣培、金梦畴、熊连城、王济远、蔡元培、李祖鸿、汪亚尘、张华、宗孔、张悌、任恒德、王悦之、滕固、俞寄凡、钱稻孙、王敬章、刘海粟等17人,组成筹办全国美术展览会委员会。到会委员举行谈话会,推请刘海杰、滕固等5人起草组织大纲,正式具函报告董事会请速筹经费,预定明年在武昌举办,如有机会,运往各省轮流陈列。(2)刘海粟提议,筹设国民美术馆案。该组第一届年会,曾议决设国立美术院一案,第三届年会议决拟请英国退还庚款中划出款项建造美术馆及各省设立美术馆二案,迄今均未实现,究其原因,第一案计划太大,第二案因英国退还赔款未有端倪,第三案范围过广,莫由统一。今鉴于过往经验,宜缩小范围,集中力量,期以必成。具体办法,由中华教育改进社募集金额四万元,组织委员会办理之,募捐期限3个月。经募人捐到款项汇入指定银行,由银行

①《分组会议议案汇录》,《新教育》,1925年第11卷第2期,第294-296页。

②《分组会议议案汇录》,《新教育》,1925年第11卷第2期,第296页。

③《分组会议议案汇录》,《新教育》,1925年第11卷第2期,第312-314页。

④《分组会议议案汇录》,《新教育》,1925年第11卷第2期,第315-316页。

出数据交捐款人。以一万元购德国所印文艺复兴以还各国美术馆名画，以一万元购置中国美术名作，以二万元建筑馆舍，地点设在上海，因上海既无古代建筑可观瞻，又为工商竞争之地，最非艺术的，须以为冥眩之药。(3)李荣培提议，组织中华古美术品调查委员会案，具体办法，由该组函请各省图书博物馆的陈列所、美术学校以及其他美术机关，就各所在地，组织古美术品调查委员会，随时随地调查，并将结果报告该组，汇印成书，以为中国美术史之草创。(4)张华、张悌、任恒德、宗孔等提议，请山西省政府保护大同、云冈石窟佛寺案，议决由该组拟具公函请各地行政长官严加保护。①

21.体育与卫生组，通过5案：(1)郝更生提议，统一体育名词及口令案。(2)郝更生提议，利用假期举行各地方联合运动会案；(3)郝更生提议，今后学校应提倡严格的体育训练案；(4)陆礼华提议，调查各地体育状况，规定运动标准案；(5)张武成提议，调查各省区及各大城镇田径赛运动成绩及优胜者姓名逐年出刊公布案。②

22.医学教育组，通过2案：(1)杨百城等提议，请教育部学校系统中添列中医一门案。该案有详细的课程系统，计列32科，每科授课时期、授课钟点、授课要点，均极详细。(2)杨百城等提议，由改进社请教育部规定中医学校课程标准，并编入学校系统案。③

23.图书馆教育组，通过2案：(1)黄竞白提议，请公立图书馆及通俗教育图书馆设立儿童部案。(2)邹笑灵提议，规定学校图书馆购书经费案。具体办法，请教育部从速规定经费，国内学校均须以常年费二十分之一拨作图书费，经费充足，则办图书馆，否则附设阅览室，庶几图书馆教育渐有发展之希望。④

24.蒙古教育组，因蒙古代表大多数是第一次参会，故将上次年会通过的蒙古教育议决案，重新提出征求蒙古代表审议，均无异议。此外，陈潜夫提议于蒙古设立汉语文传习所，于各省区酌设蒙语文传习所案，以及姜维藩提议请政府添设蒙古师范学校，以造就蒙古教育师资案，均获通过。⑤

---

①《分组会议议案汇录》，《新教育》，1925年第11卷第2期，第316–320页。

②《分组会议议案汇录》，《新教育》，1925年第11卷第2期，第290–294页。

③《分组会议议案汇录》，《新教育》，1925年第11卷第2期，第296–307页。

④《分组会议议案汇录》，《新教育》，1925年第11卷第2期，第310–312页。

⑤《分组会议议案汇录》，《新教育》，1925年第11卷第2期，第250–256页。

25. 西藏教育组，议决5案：(1)促进西藏文化教育案；(2)请政府于西康特设教育厅，主持边藏教育事业，以期发展藏人教育案；(3)由改进社请求政府增加蒙藏学校经费，改革课程，使蒙藏子弟借以为升入大学之预备案；(4)请改进社正式函达各省区教育行政机关，对于由蒙藏而来之学生特别招待，并介绍其入各学校以宏文化案；(5)请改进社组织西藏教育考察团案。[①]

第五节　四次年会成果检视

中华教育改进社前后召开四次年会，其时中国政治上尚未完成统一，各地军阀连年混战，参加年会的全国各省区教育界同志，既有该社社员，也有非社员，均不畏道远时艰，云集一处，共同讨论教育上各种问题，为改进中国教育建言献策，诚为中国近现代教育史上不可多见的盛举。其成果既有有形的议决案，也有无形的思想观念的传播和精神的陶冶，兹从以下四方面略为论述：

第一，四次年会最多时有30余组，最少时亦有20余组，其所讨论的问题，涉及教育各个领域，大至教育行政，小至具体的学科教学，几乎无所不议。特别需要指出的是，四次年会的召开，正值新学制酝酿制定和颁布后施行时期，如何实施新学制，如何解决新旧学制过渡问题，如何面对施行新学制所遇到的种种问题，均成为四次年会最为重要的议题。分组会议通过了400多件议案，半数以上是新学制施行后，教育在微观层面面临的具体问题，如课程、教材、教法、学生训育等。这些议决案能否得到施行，能否转化为教育制度或规章，固然取决于教育行政当局的认识和态度，但是作为教育界共同的舆论，因为有着较为广泛的民意基础，必然影响到普通的教职员和教育学术研究者，进而在教育教学的实际层面，产生积极的影响。陶行知在第四次年会上说："虽然我们所讨论的结果只是社会一部分的舆论，但舆论是事实之母。"他乐观地表示："前几届年会的决议案依赖政府或他方面实行者居多数。"但他同样寄希望于与会者："我们对于政府及他方面，虽不能放弃发表正当舆论之责，但最重要的，还是我们同人的

①《分组会议议案汇录》，《新教育》，1925年第11卷第2期，第256–259页。

本身。凡我们本身单独或共同可以改进之事，似应得到我们最优先之注意。”[①]关于蒙藏教育的议决案，关于教会教育和教育权的议决案，关于退还庚子赔款的用途、关于在宪法中列入教育专章等重大问题的议决案，对于相关问题的解决，均提出具体的办法，将其视为国家教育行政当局的智库，未为不可。

第二，四次年会开阔了与会代表的视野，增加了他们之间的联络，使他们更加明了教育发展的大趋势。四次年会中，有不少众望所归的教育名家和美国教育专家参加年会讨论，特别是从欧美留学归国的新型知识分子主导了年会的各项讨论，新的教育思想、教育内容、教育方法，乃至教育技术方面的新知，通过与会代表延伸到教育的各个领域，其影响和效力是极其巨大的。恰如程湘帆就第四次年会发表感言时所说：“考本社所以举行年会的缘故，乃因我们社员各处一方，终年勤勤恳恳的从事教育，虽各个社员从他的职业上得着些特别经验，假使没有新鲜的刺激以资奋励，比较的机会以示取舍，则效果或偏于一域，而我们惰性亦易于发生……现在我们因着这个例，每年择一个特别的处所，大会各方面教育的同志一次，或分组讨论教育上专门的问题，或握手言欢，增进友谊，各出所长以求比较，各陈意见以资交换，于是我们的知识因此常新，交游因以益广。本社同人所希望的‘合力’‘改进’于以实现。”[②]

第三，提倡并探讨中国式教育。中国近代教育以模仿东西洋教育为主，此诚为中国教育告别传统，向现代教育转型发展最便捷、最经济的办法。但是，中国教育若仅止于模仿和移植，绝不能健康地发展起来，它必须兼顾国情和民性。1924年，郭秉文在南京年会开幕大会上指出，留学生不免带有其所留学国的色彩，如以英国退还的庚子赔款办理英国式教育等，则如何携手，提倡中国教育？[③]陶行知在南京年会社务报告中称，1924年所希望者有四项，其中两项一为须创造合乎国情之中国式教育，二为须建立有根的教育。[④]第四次年会鉴于中国绝大多数人口在最广大的乡村，遂将社务工作的重点，转向乡村教育的改进和发展。中华教育改进社的主要成员大多是欧美留学生，有着深厚的欧美诸国

① 陶行知：《年会感言》，《新教育》，1925年第11卷第2期，第148页。
② 程湘帆：《年会感言》，《新教育》，1925年第11卷第2期，第149-150页。
③《中华教育改进社第三届年会纪要》，《直隶教育旬报》，1924年第8年第1期，第33页。
④《中华教育改进社第三届年会纪要》，《直隶教育旬报》，1925年第8年第1期，第28页。

教育背景和鲜明的西洋教育思想的底色，但是他们已经自觉地意识到构建合乎中国国情的教育体制和机制的重要意义。尽管这种自觉的意识与实际的教育行为之间，还存在着一定的距离，但是不能忽视他们对于建构符合中国国情的教育体制和机制的种种努力。

第四，四次年会成功举办，彰显了全国教育界同志精神上的一致。在第一次年会开幕大会上，山东省教育厅熊梦宾表示："吾国教育界同人，有较大规模的组织，向来是不多见的。比较地说，本社要算是'首屈一指'。将来慢慢推及全国，共筹进行，真是'教育独立'极大的机会，极大的基础。前途的功效，可以预期，无待赘述。"[①]山东省教育厅长齐征表示："中华教育改进社为中国教育界精神上最大之结合。地不限于南北，人不限于中外，规模既极宏大，组织又异常完备，将来教育前途，定可收美满之效果。"[②]此种团结一致谋求中国教育改进的精神，在国家分裂、军阀混战的年代，实为中国未来建设发展的力量所在，希望所在。

①《中华教育改进社第一次年会开幕典礼纪事》，《新教育》，1922年第5卷第3期，第363页。

②《中华教育改进社第一次年会开幕典礼纪事》，《新教育》，1922年第5卷第3期，第362页。

第五章

中华教育改进社调查研究与实践活动

北洋政府教育部曾就1912—1916年各年度全国各级学校数、学生数和教育费岁出数三项，逐年发布调查统计报告，此后几年没有相关报告发布。当时教育界许多人士对教育调查的意义认识不足。1920年，南京高等师范郃爽秋和王克仁曾于暑假期间发出1000余份问卷，调查小学教师生活状况，结果只收回60余份，多数人还附言询问作何用途。王克仁把调查问卷刊登在《中华教育界》第10卷第4期上，希望得到读者的积极反馈，结果也令人很失望。①1921年孟禄应邀来华调查教育，从北到南遍历10余省区，又有媒体广为报道，有助于提高中国教育界一般人士对教育调查重要性的认知。改进中国教育，必先明了中国教育状况；明了中国教育状况，必先有科学的调查，再以调查所得为根据，研究改进的办法。中华教育改进社成立后，确定社务工作主要为调查、研究、编译和推广四项，足见其对调查研究工作的重视。

第一节　特邀推士进行科学教育调查

孟禄调查中国教育后，认为中等教育问题最大，中等教育又以科学教育问题最为突出，并允诺介绍美国教育专家来华襄助指导解决。他回国后积极活动，在得到美国洛氏基金会5000美元、国际教育社1500美元的资助后，推荐了

①张裕卿：《学校调查纲要》，商务印书馆，1923年版，第2页。

俄亥俄州立大学教授推士博士来华。胡刚复博士说推士从事中学科学教育26年,于科学教学法素有研究[①],孟禄说推士是"美国近代第一个科学教育家"[②]。

一、推士科学教育调查经过情形

推士于1922年6月30日抵达上海,7月2日抵达南京,在中国科学社总部演讲"科学教育与科学团体"。[③]7月4日抵达济南,出席中华教育改进社第一次年会,当日下午演讲"科学与教育"。[④]9月20日,中华教育改进社通过了《推士考察及改进中国自然科学教学计划》,该计划分个人事项和合作事项两类。个人事项指推士本人在调查方面需要开展的工作,包括:①调查政府和教会所立之专门学校、高等师范和中等学校之自然科学课程、教学、房屋和设备等;②与科学教员和学校当局讨论,提出改良之建议;③与考察地之科学和教育团体召开联席会议,发表讲演或报告;④在北京和南京举办"适用于中国现状之自然科学教学原理"短期讲习会,并组织学生科学会。合作事项指借助推士赴各地调查之便,联络各地科学教员和相关专家,共同推进科学教育事业,包括:①征集各地自然科学教员及专家名录;②征集有补于自然科学教学的书籍和报刊;③利用各地自然科学方面的人才和材料,编辑出版自然科学知识手册,或举办演讲会,以引起社会人士关注科学教育;④鼓励各地自然科学专家自编教材,或翻译英文书籍,或直接采用英版原著;⑤制定中等学校各种科学课程仪器用品的标准;⑥召集高等师范理科教员会议,专门讨论培养中等学校理科教师的方法;等等。[⑤]

推士在北京高师和东南大学教育科教育心理学专家的陪同协助下,前往中国各地调查科学教育,历时一年有余。他回顾自己在中国工作的经历时写道:

> 著者自民国十二年六月三十日后,即从事调查中国大学、专门学校及中学校之科学教学概况,及其设备,并随时随地与理科教员暨学校行政人员,或作团

①《中国科学社纪事》,《科学》,1922年第7卷第7期,第735页。

②衣萍:《怀推士先生》,《莽原》,1925年第4期,第38页。

③《中国科学社纪事》,《科学》,1922年第7卷第7期,第735-736页。

④推士:《科学与教育》,朱经农译,《新教育》,1922年第5卷第3期,第659-664页。

⑤《推士考察和改进中国自然科学教育之计划》,《新教育》,1922年第5卷第4期,第886-888页。

体的，或作个人的谈话，此外教员、学校行政人员和学生有时集合开会，著者亦担任种种之讲演。总计此次旅程，凡经过十省二十一县，所游十省省名如下：奉天、直隶、山东、河南、江苏、浙江、安徽、江西、湖北、四川。每县调查时限，自二日以至九日不等。调查的学校数目，凡一百八十七校，各种类学校都包括在内，此一百八十七校之科学教学概况，及其设备，著者均曾详细视察，力求无所遗漏。①

推士每到一处学校参观，均与该校科学教员谈话，提出建议，或对师生发表演讲。同时，亦由当地教育行政机关安排，与该地科学教员开讨论会。推士的行程安排十分紧凑，其精神足为中国教育界同人学习。如推士1923年3月在无锡和苏州的考察行程，见表5-1：

表5-1　推士在江苏无锡和苏州考察行程一览

日期	调查学校	演讲及其他活动
3月14日	无锡省立第三师范	省立三师演讲“科学与社会生活”
3月15日	无锡私立公益工商学校	
3月16日	教会立实业中学、无锡中学	
3月17日	教会立辅仁中学、县立女子师范、私立竞志女子中学	
3月18日	无锡通俗教育馆	与无锡各中学校科学教员开讨论会
3月19日	苏州省立第二工业学校	
3月20日	苏州省立第一师范、工业学校预科	
3月21日	苏州东吴大学附中、景海女子学校、省立第二女子师范、振华女校	
3月22日	苏州省立医学专门学校、第二农业学校、私立女子职业学校	
3月23日	苏州省立第二中学、私立乐益中学	在青年会对科学会演讲，并与科学教员开谈话会

（资料来源：章洪熙《社务报告》，载《新教育》，1923年第6卷第4期，第638-649页）

推士1923年10—11月在武汉的考察行程安排，见表5-2：

①推士：《中国科学教育之概况》，朱亦松译，《新教育》，1922年第7卷第5期，第327页。

表5-2　推士在武汉考察行程一览

日期	调查学校	讲演及其他活动
10月23日	师范大学、省立模范小学校	访教育厅长
10月24日	第一师范学校、外国语学校	访湖北督军
10月25日	中华大学校	下午外语学校演讲，晚赴湖北教育改进社欢迎会
10月26日	女子师范学校、省立医学专门学校	中华大学宴会、讲演
10月27日	甲种工业学校、第一中学校	
10月28日		湖北演讲厅对学生演讲
10月29日	武汉中学校、师范大学附中	出席教育厅举办之理科教员讨论会
10月30日	商业大学校、第二中学校、甲种农业学校	文华大学校讲演
10月31日	天主堂立高等商业学校暨文学中学校、圣公会立三一中学	
11月1日	武昌教会各女子学校	
11月2日	汉口第三中学校、博学书院	
11月3日	汉阳铁厂	

（资料来源：严绂苹《推士博士调查湖北教育记》，载《新教育》，1925年第11卷第1期）

推士在各地学校考察后，撰写调查报告，提出改进意见，公开发表，以为各地科学教员参考。如《奉天科学教学调查报告》（载《新教育》1923年第6卷第4期）、《皖省科学教育状况调查报告及关于科学教育之建议》（连载于《新教育》1923年第7卷1、4、5期，1924年第8卷1、2、3期）。在江苏调查结束后，该省教育会专门召开讨论会，推士在会上提出改良科学教学意见八条，转请江苏省教育厅酌情施行。①他在各处的讲演，不但由记录者整理发表，更有听讲者、引导参观者将听后感想，写成文字发表，如嵇明《听了推士博士讲演以后》，载于《河南教育公报》1923年第2卷第7期；严绂苹《推士博士调查湖北教育记》，载于《新

①章洪熙：《社务报告：举办暑期讲习会》，《新教育》，1923年第7卷第1期，第141-142页。

教育》1925年第11卷第1期。舆论方面的报道和宣传,不仅有利于推广科学教育改良方法,而且有助于提高社会对科学教育和教育调查的重视程度。

二、推士主持科学教育研究概况

除了调查学校外,推士还在陈裕光博士协助下,在以下五个方面主持科学研究工作:(1)中学科学测验研究,历时4个月之久,提出85个问题,涉及植物、动物、物理、化学、矿物学、生理卫生等6大学科;(2)就中国科学教育问题讲演10余次,以为推广科学教育之助;(3)组织科学教学部,分8科进行,一是科学教师训练科,二是物理科,三是化学科,四是生物学科,五是卫生科,六是自然与农艺科,七是普通科学科,八是科学教员会科;(4)征集科学教育丛书,关于科学教育方面的特别问题,函请专家从事著述;(5)主持两次科学教员暑期讲习会。[①]

推士在江苏科学教育谈话会上表示,中国科学教育不发达的原因,以设备、教授两点为病最大,并谓南方学校且较逊于北方[②]。江苏省教育会因此建议省教育厅举办暑期科学教员讲习会,请东南大学与中华教育改进社协助,推士担任主任。讲习会于1923年7月16—28日举行,到会科学教员59人,其中旁听3人,分3个组进行,物理组由胡刚复负责,化学组由张子高负责,生物组由陈席山负责,推士负责3个组的普通讨论。[③]第二次暑期科学教员讲习会于1924年7月10日—8月8日在清华学校举行,由中华教育改进社、洛氏驻华医学社、清华学校合办,面向国内中等以上学校科学教员,设生物、物理和化学3科,各科50人,分中英文两个组。推士、陈裕光和梅贻琦担任委员,各组讲授专家来自全国著名高校。如生物组有沪江大学陈兼善、东吴大学胡经甫、协和医校Professor A.E.Severinghaus、农业大学钱崇澍;物理组有南开大学Dr.P.I.Wold、燕京大学Professor.C.H.Corbett、北京师范大学文元模、清华学校梅贻琦;化学组有齐鲁大学Dr.W.H.Adolph、金陵大学Dr.E.V.Jones、厦门大学刘树杞、清华学校杨光弼。[④]

①中华教育改进社:《中华教育改进社第三次社务报告》,1924年6月,第7页。

②章洪熙:《社务报告:举办暑期讲习会》,《新教育》,1923年第7卷第1期,第138页。

③章洪熙:《社务报告:举行暑期讲习会》,《新教育》,1923年第7卷第1期,第137-141页。

④中华教育改进社:《中华教育改进社第三次社务报告》,1924年6月,第8页。

三、推士对中国科学教育现状的评析

推士调查结束后，于1924年上半年完成《中国科学教育之概况》一文，从教员、教育和实验室、教学设备、系统的学校行政和监督等四个方面，提出优良的科学教育标准，并以此为参照，评析中国科学教育之现状。

第一，就教员而言：(1)具有才能；(2)诚意地谋学生幸福，热心教学；(3)有充分的科学知识；(4)长于实验，善用科学的方法；(5)了解科学教学的基本原则，且能采用适当的方法与设计；(6)善于自己采用的教学方法，且知改善之道，具有一种虚衷的实验态度。

推士认为，无论公立或私立学校，中国科学教员在第(1)(2)两项，都不逊色于外籍教员，也不逊色于美国教员。就第(3)项言，中国教员在科学事实和书本知识方面，颇为丰富，但大多数教员缺乏科学实用知识，关于科学与人类和经济的关系，知识亦较薄弱，学校附近有许多他们熟悉的自然事物，却不知道把它们作为教学研究的材料而加以利用。在第(4)(5)两项方面，中国大多数教员的现状均不乐观，少数有真正的实验技能，能做科学思考的教员，多为曾经留学欧美著名大学，且多年研究实验的留学生，或者曾在国内受过极优良的外籍教师训练的教员。至于第(6)项，中国教员中虽不乏人，但为数不多。总之，中国科学教员除极少数外，大多数熟练于书本讲演形式，不常用提问式教学方法，更谈不上师生互相讨论、教室外参观考察、学生分题研究之类的教学方法。学生自动实验极少，即便有实验，也缺少优良教员给予恰当的指导。

第二，就教室和实验室而论：须光线良好，空气流通，建筑物无败坏情况，环境整洁，冬日有适当的温度；教室空间大小合度；有适当的家具和固定的设备；各室彼此位置得宜，且适合各自的特殊用处。

第三，就教学设备而论：须有适当的仪器设备；有适当的化学实验用品和其他材料的供给，以备教学消耗之用；有适当的标本、图表、地图、图画、幻灯影片、显微镜片，以及其他说明材料；有适当的教本、实验课本、图书室、参考书籍和补充教本。

中国学校中完全达到上述两项标准的，如北京协和医科大学所属学校、清华学校、燕京大学、齐鲁大学、南开大学、沪江大学、圣约翰大学、东吴大学、金陵

大学、金陵女子大学、南京工业专门学校、国立东南大学附属中学、江苏省立第一中学等，但多集中于高等专门以上学校，且大多为教会学校。至于一般中等学校，情形很不乐观，最劣者几乎完全缺乏相关设备，较好者亦只是达到不妨碍一般实验进行的地步。

第四，系统的学校行政和监督，以及充裕的经费。经费问题是关键，是前述三项的基本保障。在西方发达的资本主义国家，经费可能没有什么问题，但在当时的中国，经费却是一个极大的问题，中央和地方不能团结一心，各处军阀之间战争频仍，国库空虚，教育经费多无着落，各种教育设施极不完备。

推士在华虽只有两年时间，但他深知中国教育行政系统和经济方面的问题和窘况，以及其根本原因所在。但是，他对中国科学教育仍持乐观态度，政治不良短期内既难改观，改良科学教育的希望，主要在科学教员自身的努力，并提出许多中肯的建议。

四、推士改良中国科学教育的建议

推士在各处调查时，随时随地有针对性地提出改良的意见。他关于改良中国科学教育的主张，散见在他的谈话、演讲、报告，以及调查结束后撰写的英文著作《中国之科学与教育》中。概而言之，除了教室、实验室和设备仪器等硬件方面外，主要有下列数项：

第一，重视科学课程标准建设。他提出良好的自然研究与科学课程应具备以下要点：

1.课程须根据于儿童之所自作或所曾参与之观察与实验，或根据于彼从前所得之观察，而尚易忆起者。

2.令儿童就其观察所得者，加以理想辩驳与讨论，且由是作有意义之推论与判断。

3.凡供儿童观察所用之材料与现象，必与该学生之年龄、兴趣及其从前所受之训练相应合，年愈小者，所研究之事物亦必愈简易，无论如何复杂之事物，其中必有若干简单之现象与性质，可为儿童所易了解者。……

4.普通言之，合用于儿童之教材，当取资于离其家庭不远而常见之物，以便其自行观察与把玩。

5.采用为教材之物与现象,当与一年之时令相合,使所观察,合于天然景象。

6.采用为教材之物与现象,须与个人及社会之生活与幸福有密切之关系。

7.教师于每一课程起首时,如能办到,宜先从儿童抱有兴趣之方面入手。

8.未授科学课程以前,教师对于其所欲授之科学事实与现象所下之断语,所引之关于应用方面之举例,皆必详细考查,以资熟悉,盖无实地领悟,但依书本,不足恃也。

9.教师之目的,在相当情形时,当注意于使儿童能利用其所得之知识……如此则彼能知应用科学在正当生活之价值,使为传布卫生使命之先锋队与宣传家焉。①

上述九条,归纳起来有三个要点:一是儿童中心的教育理念,二是教材必须合乎儿童的实际生活和经验,三是教员的科学教育方法。其中儿童中心的教育理念是核心,教材必须合乎儿童的实际生活和经验是必然的结果。儿童中心的教育理念早经中国教育界输入并介绍给国人,又经杜威和孟禄来华宣传、推动,在教育界已然深入人心。但是,新理念所期望达成的目标和现实之间,总有很大的距离,缩短这个距离的关键在于科学教员的素养和能力。科学教员的素养和能力,不仅关系到科学课程的开发,教材和实验室的使用,而且事关教学法的改进。上述观点既是他批评美国学校系统科学教育的标准,也是他考察中国科学教育的一面镜子。

第二,关于教学方法的改进。他在安徽芜湖和安庆调查时,反复申说以下数点:

1.教员应多设问题,而少用纯粹之讲演教授。

2.应多问能引起思想之问题。

3.应多用实验、标本、图解,及他种实物为教学之补助。

①推士:《美国中小学校之科学教育》,《科学》,1922年第7卷第11期,第1134-1135页。

4. 用此类实验及实物补助教学时，必须使每个学生皆能详慎观察之。

5. 应就现有之仪器，尽速作各种实验之教授，使小组之学生，合力作一试验。用仪器时，可以各组轮流换用。

6. 学生必须将实验之经过，记于适宜之记录册中。①

科学的方法，就是观察、分析、假设、验证，科学教学固然要教给学生相当的知识，更要训练学生运用科学的方法。具体地说，一要注重学生实地的观察和自觉的思考；二要以生活中常见的事物为研究讨论的资料，如此方能运用科学以谋生活之改进和提高。中国教育向来偏重于讲演式、灌输式，绝少让学生自动，此种教学方法，根深蒂固，孟禄在中国调查时，就曾指出这一问题，推士则更加具体地提出改进的种种办法。

第三，组织科学教员研究会。科学教员要加强彼此之间的沟通和联络，通过组织研究会，讨论科学教育各种问题。1923年3月14日，推士在江苏省立第三师范演讲时说："无锡在长江一带，要算工商业先进的地方，据闻二十年前，此地就有埋科研究会的组织，这是最难得的优点。今日中国所需要的，就在这种研究科学教育的机关。我去年在北方考察科学教育，处处把这个意思道及，很幸有许多人热心赞同。无锡既于先前有科学上的素养，如能起来组织有规模的科学教学研究会，做南方科学教育研究团体的先导，这是诸位应有的责任，也是鄙人所最希望的。……我深信中国的青年要研究科学，当具有这种精神，组织研究的团体。"②

第四，科学教员要有责任担当。此点关涉科学教员的精神，也是中国政治不良的环境下，最重要也最需要竭力鼓吹的方面。推士在江苏省立第三师范演讲，就以自身为例说："鄙人三十七年的心血，都消磨在科学教育上面，而自己不是富翁，但是我自矜这种醇厚的富裕，即有资本家用千万的金钱来交换，吾还有所不愿。吾惟孜孜不倦，撒播我们富强的种子，我们认定这种无形之富，非金钱

①推士：《皖省科学教育状况调查报告及关于科学教育之建议（续）》，徐澄译，《新教育》，1923年第7卷第4期，第165–166页。

②推士：《科学教育与中国》，《新教育》，1923年第6卷第5期，第677–678页。

可以权衡，我们认定世界上的富豪，多少受着我们的影响。"[①] 他对学生说："中国对于自然科学，素不注重，自学校兴起之后，方才逐渐知道研究自然，近因世界潮流的影响，文化方面有强烈的变动，科学的价值与重要，因之明了了许多。现在不论中国要不要科学，而科学自然来寻中国，欧美物质文明的波浪，自然向中国滚流。中国自己不兴起，难道是甘心被动，随波逐流么？"[②]他鼓励科学教员和在校师范生，为着国家的富强和人民的幸福，应当承担起相应的责任，献身于中国科学教育。这种精神的召唤，在当代仍然散发着永久的时代魅力。

陶行知在中华教育改进社第四次年会报告上说，推士的《中国之科学与教育》一书，对于中国科学教育之情形，科学教育之缺点及优点，均详细指出，并明示科学教育应行改良之方法。此外，推士以为中国之科学教育，欲求有建设性之改进，责在教员，其首要步骤，在教员之合作，故各城之科学教员宜合组团体，本互助之精神，交换学识经验，以谋各校科学教学及设备之改良。为此，中华教育改进社特别拟就《组织科学教员会之意见》，函寄各省教育行政当局和学校，请就地组织施行。[③]

第二节 特邀麦柯推动教育心理测量

一、教育心理测量及其历史

孙邦正在《心理与教育测验》一书开篇即指出，教育上有三个重要问题：一是教育的目标是什么，这是教育哲学和教育社会学的问题；二是用什么方法去达到教育目标，这是教育心理学、教育行政学和教学方法的问题；三是教育目标

①推士：《科学教学与中国》，《新教育》，1923年第6卷第5期，第681-682页。

②推士：《科学教育与中国》，《新教育》，1923年第6卷第5期，第678页。

③中华教育改进社：《中华教育改进社第四次社务报告》，1925年6月，第5页。

是否已经达到，这是心理与教育测验的问题。[①]心理测验包括智力测验，智力和教育关系密切，因此心理测验与教育测验同为测量教育结果的重要工具。然而，测量的结果并非是测量的根本目标，根本目标是以测量的结果为根据，改进教育，提高教育的效率。

教育心理测量有两个必须回答的问题：一是教育心理是否可以测量；二是用什么工具去测量。就第一个问题言，世界上任何一种现象，只要有质的存在，总有一种数量。美国著名心理学家桑代克说："随便什么东西，只要存在的，总存在于数量之中(Whatever exists at all，exists in some amount)。"麦柯是桑代克的弟子，更进一步地说："随便什么东西，存在于数量之中的，都可以被测量(Anything that exists in amount can be measured)。"就第二个问题而言，测量物之大小必须有尺，测量物之轻重必须有秤，测量时间之长短必须有钟表，但是这些测量的工具都不能用来测量教育和心理，因此，必须创制测量教育心理的工具。心理学家认为，人的心理一定会在具体活动和行为中表现出来，如高兴会笑，痛苦会哭；教育的结果必然会表现在受教育者运用知识和创造知识方面。教育心理测量就是通过受测量者外在的表现，间接地获得其教育心理方面的基本状况。因此，要获得受测量者外在表现的准确数据，就需要编制各种作业，让他们完成这些作业，作业的成绩用数字来表示，再运用统计、分析等方法，最后得出某种结论。教育心理测量最重要的工作，就是要编制各种作业，以及衡量作业成绩的一种客观的量表。

教育测量(Educational Test)源于欧洲，发达于美国。19世纪，英国一名小学校长菲雪尔觉得教员评定学生成绩须有一个统一的标准，任何教员在评定学生某科成绩时，都可以根据此种标准给出一个适当的分数，于是搜集许多学生的成绩样本，包括拼字、书法、默写、历史、自然、图画等学科，从劣至优，从简至繁排列，于1864年编成《量表集》一书，这是最早的一种教育测量量表。不过，当时的统计方法尚不精密，菲雪尔个人主观评定样本的分数，与教育测量的客观性仍有相当的距离，但是这种工作给后人的启示很大。客观的教育测量最早要算美国人来斯。来斯编成一种拼字测验，测验了16000名儿童，1897年就测

①孙邦正：《心理与教育测验》，文通书局，1948年版，第1页。

验结果发表了一篇报告，认为许多学生在8年中每天费时48分钟练习拼字，成绩不一定优于每天费时10分钟的学生。当时除少数教育家外，大家都反对来斯的结论，称拼字的目的不在教授学生能拼字，而在发展学生的心性。来斯不以为意，继续编造算学测验和语言测验。[①]来斯测验的规模不算小，但是标准不易编造，非长于统计学且精于心理学者不易成功。1903年，桑代克著成《各种算术能力之关系》，因为研究相互的关系，编造了数种算术测验以测验儿童的算术能力；1904年著成《智力测验法》，测验之编造始有科学的理论根据；1909年发表了著名的标准量表《书法量表》，桑氏因此而被视为教育测量的鼻祖。[②]这个量表在教育测量运动中极为重要，其根本方法是使书法的优劣由质的形容而变为量的分别，这个量表的大概情形，是把许多样本照其成绩优劣定其次序，从此以后，有许多学科如作文等，都可以依据这个原则编造测验。[③]"桑戴克对于客观的教育测量的运动，其贡献在一切人之上。其实美国几个有功于教育测量之发展的人，大多数不是桑戴克的及门弟子，直接受其影响，即是其弟子的弟子，间接受其影响。"[④]

智力测验（Intelligence Test）是随着近代实验心理学的发展而发展起来的。人与人的智力不同，智力测验就是测量这种不同的工具。1905年法国的比纳和西蒙编造了第一个智力量表，这一量表比较粗糙，1908年和1911年先后修订了两次，比纳因此而被称为智力测量的鼻祖。因为比纳"当时极注意于智力与知识之分，照比纳之意，智力是先天的，教育不能增减之，知识是后天的，全视于教育之功。但有某种知识，人若无某高度之智力，决不能容受之，故我们若欲测量智力，所用的测验，非大家皆有平等机会学习过，即大家皆无机会学习，不然则我们所测量的，非智力之高低，却是知识之多寡了"[⑤]。因此，比纳在最后一次修订时，废除了许多旧的测验，因为这些被废的测验太接近学校里的功课。1908年后，比纳量表传入美国，引起美国教育和心理学界的重视，高达德、库尔门等人，结合美国儿童情况，又对比纳量表进行了修订。1916年美国斯坦福大学教

①王书林：《心理与教育测量》，商务印书馆，1935年版，第50页。

②陈鹤琴：《教育测验（Educational Test）》，《教育大辞书》，商务印书馆，1930年版，第1029-1031页。

③王书林：《心理与教育测量》，商务印书馆，1935年版，第51页。

④王书林：《心理与教育测量》，商务印书馆，1935年版，第51页。

⑤王书林：《心理与教育测量》，商务印书馆，1935年版，第29页。

授推孟对比纳量表进行了全面修正，发表了《斯坦福修正量表》，这被认为是当时最好的智力测验量表。

美国教育心理测量在20世纪初期迅速发展，编制教育与心理测验者不胜枚举，最为著名的有葛雷、孟禄、桑代克、万克南、麦柯、奥替斯、普雷塞等人。

二、中国早期教育心理测量

1915年12月，美国学者克雷顿在派尔的指导下，在广东对500余名中国学生进行心理（包括条理记忆、机械记忆和交替比喻等）、生理测量，这是中国首次教育心理测量活动。但是，此次测量的目的是和美国城市白人儿童的常模进行比较研究，并非要在中国推广此种测量方法。①

1914年冬，俞子夷受江苏省教育司派遣，赴美考察教育，了解到美国的教育心理测量，特别是桑代克的《书法量表》，回国后根据桑代克书法的构造原则，于1918年编制《小学国文毛笔书法量表》四种，并公开发表在《小学校》杂志上，他还将自己编制的书法量表，在苏州省立第一师范附属小学各年级试用。其时，国内中小学界开始知道教育成绩可以用客观的标准来测量，但是并未引起实际的重视。嗣后，俞氏又陆续编制了《初小算术四则测验》《文语体缀法量表》《小学算术应用题测验》《小学社会自然测验》等多种测验，并在南京高师附属小学，以及江苏、浙江等地一些学校推广试用，教育测量在江浙一带的影响渐次扩大。

五四运动时期科学主义思潮兴起，美国教育心理测量的理论和实践成果，引起了国内教育界的重视，并迅速输入到中国，留美学生在其中发挥了特别重要的作用。1919年夏，廖世承从布朗大学获得教育学硕士学位，陈鹤琴从哥伦比亚大学获得教育学博士学位，1920年陆志韦从芝加哥大学心理学系毕业，三人先后回国，执教于南京高等师范暨东南大学教育科。他们提倡教育心理测验，开设学程，编造测验作业，1921年还将智力测验运用于该校招生，在教育界引起较大反响。1921年，陈鹤琴、廖世承两人合著的《智力测验法》出版，这是中国第一部系统介绍智力测验的理论专著，除了智力测验的性质、功用、标准和用

①田正平：《留学生与中国教育近代化》，广东教育出版社，1996年版，第270页。

法外，还收录35种测验，其中23种主要是美国已有成果。东南大学教育科俨然成为中国南方心理学研究和教学的重镇。

1920年夏，张耀翔从哥伦比亚大学获得硕士学位，回国后执教于北京高等师范，创立心理学实验室。他从商务印书馆增订放大《实用学生字典》收录的13000余字中，以十分之一的比例，按照字典编排顺序，依一定的规律抽出10组，每组100字，编制成识字测验，在北京8所学校11个班进行测验，受测学生305人。分布如下：北京高等师范教育研究科乙班17人，儿童心理学选科41人，英语部一年级35人；北京高等师范附属中学一年级38人，四年级10人；北京高等师范附属高等小学三年级42人；附属国民小学三年级46人；平民学校12人；北京女子高等师范家事科21人；附属女子中学二年级（甲班）40人；附属蒙养园3人。张氏的测量工作，主要限于北京高师和北京女子高师。

1922年是中国教育心理测量发展史上重要的一年。一方面，中华心理学会于年初成立，编辑出版《心理》季刊，张耀翔担任主编，陆志伟、陈鹤琴、廖世承和东南大学教育科学生吴定良是主要作者；另一方面，新成立的中华教育改进社和东南大学为研究儿童智力起见，各负担1000元经费，请陆志韦、陈鹤琴和廖世承等3人为指导员，邀集教育科同学11人（9男2女），分为3组，赴江浙学务较为发达的地区进行测验。第一组在扬州、如皋、南通和镇江等四县；第二组在无锡、苏州和上海等三地；第三组在嘉兴、硖石、海宁、杭州等四地。测验对象从幼稚园儿童至中等学校学生，不分男女，以求普遍。测验的材料，系指导员以比纳和西蒙编制的测验材料为主，并加入自己的想法。各地测验人数不等，扬州153人，如皋148人，南通250人，无锡195人，苏州219人，嘉兴121人，硖石64人，海宁50人，共计测验1200人。由于嘉兴、苏州和杭州三地女校较多，又在当地加请女教员各1人，辅助测验工作。①

1922年7月3—8日，中华教育改进社在济南举行第一次年会，教育心理测验组仅方永蒸1人为社员，张耀翔、陈鹤琴、刘树仁等3人为特邀专家，另有吴肇基和张体方2人旁听。议决3案：一是请中华教育改进社设立学校调查部，聘请桑代克或齐名之教育心理专家来华讲演指导；二是请中华教育改进社聘请或推

①吴定良：《心理界近讯：智慧测验团之组织》，《心理》，1922年第1卷第4号，第3页。

定专家，组织教育心理委员会，执行测验、实验、调查、编辑和推广等事项；三是请中华教育改进社呈请教育部，通令全国大中小公立学校，经中华教育改进社或中华心理学会或同样专门学术机关介绍，对于心理测验及教育测验团体或个人，允许其自由测验，并襄成一切之义务，不得故意推诿。[①]

教育心理测量组的议决案，得到中华教育改进社的高度重视，经孟禄博士推荐，邀请了美国教育心理测量专家麦柯博士来华，襄助中华教育改进社教育心理测量编造工作。[②]

三、麦柯与教育心理测验

麦柯（又译成麦柯尔）是美国哥伦比亚大学心理学教授、实验教育家。他的中国学生查良钊于1925年4月29日在麦柯博士《教育实验法》中译本序言中写道："麦柯博士（桑代克之高足）为美国哥伦比亚大学师范院教授中后起之秀，对于教育统计、教育测验及教育实验方法研究精深，各有独到之处。四年前余在美国，从之研究教育实验方法，彼时尚仅粗举纲要，逾年而《教育实验法》（*How to Experiment in Education*）一书出版，教育界有此空前杰作，从事教育实验者，得无限助力。"[③]威斯康星大学教授欧新对麦柯及其著作给予很高的评价，他说："麦柯博士在哥伦比亚大学师范院从事实验教育的工作多年，积有许多具体的材料，足以证实试验方法的原委，恐怕没有第二个人像他这种著作的精审而大有助于热心实验教育的人士了。"[④]麦柯在自序中说："这本书是吃过了亏苦得来的结果，从前的教育家只注意统计之精密，而忽略未统计以前各种手续之精密。"[⑤]麦柯《教育实验法》最为重要的部分，是他创制的TBCF量表。

①《分组会议纪录》，《新教育》，1922年第5卷第3期，第553–554页。

②吴定良：《心理界近訊：教育测验专家麦柯来华》，《心理》1922年第1卷第4号。

③麦柯：《教育实验法》，薛鸿志译，商务印书馆，1936年版，《序二》。

④陈启天：《麦柯教育实验法》，《中华教育界》，1924年第14卷第1期，第1页。

⑤陈启天：《麦柯教育实验法》，《中华教育界》，1924年第14卷第1期，第1页。

(一)麦柯的TBCF量表

T分是计算某种能力的单位,用以表示各个人某种特性总能力(Total Ability)。T量表多以12岁儿童的能力平均数为计算的起点。例如某生在某种测验中,得T50分,即表示该生的某种能力与12岁儿童的平均能力相等,若超过此数,即表示高于12岁儿童的平均能力,反之则低于12岁儿童的平均能力。T分可以用于各种测验,故必须在T后旁注一符号,以表示这个T分数是从什么测验得来的,如Ti等于智力T分数,Te表示教育T分数,Ta表示算术T分数,Tr表示读法T分数。

B分表示聪明程度(Brightness),即儿童的智商。B分是一种年龄分数,常模是50分,我们若知道某人的B分数,便可以将他的程度和同年龄儿童相比较。例如一儿童的B分数为65分,即表示他比同年龄儿童的平均能力高,反之则低。B分与T分的不同之处在于:B分表示某人的程度和同年龄人的程度相比,而T分是表示某人的程度和12岁儿童的程度相比较。T分低并不表明能力差,因为他可能在12岁以下,反之亦然。T分与智龄一样,是逐月逐年变大的,而B分却和智商一样,是没有多少变化的。各种测验所得B分,也像T分一样用符号注明,以示区别。所用符号与T分同。

C分的意义,表示某种能力的年级地位(Classification),有了C分,就可以知道某学生的某种能力相当于哪一年级。例如一个学生的C分是4.8分,即表示他的能力是相当于四年级八个月的学生的平均能力。从各种测验所得的C分,亦应用符号注明,以示区别,所用符号与T分同。

F分的意义,F是Effort的缩写,是努力的分数。F分的求法,是从教育测验所得的T分,加上50(加50的原因在避免负数),减去智力测验的T分,其公式是T教-T智+50＝F。F分的常模是50分,如一儿童的智力是T45,他的算术成绩是T40,其F分是45分,这就表示他有天赋而没有尽力。

概而言之,TBCF分别指被测量者的"总能力、聪明数、年级地位、努力分数"。[①]

①麦柯:《教育实验法》,薛鸿志译,商务印书馆,1936年版,第122页。

(二)麦柯在中国的教育测量活动

麦柯博士于1922年9月初抵达上海,10日和18日分别在南京东南大学和北京中华教育改进社总事务所召开谈话会,国内教育心理测量方面的专家陈鹤琴、刘廷芳、张耀翔、陆志韦、廖世承、俞子夷、查良钊、德尔门等都出席了会议。会议讨论中国教育心理测量工作的具体方案。20日,中华教育改进社通过了《麦柯尔之研究调查计划》,决定以南京、北京为中心,由两地教育心理统计教授协助麦柯编造教育心理测验,培训测验人才,开展测验活动。

麦柯在东南大学和陆志韦、陈鹤琴、廖世承、俞子夷等组成导师会,面向教育科学生开设"测验之编造与应用"学程,同年底完成《心理测验》的编造工作,中文部分交商务印书馆付印,英文部分则交伊文思图书馆付印。

1923年上半年,麦柯在北京会同北京大学、北京师大(1923年由北京高师改名)、燕京大学、北京女子高师等四校心理学教授及学生,在北京尚志学会会所讲演并指导心理测验编造,计有中学科学测验组11人,主任陈裕光,学校调查测验组14人,主任查良钊,中学智慧测验组24人,主任刘廷芳,大学心理测验组29人,主任张耀翔。每星期三下午3—6时由麦柯讲演心理测验之理论和方法,刘廷芳翻译。每星期五下午3—5时在麦柯指导下,国内教育心理专家协助,分组编造心理测验。①

截至1923年夏,编造教育心理测验3大类42种:

智慧测验10种:(1)柏氏无文字智慧测验,一至四年级用;(2)刘布氏无文字智慧测验,四至八年级用;(3)廖氏文字智慧测验,量表A,四至八年级用;(4)廖氏文字智慧测验,量表B,四至八年级用;(5)刘氏文字智慧测验,八至十二年级用;(6)张氏文字智慧测验,量表A,大学与大学入学试验用;(7)张氏文字智慧测验,量表B,大学与大学入学试验用;(8)张氏文字智慧测验,量表C,大学与大学入学试验用;(9)陆氏校正皮奈氏智慧测验量表,三岁幼儿至成人用;(10)德氏机械智慧测验,五至十二年级用。

教育测验23种:(1)陈氏默读测验,一至四年级用;(2)陈氏默读测验,五至八年级用;(3)陈氏默读测验,八至十二年级用;(4)白氏英语默读测验,五至十

①章洪熙:《社务报告:麦柯编造心理测验》,《新教育》,1923年第6卷第4期,第176页。

二年级用;(5)克氏英语相反识字测验,五至十二年级用;(6)克氏英语听解测验,五至十二年级用;(7)安氏英语了解测验,八至十二年级用;(8)克氏英语文法成语测验,五至十二年级用;(9)俞氏国语作文量表,一至十二年级用;(10)蒲氏英语作文量表,六至十二年级用;(11)俞氏楷书量表,一至十二年级用;(12)俞氏行书量表,四至十二年级用;(13)陆氏拼字量表,三至八年级用;(14)德氏算术四则混合测验,三至八年级用;(15)俞氏算术问题测验,三至八年级用;(16)张氏代数基本测验,八至十二年级用;(17)张氏代数方程测验,八至十二年级用;(18)张氏代数问题测验,八至十二年级用;(19)俞氏整数小数测验,四至八年级用;(20)陈氏普通科学测验,三至八年级用;(21)陈氏科学测验,八至十二年级用;(22)徐氏中国历史测验,六至十二年级用;(23)张凌氏公民目标及测验,一至十二年级用。

特别测验及有关系之材料9种;(1)康健测验,一至十二年级用;(2)德氏调查用无文字智慧测验,四至八年级用;(3)查氏调查用教育测验,四至八年级用;(4)麦氏标准游戏运动技能之量表与分数表,一至十六年级用;(5)朱涂氏评定校舍分数表;(6)陈氏国语字汇;(7)陈氏国语词汇;(8)朱氏测验与统计名词;(9)德氏标准测验汇记表。[①]

陶行知在同年8月召开的中华教育改进社第二次年会之报告中说:"今兹所编制之四十余种测验书,乃为指导之工具,可用以了解教育之真相,为教育界之显微镜、听肺机、X光线。有此工具,则视察制度为之一变。一省可用以观察县教育状况,校长可用以观察教师效率,教师可用以考察学生成绩,实开教育上之新纪元焉。不过所谓新纪元,此乃其起点耳。"[②]

1923年8月6—18日,中华教育改进社邀集各省代表,组织教育心理测验讲习会,麦柯博士和刘廷芳博士担任教授,到会者计有17省男女学员近300人,多数是各省视学、教育局长、中小学校长及师范学校教育心理学教员。本次讲习会的宗旨为:培养施行教育心理测验人才,以求教育上实际之改进。所用教材即为编造完成的42种测验。学程细目如下:(1)估量学校的房屋及设备对于教

①中华教育改进社:《中华教育改进社第二次社务报告》,1923年8月,第10-14页。

②陶行知:《在中华教育改进社第二届年会上的社务报告》,《陶行知全集(第1卷)》,四川教育出版社,2005年版,第454页。

学之适用与否;(2)选择良好教师的标准;(3)断定何时及何种学生可入初等学校、中等学校或高等学校;(4)区分已招收之学生,俾得组成相当班次,享受有效力之教育;(5)显示各生特殊之优点与弱点,以指导教师施教之方法;(6)依据学生之资质,判断学生学业上之进步;(7)使客观的教材适合于各个学生之智力,俾天资优越者进步敏捷,鲁钝者亦不致灰心;(8)详细表明任选一学科之教学技术;(9)编订学校考试方式、内容与及格点;(10)断定学生何时可以升级与毕业;(11)供给有统系之学校纪录及报告表册;(12)估量教学法及教材;(13)测量教学上的效率;(14)测量某学校的效率;(15)测量一地方学校制度的效率。①

麦柯和国内教育心理专家合作编造教育心理测验,培训教育心理测验人才,推动了中国教育心理测量事业的发展,也为中国教育调查的科学化奠定了基础。

第三节 调查全国及地方学校教育

中华教育改进社成立后,即着手各方面的教育调查,前期偏重于普通学校调查,后期运用所编造的各种测验在各地进行专门调查。

一、普通调查

1922年春,中华教育改进社着手调查近年来全国各类学校发展状况,请北京高等师范教育科薛鸿志主其事,杨可大、尹彤、叶兆林、马赓虞、杨述孝等协助统计。调查工作于1922年4月开始,1923年4月结束,调查范围包括全国20多个省区以及外人在华租界所办学校,调查结果汇编成《中国教育统计概览》一书,由商务印馆出版。该书内分五项,即统计总表、各省区高等教育统计表、各省区中等教育统计表、各省区初等教育统计表、未分类之统计表,其中包括教会学校统计。每项下又分若干子项,均包括各级各类学校学生总数、每校学生平

①《中华教育改进社附设施行教育心理测验讲习会简章》,《新教育》,1923第6卷第5期,第746-747页。

均数、女生占比、师生比、生均经费等。截至1923年6月,全国学校数(不包括教会学校)178981所,历年学生总数、女学生数变动情况见表5-3:

表5-3　民国前10年在校学生数一览

报告之时期	学生数(人)	女生数(人)	女生百分比(%)
1912—1913年	2933387	141130	4.81
1913—1914年	3643206	166964	4.58
1914—1915年	4075338	177273	4.34
1915—1916年	4294251	180949	4.21
1916—1917年	3974454	172724	4.35
1917—1918年			
1918—1919年			
1919—1920年			
1920—1921年			
1921—1922年	4987647	417820	
1922—1923年	6615772	417820	6.32

(资料来源:中华教育改进社:《中国教育统计概览(1923)》,商务印书馆,1923年版,第5页)

民国建立后,中国教育经过10年努力,取得了长足发展,在校学生总数增加了一倍多,女学生数增加了近两倍。虽然如此,学生数仅占全国总人口15%多一些,女学生仅占学生总数6.32%。因此,普及义务教育,发展女子教育,任务仍然十分艰巨。1923年夏,中华教育改进社成立平民教育促进会和女子教育促进会,此项调查结果,当有推动作用。

北京的教育调查,分两步进行:第一步为普通学校调查,对所有国立、学务局立、私立、教会立等学校及私塾分别进行调查;第二步为分类调查,包括学校行政、管理、卫生、建筑、设备、教师资格、教材内容、学生成绩等。但是,第二步未能按计划进行。北京的教育调查,持续到1925年,且就1922—1923年、1923—1924年、1924—1925年教育状况,制成各种图表,编辑成《京师教育概况》三册，由商务印书馆出版。此项调查"完全是一种北京学校统计"[①]，北京高等专门大学从1922年到1925年，由12所增加到29所，发展极为迅速，教职员及男女学生人数，也都增加了一倍或两倍。凌冰因此说："北京城内大学之多，为世界各城冠。"[②]然而，北京小学校在三四年间，却从239所减至121所，教职员数、学生数以及经费，均同步减少。大学校的增多和小学校的减少，教育经费短缺是一个重要原因，只能以一方的减少，保障另一方的增多。

其他教育调查有各省区、各县学务状况调查，征集近年来教育统计材料；全国中等以上学校概况调查，包括校名、地址、教职员数、学生数、经费数等；科学教员调查，包括姓名、服务机关或学校、所授科目及著述等；北京公立小学教员生活状况调查，包括学业经历、教学状况、收入与支出等。[③]上述调查，旨在运用统计的方法，反映教育各方面的实际状况。

中华教育改进社还曾分别邀请相关方面的专家，就下列各项负责调查：李建勋，教育行政；郭秉文，高等教育和商业教育；陆步青，中等教育；俞子夷，初等教育；程湘帆，国外师范教育和公民教育；陈鹤琴和廖茂如，心理测验；黄炎培，职业教育；邹秉文，农业教育；李宜之，工业教育；汤尔和，医学教育；任叔永和张子高，科学教育；简又文，社会教育；袁观澜，义务教育；张默君，女子教育；麦克乐，体育教育；洪范五，学术教育会社；沈祖荣，图书馆教育；赵厚生，华侨教育；程柏庐和王卓然，日本在华办理之教育；刘廷芳，基督教会教育；唐润生，童子军教育。此外教科书的行销，与教育进行关系密切，中华教育改进社商请商务印书馆及中华书局，提供近年来各种教科书在各处行销情况的报告。

上述专门教育调查，完全委托专家个人主持，每一项目范围又包括全国各省区，就个人资源而言，要顺利完成上述工作，困难很大，故而未能切实进行。

燕京大学德尔门教授则于1924年开始调查全国各地师范学校培植师资情形，以及师范学校教职员状况。[④]1925年春，中华教育改进社为准备道尔顿制创始人柏克赫斯特女士来华，特地调查国内实施道尔顿制的学校概况。各地计划

①中华教育改进社调查科：《京师教育概况(民国十三年—十四年)》，1926年6月，《序》。

②中华教育改进社调查科：《京师教育概况(民国十三年—十四年)》，1926年6月，《序》。

③中华教育改进社：《中华教育改进社第二次社务报告》，1923年8月，第16-17页。

④中华教育改进社：《中华教育改进社第四次社务报告》，1925年6月，第7-8页。

施行此制者很多,但已经施行的并不多,仅有15校。其中自1923年开始施行者有:湖南岳云私立中学(长沙)、江苏省立第一女子师范附属小学(南京)、安徽皖江专科师范学校(安庆)、江苏省立第七师范附属小学(徐州)、江苏省立第五师范附属小学(扬州)、国立东南大学附属中学(南京)、山西省立第三师范附属小学(大同);自1924年开始施行者有:江苏淑琴女子师范附属小学(常熟)、江西省立第二师范附属小学(赣县)、福建培元高等小学校(厦门)、浙江省立第二中学小学部(嘉兴县城)、浙江省立第九中学小学部(建德县城)、浙江绍兴县立女子师范附属小学;自1925年开始施行者有:山东省立第二师范附属小学(曲阜县城)、山西省立第一师范附属小学(太原)。[①]

二、运用测验调查

1922年春,中华教育改进社应无锡教育会、山东省教育厅邀请,推荐东南大学教育科专家前往协助,运用测验工具,进行调查工作。无锡的教育调查,始于1922年6月初,历时半个月,由无锡教育会组织教育调查会,邀集该县小学教员及江苏省立第三师范学校学生组成测验委员会,东南大学教授陈鹤琴为总指导。调查工作分4组进行,除了普通调查(即学校数、男女学生数、男女教员数、经费等)外,还进行了4项测验:一是教育测验,考察各校教育的功效;二是智力测验,查验儿童的智慧;三是常识测验,检验儿童的知识;四是学务调查,考核教员、学生、设备、学校行政。总计调查各类学校近百所,测验高等小学学生2000余人,国民小学生4000余人。

济南的教育调查,在1922年6月5—10日进行,中华教育改进社推荐廖茂如前往指导,廖氏又邀约了俞子夷、王克仁、李勉韶和祝其采等前往襄助。该省教育厅召集济南部分教员,在3、4两日集中培训,请廖茂如和俞子夷主讲调查办法。5日起,受训教员分为5组,由廖氏等5人分别带领,前往济南各校调查。省教育厅又于5日下午召集部分教员于省立第一师范学校,请廖茂如详细说明各种教育测验要点,并将受训教员分成10组,每组3~4人不等,到济南各校开展

①中华教育改进社:《中华教育改进社第四次社务报告》,1925年6月,第9页。

各种教育心理测验。

1923年下半年，中华教育改进社邀请北京师大查良钊教授、燕京大学德尔门教授，在全国数处中心地区，施行其所编制的教育及智力测验，借以考查各地方教育情形，及推行此种测验的方法。查良钊负责北京方面的测验，在杨继宗的协助下，对国民小学三年级至中学二年级的学校进行测量，受测验的学校包括公立、私立及教会立学校。德尔门负责北京以外地区的测验，为确保调查工作顺利进行，中华教育改进社事先与拟测验地区教育行政人员及各校校长联络，组织该地方学校教育调查委员会，将应行准备之事筹划妥当，以备调查主任到时着手进行。各地方教育调查委员会有两项职能：一是负责规划本地教育调查程序，与各学校接洽教育调查事宜，将学校教育调查表发给愿受测验之各学校填写，然后收回，留交调查主任，以备安排测验员人数及恰当时间；二是邀请测验委员，预备集会会场及召集测验员开会，筹集本地调查所需的经费，等等。测验委员的工作有三项：分任各学校实施测验事宜；校对测验答案对错；会同各学校教员核算测验分数。本次调查情形见表5-4：

表5-4　1923年下半年教育调查进行概况

地区	时间	负责人
北京	9月15—30日	查良钊(北京师范大学)
天津	10月1—7日	凌冰(天津南开大学)
济南	10月8—22日	王世栋、完颜奎祯(山东省立第一师范)
南京	10月23—31日	陈鹤琴(南京东南大学)
上海	11月1—10日	朱经农(商务印书馆编辑部)
福州	11月12—18日	王彦和(福建教育厅)
广州	11月21—30日	金湘帆(广东高等师范)
南昌	12月5—13日	吴树枬、蔡漱芳(江西教育厅、省立第一师范)
武昌	12月14—19日	李廉方(武昌高等师范)
开封	12月19—23日	王幼侨(河南教育厅)
保定	12月26—31日	张见安(直隶省立第二师范)
太原	1924年春	张清源(山西省立第一师范)
奉天	1924年春	谢演苍(奉天教育厅)

(资料来源：章洪熙：《社务报告》，载《新教育》，1923年第7卷第1期，第147页)

实际调查的城市，除奉天没有进行外，更有德州、泰安、苏州、杭州、厦门、香港、九江、汉口、汉阳、长沙等，比原计划多出许多。参加测验人数总计1902人，测验学生24000人。测验结果收入德尔门的英文著作《中国全国小学校概况》(*Efficiency of Elementary Schools in China*)，由商务印书馆印行。①

此次运用麦柯和中国专家编制的教育和心理测验，在全国范围进行教育调查，使得教育界更加认识到教育心理测量的重要性，极大地推动了教育心理测量事业在中国的发展，调查的结果，据中华教育改进社看来，有下列数项积极的意义：

其一，就普通功用看：(1)能使所有帮助儿童进步的人真正知道儿童；(2)能用公平的客观的方法定儿童的分数；(3)能使儿童自己或他人晓得他是否尽了学习的责任；(4)能按儿童真正的能力定他的班次；(5)能使教师与父母引导儿童对于社会做最大的贡献；(6)能使办教育的人，对于他们的事业有新生气与新兴趣；(7)能引导各地居民对于教育产生信仰，使他们在各方面帮助教育事业的进行；(8)能使社会上人人常想到和谈论教育的问题；(9)能用科学方法解决许多难解决的教育问题。

其二，帮助教师解决的问题：(1)我看张生是最聪明的学生，对吗？(2)王生实在是一个最笨的学生吗？(3)孙生为什么是个坏的学生呢？(4)张生的家长要张生越级，合理吗？(5)魏生批评我定分数不公平，对吗？(6)黄生确实可以做领袖吗？(7)陈生如能多努力，一定可以多进步吗？(8)史生每年读书的能力进步了多少？(9)田生的智慧及算术读书及科学的能力与这学校里或中国所有12岁的学童比较占何位置？(10)我是按儿童工作的真正能力定他们的班次吗？(11)我对待一切聪明和愚笨儿童的方法适当吗？(12)我这一班儿童的智慧及算术、国文等平均的分数与本校或中国各校同年级的儿童平均分数相比较如何？

其三，地方人士对于学校的问题：(1)我们学校学年期限的长短是否适当？(2)本地方对于教育所用之经费，是否充分？是否可以使所办之学校达最高之效率标准？(3)中国男女学童的智力和外国学童相比如何？(4)本地学童智力相较外地学童如何？(5)改进本地方的教育应从何处着手？②

---

①中华教育改进社：《中华教育改进社第三次社务报告》，1924年6月，第13-16页。

②中华教育改进社：《学校教育调查计划》，《北京师大周刊》，1923年10月14日。

三、结语

麦柯来华，推动了中国业已进行的教育心理测验工作。陈鹤琴说："一九二二年，中华教育改进社聘美国测验学专家麦柯尔博士(Wm.A.MaCall)来华，会同我国大学教授编制各种应用测验，而验制之方法，皆根据麦氏提创之TBCF制，以期统一而收宏效，测验之运动遂形扩大。"[①]麦柯来华，其重要性有三个方面：

第一，给刚刚起步的中国教育心理测量提供理论支持。麦柯于1923年出版的英文著作《教育实验法》的影响很大，他在书中对实验问题的选择与形成、实验课题的研究、实验方法的选择、实验条件的控制、单组实验方法、循环实验方法、因果研究、实验分析等问题做了详细的技术处理和说明。1925年北京师大薛鸿志将该书译成中文，遗憾的是直到1936年才由商务印书馆列为大学丛书出版。不过这一时期，宣传该书和译介该书部分内容的文章，屡见于当时一些重要的教育期刊，见表5-5：

表5-5　20世纪20年代前期介绍麦柯教育实验之重要文章

译者	文章名称	发表刊物
薛鸿志	《教育实验之价值及其昌行之势力》	《教育与人生》1924年第17期
薛鸿志	《TBCF制之量尺(Scale)制作法》	《教育杂志》1924年第16卷第6号
陈启天	《麦柯教育实验法》	《中华教育界》1924年第14卷第1期
薛鸿志	《溯因考察法》	《教育杂志》1925年第17卷第2、3号
钱希乃	《麦氏F记分法之研究》	《中华教育界》1925年第14卷第9期
薛鸿志	《努力数(F)之研究》	《教育杂志》1926年第18卷第7号
薛鸿志	《平均差之计算法》	《教育杂志》1927第19卷第12号

此外，1927年国立武昌大学出版了杜佐周编译的《麦柯尔教育测量法撮要》。20世纪三四十年代，中国学者罗廷光、王秀男、朱智贤、陈选善、丁重宣等关于教育心理测量的著作，"都认真参考了麦柯的《教育实验法》，正是在《教育

①陈鹤琴：《教育大辞书》，商务印书馆，1930年版，第1029-1031页。

实验法》的一再推动下，中国近代教育实验逐步走向成熟”[①]。

第二，教育心理测量便于国内教育界科学地认识中国学生心理和中国教育的现状。心理测验的最大功用，在考察出人的学习能力，或可教程度。向来学校施行的入学考试，只考学来的知识，对学生的学习能力从不特别过问。教育测量就是用客观的标准，把个人或团体的才能或成绩，用数量将差异或关系表示出来。教育和心理测量是推进教育科学化的必要手段，也是诊断教育问题，推进教育发展的基点。

第三，麦柯通过讲习会，培训了一批教育心理测量人才，为之后中国教育调查的科学化提供了理论和方法，为运用教育心理测量全方位调查中国各级各类教育奠定了基础。曹日昌评价说：“我国的测验运动，可说是在那时立下了一个很好的根基。”[②]《第一次中国教育年鉴（戊编）》在回顾中国教育测验的发展历史时指出：“至麦柯尔来华，于是中国测验运动发展极速。”[③]

第四节　特约张仲述研究中学课程改造

1922年10月，全国省教育会联合会在济南召开第八次年会，议决新学制系统草案，后由北洋政府颁布施行。新学制系统中，中学主三三制，亦留有伸缩余地，各地仍可斟酌地方情形，实行四二制或二四制。中学处于小学到大学的枢纽地位，课程须注意上下衔接，故而十分复杂。各科应有多少科目，每一科目应有多少学时，均须有一相对统一的标准，以为各地办学者参照。为此，第八届全国教育会联合会通过新的学制系统的同时，还通过了组织新学制课程标准起草委员会一案，公推袁希涛、金曾澄、胡适、黄炎培和经亨颐为委员，该委员会于10月21日举行第一次会议，决定就北京、南京、广州和浙江4处，各拟一高中、初中

①王剑：《麦柯尔与中国近代教育实验》，《淮阴师范学院学报（哲学社会科学版）》，2001年第3期，328-332页。

②曹日昌：《我国测验运动的回顾与展望》，《教育杂志》，1940年第30卷第7号，第5页。

③中华民国教育部：《第一次中国教育年鉴（戊编）》，上海开明书店，1934年版，第193页。

和小学横的标准和纵的限度，再通告各省区广泛征求意见。12月6日，该委员会在南京召开会议，邀请各方专家就所拟定的横向标准和纵向限度进行讨论，通过中小学毕业标准，并请专家分中小学两组，编定各学科课程要旨，草拟各科目课程纲要。次年4月25日，该委员会在上海召开第三次会议，复订小学和初中各科目课程纲要，由于高中内容复杂，又请专家重加讨论，编定课程总纲，6月4日再召开第四次会议，续订小学和初中各科课程纲要，复订高中课程总纲，完竣刊布。①

上述各项为各地执行新学制制定了总的原则和办法，但是各地情形不同，地理的、历史的因素复杂，中学课程改造又十分迫切，许多具体的问题需要解决。中华教育改进社成立后，董事会深觉此种问题十分重要，确定该社首先研究中学课程方面的改进，包括：(1)中学的生物教学；(2)中学的数学教学；(3)中学的理化教学；(4)中学的英语教学；(5)中学的公民教学；(6)中学的国文教学；(7)中学的体育教学；(8)智慧与教育测验标准的修正；(9)女子教育；(10)教育经费问题；(11)国民音乐的研究。②上述数项工作，多由该社专门教育教学委员会分任进行。而就中学课程宏观层面论，非有专门人才领衔统筹进行不可，遂特聘张仲述为中学课程研究主任。张仲述系哥伦比亚大学哲学博士，时任清华学校教务主任。他计划中学课程研究分四个阶段，围绕十大问题入手。

第一个阶段为中学课程改造之预备，有四项任务。一是课程研究的需要，新学制已经颁行，旧的课程已经不再适用，急需应用新的课程，许多新课程教科书已经编辑出版，但是新课程中有许多问题，仍须进行详细研究。二是新课程问题的特别性质，由于学科制、学校制和学制系统制都是从外国移植过来的，是否合宜于中国，哪些可能合宜，哪些可能不合宜，必须审慎研究，尽力避免可能引起的不良结果。三是研究方面的问题，须研究现代学制的由来，追溯其在欧美各国的流变，明了其产生的环境背景。四是研究现代欧美教育状况，以及继续改造的方向和方法，以避免拾人牙慧，将人以为旧的东西视为新制，盲目模仿效法。

---

①新学制课程标准起草委员会：《新学制课程标准纲要之缘起》，《河南教育公报》，1923年2卷15–17期合刊，第1–3页。

②《中华教育改进社之进行计划》，《教育杂志》，1922年第14卷第6号《教育界消息》栏，第2–3页。

第二个阶段有两项任务。一是现代思想环境的分析，中国虽然已经朝向现代化的目标迈进，但是中国的社会环境不同于欧美各国，对人对物的态度和观念都有本国的独特性，如若将外国的学制直接搬到中国来，把“中国的小孩造成与外国的小孩相等的态度和观念”，这是不行的，必须创制出合宜于中国的新的教育模式。二是中国历来“学”的意义，如果说前一问题所研究的是新者何以为新，则此一问题所研究的是旧者所以为旧，旧在何处。总之，就是要找出新者和旧者变迁的关系，而后择其善者、合宜者而用之。

第三个阶段在前述两阶段理论研究基础上，着手调查中学学生的性质，目的在正确把握中国青年的心理，循着此种心理，研究课程的编制和教学的方法，等等。

第四个阶段即为实施阶段，有三项任务：一是拟定新课程的准绳，或名之为课程改造的原则；二是编制学校生活的新内容；三是制定实验及推行的机制。[①]

张仲述于1922年7月赴欧洲考察各国中学教育，1923年春在津浦线及沪宁杭沿线调查中学教育，并随时演讲欧美中学教育状况，以为改造中学课程之预备。[②]同年10月24日，中华教育改进社与北京师范大学合组中学课程研究班，由张仲述主持，学员60余人，均为大学二三年级及高等师范研究科学生。该班研究的问题，即为张仲述所列10项任务中的8项，即(1)新课程问题的特别性质；(2)欧美现行中学课程的由来；(3)最近课程改造的运动和方法；(4)现代思想环境的分析；(5)中学学生的性质包含他们的社会背景；(6)拟定新课程的准绳；(7)编制学校生活的新内容；(8)实验方法和态度。[③]

新学制实施之初，中学课程改造刚刚开始，没有成熟的标准，一切全在研究摸索。张仲述在研究班开学典礼上指出，该班所注重的是共同研究，而非介绍或报告性质的讲演，对现状要有问题意识。他提出三个方面的疑问，以引导学员开展相关研究：一是学科制的存疑；二是学校制的存疑；三是学校系统制的存疑。教育为什么要有学科？教育是否一定要有学校，如果必须有学校，其功用如何？学校系统制何以必需？与教育目标、社会状况关系如何？中学教育非机

①张仲述：《中学课程研究的手续》，《新教育》，1923年第7卷第2、3期合刊，第415-419页。

②章洪熙：《社务报告：考察中学教育》，《新教育》，1923年第6卷第5期，第119页。

③中华教育改进社：《中华教育改进社第三次社务报告》，1924年6月，第6页。

械的，要讲人与人的感化，等等。[①]

研究中学课程的改造，并不局限于具体的学科，而是基于对人的关注和社会的需要，从整个中学教育体制上探讨需要改进的方面，以及如何改进。研究班最终并没有形成具体的报告，或某种结论性的主张，以解决具体的问题，但是它从教育思想和理念上，对学员的影响却是深远的。

第五节　筹划全国教育费委员会的成立与活动

一、筹划全国教育费委员会成立背景

中国近代发展新式教育，经费方面始终未有法律方面的切实保障。因为经费支绌，晚清政府曾经提倡庙产兴学，一度造成毁庙办学的混乱局面。民国初建后，政治不良，军人干政，又加以外患频仍，来源不稳定又不充裕的教育经费时常被挪用，五四运动以后，教育"欠费愈多，北京而外，延及各省"[②]。1920年，全国省教育会联合会第六次年会通过《教育经费独立案》，内容有两项。一是关于教育经费的建议三条：(1)各省教育经费应占行政经费百分之四十以上；(2)裁减军费，将节余之款专充教育经费；(3)划清教育经费，使之独立，他项政费不得侵占。二是关于教育基金的建议也有三条：(1)筹拨专款作为学校基金，并划拨官产作为学校产业；(2)退还庚子赔款专充教育基金；(3)各省区组织教育基金管理委员会保管教育基金，教育基金委员会组织条例由教育部订定施行。该会致函教育部呈送该案时表示："吾国兴学虽历有年所，而教育终未呈若何成效者，其故不外二端：(一)教育行政不能独立，(二)教育经费不能独立。权其轻重，经费不能独立，尤其主因。本会历年集议，莫不有关于教育经费之陈请，诚

①章洪熙：《社务报告：设立中学课程研究班》，《新教育》，1923年第7卷第4期，第156-157页。

②舒新城：《北京国立学校教育经费独立运动》，舒新城：《近代中国史料丛刊续编·第六十六辑》，文海书局，1928年版，第146-147页。

以教育经费若不确定，则教育难谋发展，而国基即不能巩固。……今者各处经费久欠不发，学校机关名存实亡，现在状况既难维持，进行扩充，更复何望，故欲解决教育种种问题，第一须先解决教育经费。”[①]1921年，该会召开第七次年会，又通过《促进教育经费独立案》，敦请教育部从速落实教育经费独立和筹措教育基金。[②]同年3月，北京国立八校教职员集体辞职，抗议政府久欠薪资和学校经费；5月，八校校长再次联名发布辞职宣言。[③]教育界索薪风潮由北京迅速向全国漫延，关于教育费独立的呼声因此更加高亢。

正当中国教育界为教育费独立呼号之际，有两则利好消息引起有识之士的注意。一是1921年11月华盛顿会议修改海关税则。据美国代表恩特计算，中国政府每年财政收入可增加四千六百余万元，以当时关税收入计，约可增加三分之二多。[④]二是各债权国退还中国庚子赔款。第一次世界大战后期，英、法、美、意、日、俄等国于1917年请求中国加入协约国，对德、奥等同盟国宣战，其中，英、法、美、意等国同意中国自当年起暂停支付庚子赔款5年，俄国同意部分展延，日本则拒绝展延。此后，无论同意展延与否，各债权国在战后更有完全退还庚子赔款的舆论。此种舆论的兴起，与1908年美国第一次退还中国庚子赔款有关，当时“东西各国之报纸，对于美国此举，颇具讥讽论调，而以日本为尤甚，然美国卒不之顾”[⑤]。美国的行为无疑有利于增进两国人民的友好关系，亦有利于两国间的经贸往来，1911年美国对华贸易额仅为四千多万元，1920年增加到一亿四千多万元。相较而言，英国长期以来一直是对华贸易大国，但在这9年中，对华贸易额仅从近九千万元增加到一亿三千多万元。[⑥]英国新闻界和商界人士普遍地认为这与美国当年退还庚子赔款，创办清华学校，资助中国学生赴美留学有关。《泰晤士报》驻北京代表佛来塞氏撰文称：

中国青年在何国留学，受其教育，归国之后，即有意无意提倡该国之文化与

①《教育经费独立案——呈教育部》，《教育杂志》，1920年第12卷第12期，第2-3页。

②《第七届全国教育会联合会纪略》，《教育杂志》，1922年第14卷第1号，第19页。

③《八校校长再上府院部辞呈》，《教育丛刊》，1921年第2卷第4期，第13页。

④《提议请求筹定专款提倡补助全国职业教育案》，《新教育》，1922年第5卷第1期，第241-242页。

⑤ 陈振民：《庚子赔款与教育》，《教育杂志》，1923年第15卷第6号，第45页。

⑥陈振民：《庚子赔款与教育》，《教育杂志》，1923年第15卷第6号，第46页。

制度。北京各部院中及各省行政机关中，充满曾受外国教育之学生，此辈皆以其在外国所学所行措置各务，受德国教育之军官，输入德国军事思想，而克虏伯厂大受其利。有一公共机关，其中所用，大半皆日本留学生，内有一资格极深，受英国教育之医生，屡有所提议，辄遭反对，盖人少势弱，虽有善策，亦格不得行也。中国对于政治问题，往往至美国考察，盖因其用事之少年，多醉心于美国政治理想之故，即如各铁路局对于铁路标准及簿记等，均主采用美制。[①]

驻华英国商会认为发展华人教育，培植亲英人才是扩大英中贸易最为重要的途径，并且以民间团体的力量，筹措款项，资助华人教育。佛来塞氏说：

驻华英国商会对于此事，已自行积极筹划，集有英金二万余镑，专充依英国方法教育华人之用，经屡次讨论之结果，决定将此款赠与在华成绩素著之若干英国教会中等学堂，以五年为期，该款专用以巩固英人教员，借此改良教授标准，并扩充学额若干。英商曾希望俟时局较有进步，香港大学及国内各大学学位问题提出考虑时，可再宽筹款项。[②]

然而，扩充英人在华教育，培植亲英人才，驻华英国商会的能力终究有限，于是英人竭力推动英国政府效法美国，退还庚子赔款。佛来塞氏说："近来英国政府为在华英人之迫切陈辞所感动，渐注意于此问题，外务部已派熟悉中国情形者若干人，组织一委员会审查此事，提出条陈，以凭采择。"[③]

日本退还庚子赔款的舆论比英国更早一些，王树槐说："美国退还庚款给予日人的启示，日本亦思仿效。就现实利害而言，所费有限，收益实大。"他引用日人竹内正志的话说："日本尚余庚款不过七千余万日圆，只及两艘战舰，多此两艘，在国防上又能增几许强味？若以之生利，每年可得三百五十万圆，用于教育文化事业，则十年二十年后，中国文化面目必为之一新。以之补助留学费，每人每年五百圆，千人仅五十万圆，其效必大。以其所余数百万，在中国南北设大

①《教育界近讯：庚子赔款问题》，《中华教育界》，1923年第12卷第1期，第2页。

②《教育界近讯：庚子赔款问题》，《中华教育界》，1923年第12卷第1期，第3页。

③《教育界近讯：庚子赔款问题》，《中华教育界》，1923年第12卷第1期，第3页。

学，对两国亲善之功，难以估计。”“日本在此动机之下，国会于大正七年(1918)一月会议时，对于退还庚子赔款，大致无何异议，唯实行之形式，尚待考虑，此事遂付于外交调查会研议。……四月十九日，外交调查会提出意见：鉴于东洋大局及日本的将来，中日提携，最为紧要。实行方法在促进两国政治经济的活动，然欲收其实效，则非两国大多数国民之相互谅解、感情融洽不可。欲达此目的，应使一般中国人懂得日本语文及了解日本文化与实力，实行的手段，以努力于慈善事业的施设为捷径，并提出注意事项：(一)尽量诱致优良学生来日；(二)日本学校及社会不可对中国人有偏颇待遇；(三)发展留学日本的特长；(四)中国人好面子，在可能范围内，采用合办组织；(五)日本官民必协力以赴。”①

退还中国庚子赔款，各国虽然以亲善为名，但都有自己的利益考量。美国在战后有第二次退还赔款之议，日本和英国又先后提倡，法国和意大利等国或前或后亦有退还的舆论和动议。对德、奥两国的赔款，中国在1917年对其宣战时已经停付，战后德、奥宣布放弃赔款要求。对俄国的赔款，因其国内发生“十月革命”，中国时停时付，苏联成立后派加拉罕出使中国，宣布退还庚子赔款，用于教育文化事业。

总之，战后中国政府财政收入将有明显增长，还债压力也大大减轻，这对长期以来被政府拖欠经费的教育界而言，不啻是久旱之后的甘霖。教育界不仅要求政府清理积欠，而且要求政府扩充教育经费，推动教育经费独立。黄炎培1922年不无乐观地表示：“今后教育经费之扩充，决非绝对无望。”“华盛顿会议之结果，海关税率，将实行值百抽五，第二步将值百抽七五，仍俟实行裁厘后，值百抽一二五，见于各报，中外议论，皆主张以一部分拨充教育费，关于扩充教育费之希望，此其一。全国教育会联合会议决以停付德、俄赔款扩为教育专款，其他各国多有退还赔款以兴教育之动议……关于扩充教育费之希望，此其二。”②

增加的关税收入能否用于拨充教育经费，取决于北京政府的态度，依照当时政府的腐败和庞大的军费开支，教育界的希望非常渺茫，最大的希望莫过于争取各债权国退还的庚子赔款。退还庚子赔款的用途，前有美国成例在先，即

①王树槐：《庚子赔款》，台北“中央”研究院近代史研究所专刊第31号，1974年，第482-483页。

②黄炎培：《一个全国教育界的大问题》，《新教育》，1922年第4卷第3期，第519页。

用于教育事业，教育界认为其他各债权国退还的赔款当然应照此办法实行，因此争取退还赔款最为热心。“民国初年，蔡元培、李煜瀛、汪兆铭等在巴黎组织世界社、法华教育会、俭学会和勤工俭学会等，其间亦有法人加入，介绍学生赴法、比就学，引起法、比人士的好感，浸假而有实现退款兴学之意。欧战后即由李煜瀛等赴法，与各界接洽，多表赞同，并创设里昂中法大学。北大教授王兼善提议联合同志，请各国退还庚款为推广教育之用，并拟订计划，由蔡元培等发起赞同，提出促进此事方法，除委请专员外，并请赴欧调查教育的梁启超、叶恭绰、李煜瀛等相与赞助。梁启超在英会见M.H.A.L.Fisher，希望英国访美国之例，退还庚款，在华设立两所大学。八年九月十四日，江西教育会决议请政府力争退款，各省教育会协争，并向全国省教育会联合会提出此案。”①1919年10月，全国省教育会联合会第五次年会议决退还庚子赔款专办教育案，并将该案电函北京和广州政府、各国驻华公使，以及国际联盟代表。②1921年召开的第七届年会又通过“以停付德俄赔款拨为教育专款案”，并将该案呈送北京总税务司、银行公会和整理外债委员会。③1922年，“湖南直隶两省教育会发起联合国内教育界人士，组织退款兴学请愿团，签名者达四万三千余人……由萧瑜持往欧洲，分送法、比人士”④。

退款兴学在1922年后遇到两方面的挑战。一方面，国内出现将退款用作举办实业的舆论。1922年5月，北京政府“税务处提议用于教育、实业、行政各三分之一。司法部认为实业行政两项范围太广，实业可改为裁兵及其善后用途，如开垦、筑路、设工厂等，行政方面应确实指明为改良司法、筹备赈济等用途”。1922年9月，时任江苏运河工程局及苏浙太湖水利工程局督办张謇请将退还赔款用于水利；1923年6月，全国道路建设协会及各省分会致函北京政府，主张庚款用于裁兵筑路；1924年6月，该会再次通电全国，请各省长一致赞成筑路，余利兴学。军阀吴佩孚立即复电，称该会之文“正言笃论，足息群嚣”；同月

①王树槐：《庚子赔款》，台北“中央”研究院近代史研究所专刊第31号，1974年，第338页。

②《第五届全国教育会联合会议决案》，《教育杂志》，1919年第11卷第11号，第47-48页。

③《第七届全国教育会联合会纪略》，《教育杂志》，1922年第14卷第1期，第20-21页。

④王树槐：《庚子赔款》，台北“中央”研究院近代史研究所专刊第31号，1974年，第339页。

13日,他又发表通电,请以俄国退还赔款筑路。[①]另一方面,除美、俄等国外,英、日两国并非无条件地将庚子赔款退还中国,在用途上亦非完全由中国自主支配。

上述两方面的情形使教育界陡生不安和惶恐,于是纷纷发表声明,或组织相关机构以应对。中华教育改进社正是在这样的背景下,成立了筹划全国教育费委员会,一方面为保国权敦促各债权国无条件退还赔款,另一方面争取退还的赔款完全用于教育事业,力争教育界对于退还赔款的管理权和支配权。

二、筹划全国教育费委员会的成立与活动

1922年2月8日,中华教育改进社在上海召开成立以来的第一次董事会议,黄炎培在会上提议组织筹划全国教育费委员会,当即获得通过,并推定31名委员。15日委员会召开第一次会议,到者张仲仁、史量才、范静生、汤尔和、郭秉文、穆耦初、余日章、谭仲逵、袁观澜、沈信卿、熊希龄、黄炎培、蔡元培和陶行知,谭仲逵同时代表汪精卫,黄炎培同时代表张謇。会议通过黄炎培、陶行知起草的《中华教育改进社附设筹划全国教育费委员会简章》,凡九条,明定宗旨为"督促并计划全国教育费之扩充及支配"。委员会下设关税、赔款、公债、计划等四部,各部设主任一人,部员若干人。公推熊希龄为委员会主任,黄炎培为副主任,陶行知为书记。各部主任及部员名单如表5-6:

表5-6 筹划全国教育费委员会会员一览

部门	主任	部员(委员)	备注
计划部	蔡元培	沈恩孚、金曾澄、马叙伦、孙科、陈宝泉、陈润霖、傅增湘、张伯苓、郭秉文、汤尔和、蒋梦麟、严修、谭仲逵、顾孟余	1922年3月20日,又续推钟锷、茅以升、张铸、朱我农等4人为委员,但尚未接洽出任何部之部员; 1923年7月3—8日济南年会期间,加推江翊云、汤爱理为赔款部部员
关税部	张一麐	王家驹、施伯安、梁启超、孙宝琦、张元济、张謇、贾士毅、蔡廷干、钟荣光、穆耦初、聂云台	
赔款部		范源濂、王宠惠、李石曾、汪精卫、汪大燮、李建勋、李伯芝、余日章、吴稚晖、阮尚介、史量才、胡适、袁希涛、张君劢、张国淦、张继	

①王树槐:《庚子赔款》,台北"中央"研究院近代史研究所专刊第31号,1974年,第352-353页。

续表

部门	主任	部员(委员)	备注
公债部		张公权、周作民、宋汉章、马寅初、陈光甫、谈荔孙、钱新之、屈映光	

(资料来源:《社务纪要:筹划全国教育费委员会》,载《新教育》1922年第4卷第5期,第953-956页)

关税部、赔款部和公债部的工作以调查和舆论上的鼓吹宣传为主,计划部的工作主要是调查各种教育原有成数,披露调查结果,征集各方面的意见,拟具支配方法,以便委员会讨论。[①]

1922年5月15日,中华教育改进社收到留欧公费生陈大齐等100余人来电,请将留欧教育基金列入规划之中。5月17日董事会开会,议决筹划全国教育费委员会进行方针,重在调查款项与提议计划,调查方面由熊希龄请人办理,调查完毕,再将材料交给蔡元培,请计划部计划,在开会时提出讨论。[②]7月初,中华教育改进社在济南召开第一次年会,到会的筹划全国教育费委员会委员梁启超、方维夏(代表湖南省教育会)、袁希涛、陶行知(并代表安徽省教育会)、李伯芝、汤尔和、黄炎培(并代表江苏省教育会)、蔡元培、张伯苓、蒋梦麟、陈宝泉、李建勋、王家驹(张鼎乾代表)、陈润霖、张元济、胡适、陶孟和、李正乐和郭秉文(王伯秋代表)等于3—6日开会4次,由黄炎培任主席。3日应邀与会的江庸和汤中两人被加推为委员,另有胡元倓列席会议。黄炎培报告委员会成立以来进行的工作;蔡元培报告计划部在北京开会的经过情形;袁希涛报告关税部和赔款部的工作,并建议将俄国退还的赔款完全用于教育;梁启超则建议无论何国退还赔款,其用途应有一致的方针,即"作各地关于文化大规模建筑之用";李伯芝报告法国退还赔款方面最近的情形,特别是法国阁议方针的变更;江翊云、汤爱理报告推动日本退还赔款经过情形,以及各方面的态度;蒋梦麟报告美国第二次退还赔款经过情形;胡适报告英国司考梯处置英国退还赔款方面的谬见,以及和陶孟和、蒋梦麟反驳司考梯的经过情形。为推动各债权国退还庚子赔

①《社务纪要:筹划全国教育费委员会》,《新教育》,1922年第4卷第5期,第954页。

②章洪熙:《社务纪要》,《新教育》,1922年第5卷第1、2期合刊,第314-315页。

款,扩充中国教育经费,会议议决重要事项如下:

(一)加推江翊云、汤爱理二先生为赔款部部员。

(二)推定人员分别接洽调查各国之赔款:

甲、美国赔款,请蒋梦麟主任,胡适、郭秉文担任;

乙、英国赔款,请胡适主任,顾少川、陶孟和担任;

丙、日本赔款,请汤爱理主任,江庸、汪伯棠担任;

丁、法国赔款,请蔡孑民主任,李石曾、吴稚晖担任;

戊、意国赔款,请袁观澜担任;

己、俄国赔款已停付,请熊秉三、蔡孑民与税务司接洽,并电府、院,要求作为教育用。

(三)确定支配经费标准:

甲、国内经费增加时支配主普及;

乙、国外退还赔款主参酌各国心理,用以举办大规模之文化事业。

(四)应付各国赔款之办法:

甲、美国第二次退还赔款,照蒋梦麟拟英文计划通过;

乙、意国赔款,照袁观澜所拟办法,通过如下:1.建筑天文台;2.中国博物院之西方古代文明部;3.在国立大学内设意国文学、美术史、音乐史讲座;4.酌派留意学生学习美术、音乐、农蚕等科。

丙、日本赔款用途、主旨:提倡东方文化的研究。子目:1.东方历史博物馆及图书馆;2.东方天然博物馆;3.为造就研究日本文化的人才,于中国国立大学中设日本文学、日本历史讲座,选聘日本学者担任讲演,每一讲座应有(1)讲座经常费,(2)图书购置费;4.为同样目的,设留学日本学额若干名,以公开的考试派遣高才生留学日本,为高深的研究;5.为谋日本国民了解中国文化起见,于日本帝国大学中设中国讲座,聘中国学者轮年担任讲演;6.为同样目的,于中国国立大学中设日本学生学额,由日本派遣学生留学中国哲学、文艺及历史。日本赔款现负债额:L镑7,531,985,利息四厘;

丁、英国赔款用途、主旨:1.谋英国文化的系统的高深的研究;2.谋中英两国工商业上的提携。子目:1.设一个“工商天产博物馆”(附图书馆);2.于中国国立大学及高等师范学校中设英文图书购置基金;3.于中国国立大学中设英国文学、历史、哲学、经济、政治、制度讲座,延聘英国有名学者任之(但亦得聘本国学者);4.于中国国立高等师范学校中设英国语言学讲座,延聘英国有名教授任之(但亦得聘本国教授);5.设留学英国学额,约分:(1)教员留英研究额;(2)学生留英学额:以公开的考试,选派高才生留学英国及加拿大,为高深的研究。①

筹划全国教育费委员会成立一个月后,教育部组织了退款兴学委员会,本意也在将退还赔款用于教育事业。该委员会明定两个目的:"(一)筹划退还庚子赔款接洽事宜;(二)调查国内教育状况,决定退款之用途及其分配之标准。"关于委员遴选,拟由教育总长延聘或指派,其资格有四项:"(一)曾任教育总次长者,(二)现任国立学校校长,(三)教育部荐任以上人员,(四)办理教育事务有年著有成效者。"②

因政府有挪用教育费的前例,教育部又无力维持教育事业正常进行,因此,在争取退还庚子赔款方面,教育界不大认同教育部组织的退款兴学委员会,而将希望更多地寄予中华教育改进社和全国省教育会联合会这两个国内最大的民间教育团体。后者历史较长,主要是各省区教育界领袖的结合,前者虽然成立不久,但是势力和影响很大,它的领导层集合了全国学界名流,特别是北京、天津、上海和南京等地国立大学的知名校长和教授,他们大多有欧美教育的背景,有欧美学界方面的资源可以利用,更有办法推动"庚款兴学"。庄泽宣当时对中华教育改进社及其组织的筹划全国教育费委员会寄予厚望,他说:"全国教育经费委员会由教育改进社产出,而该社由各机关自行集合而成,使大多数国内教育机关皆为会员,则变为教育独立之中央最高机关犹可,否则将有后弊。至部设退款兴学委员会,则更大失教育独立之精神。为今之计,最好由全国省教育会联合会承认全国经费委员会之组织,而全体加入教育改进社,庶其成为正式代表机关,则名正言顺矣。"③庄氏希望国内大多数教育机关以及全国省教育会联合会全体加入中华教育改进社,不免过于理想化,但是足见中华教育改

①《筹划全国教育经费委员会会议纪录》,《新教育》,1922年第5卷第3期,第589-591页。

②《筹办退款兴学委员会规程》,《教育公报》,1922年第9卷第2期《法规》栏,第1页。

③庄泽宣:《庚子赔款与教育》,《教育杂志》,1923年第15卷第6号,第11页。

进社在教育界的地位和影响。

前文说过，退款办法中，以英、日两国争议最大，中国教育界的抗争也最激烈。1922年12月，展延5年支付英国赔款的期限将尽，经中国外交部交涉，22日英国正式通知中国，决定退还庚子赔款余额。但是，议会方面因为政党轮替，迟迟没有通过，中国国内在用途方面的纷争不息，也让英国国会趋于慎重。[①]时间拖得越久，传言就越多，舆论就更加扰攘。1923年初，英国驻华商会宣称："本会欢迎近日所传英政府意欲提出未缴拳乱赔款一部，施于中英两[国]有裨益之用途之布告，本会意见以为，根据上述决定，此款用之最能有益之途，为依照英人方法施于华人之教育，及对于华英人医学教育及疗病事业之扶助。"其中"依照英人方法施于华人教育"等条款，为中国教育界人士极为不满。

日本方面，1923年3月20日众议院通过《对支特别会计法》法案，25日上议院通过，30日公布，4月1日起实施。其内容为：对华文化事业财源，以庚子赔款、山东悬案解决后补偿胶济铁路国库券、山东矿山会社补偿金、青岛公有财产及制盐作业补偿国库券之本利、生殖及杂入所得为岁入岁出之资金，文化事业包括中国之教育、学艺、卫生、救恤及其他文化事业，日本在华之同样事业，以及在日本有关中国之学术研究等，岁出以二百五十万圆为限，余款作为基金。政府每年应制定岁入岁出预算，与国家总预算一同送请国会审议。

英、日两国退还庚子赔款办法，无视中国的主权，引起中国教育界乃至留学生的不满和反对，教育界和学界有更多的群体参与到推动各债权国退还庚子赔款的运动中来。1923年1月5日，留英学生徐彦之、高宝寿、傅斯年、黄建中、周炳琳、蔡光英、王若怡、陈宝锷、余家菊、王维钧和段锡朋等11人联名致函全国省教育会联合会和中华教育改进社，就英国退还赔款问题提出两点主张："第一，我国意见当一致要求庚子赔款之退还应全数充作教育用途；第二，当此款退还之时决不容有附带任何条件使我国教育上设施与方针不能达到自主之目的。"他们希望两团体积极筹划，"督促教育部迅速组织退款兴学委员会，专理其事，务期此款之使用，绝对由我国教育家斟酌国情，采定极适当之方针，与极经济之设施，勿令赔款名称退还，而实际徒为他国之商业助宣传"，同时避免外交

①《教育界消息：英国退还庚款用途之犹豫》，《教育杂志》，1925年第17卷第5期，第4页。

界、军阀介入其中,"转令退款成流产"。[1]中华留日各校同学会于1924年发表宣言反对日本退还庚款办法,理由是:未与中国协商而由日本独自决定;救恤金、病院补助费非文化事业;日本在华设立学校,弊害甚多,今又补助,实包含日本文化侵略之野心。

1923年,全国省教育会联合会也成立了赔款事宜委员会,加入退款兴学的运动中来。它与中华教育改进社组织的筹划全国教育费委员会互相配合,成为教育界争取退还赔款的两个重要团体。1923年12月27日,筹划全国教育费委员会常任委员熊希龄、蒋梦麟、张国淦、颜惠庆等集会,议决进行办法如下:

(1)由本会及退还庚子赔款事宜委员会拟就之具体意见,送交外交部、教育部,请求政府进行;

(2)由团体直接进行,致函各国公使,或请各国公使聚餐讨论;

(3)拟就英文意见书,在中外各报宣传,并拟就电稿交外交部发给各国政府。[2]

这次会议通过《处置退还庚子赔款之计划》,内容如下:

庚子赔款,各国均有退还之动机,如何向各国接洽进行,为另一问题。兹本委员会先拟就对于退款后与各国合作之具体办法如下:(一)各国共同与中国合作——退款各国共同与中国合组基金委员会,将各国退还之款,组合一种大宗款项之基金,由各国各出代表若干人,中国各出代表若干人,其数与各国代表之总数等,共同组织基金委员会管理基金,将来一切用途之分配,由委员会公决行之。委员会未宣告正式成立以前,暂不得发表对于分配用途之意见。(二)数国共同与中国合作——退款之数国共同与中国合组基金委员会,此条办法与(一)条同。但退款各国,不全体加入。(三)部分的共同与中国合作——各国或数国划出一部分款项,依照(一)条办理加入共同组织之基金外,各以一部分单独与

①《留英学生对于处分英国退还庚子赔款的建议》,《中华教育界》,1923年第12卷6期,《附录》第1-2页。

②《社务报告:筹划全国教育经费常任委员会开会纪要》,《新教育》,1924年第8卷第1期,第165页。

中国合作，其委员会由某国与中国各出代表若干人组织之。本会希望各国一致赞成第一条之办法，盖基金较巨，其力较厚，而所成之事业较大，且可以免事业之重复也。[①]

该计划征得退还庚子赔款事宜委员会同意后，共同具名宣布。前述两条计划，因种种的原因，难以实现，但第三条由各国单独和中国政教界合作成立基金会，很快得到实现，如最早成立的中华教育文化基金会董事会，负责美国退还赔款之保管及处置，稍后成立的有俄国庚子赔款委员会[②]、中法教育基金委员会[③]。

1924年4月27日，中华教育改进社筹划全国教育费委员会、全国省教育会联合会退还庚子赔款事宜委员会、中国科学社、北京师大、东北大学等11个社团联合发表宣言，反对日本退还庚子赔款办法，促使日本政府反省。7月7日下午，中华教育改进社第三次年会期间，筹划全国教育费委员会假东南大学梅庵举行会议，到会委员熊希龄、陈宝泉、袁希涛、陶怀琳、邓萃英、李庆元、鲁清晨、茅以升、赵叔愚、张敬虞、梁明致、张锦云、史毓琨、李杰、范源濂、陶行知、廖立勋、方克刚、胡敬复、谭熙鸿、陈裕光、朱其慧、郭秉文、米增兆、王伯秋、马寅初等26人，由熊希龄任主席。会议就美、俄两国退还庚子赔款事，议决致谢俄国加拉罕和美国威女士。此外，范源濂报告日本退还赔款方面的情形，议决请范源濂草拟抗议书，以中华教育改进社第三次大会名义发布；郭秉文报告英国驻沪商会对于英国退还赔款的建议，议决请郭秉文草拟抗议书，函致英国驻沪商会、英国公使和中国政府。8—9日，在中华教育改进社第三次年会学术大会上，范源濂就“反对日本对华文化事业案”陈述三条理由：一是日本所谓退还赔款，并非真正退还，其对华文化事业实为日本行政之一部分；二是日本并不采纳中国人之意见；三是日本在华设立图书馆等所需土地，得由中国拨给，不啻又开一种新式租界，与“二十一条”之第五款相同。郭秉文就“反对英国在华商会对英国退还赔款用途之意见案”解释说，英国商会及教育家建议其政府，退还赔款限于英人在华所办之教育与医院，以及其他有英国精神者及英国式之工业。倘若英国

①《筹划全国教育经费常任委员会开会纪要》，《新教育》，1924年第8卷第1期，第165-166页。

②王树槐：《庚子赔款》，台北“中央”研究所近代史研究所专刊第31号，1974年，第263页。

③丁致聘：《中国近七十年来教育记事》，商务印书馆，1935年版，第121页。

政府采纳此种主张，那么，其一，英国实际并非退还赔款；其二，各国教育自有其特性，此种结果不能适合中国国性；其三，此仍为有条件之退还赔款。因此，在此事未决之前，改进社附设筹划全国教育费委员会必须表示反对，致函英国在华商会、公使馆及留英学生，主张中英合组委员会，实地调查中国教育需要。会议还通过北京国立八校联席会议议决案，即各国退还赔款均宜直接用于教育文化事业，以避免假借他种名义办理实业或建造铁路等，以负友邦兴学本旨，陈裕光对该案加以说明。①

在教育界一致对外，努力争取庚款全数用作补充教育费的同时，内部的分歧也在不断地增多。对于英国退还庚款办法，以陶行知、凌冰为代表的中华教育改进社及北京国立八校代表等竭力反对，并联名致信中英庚款委员会中方代表胡适和丁文江等人，表示要求英国政府"无条件退还"。胡、丁二氏则持折中态度，就所谓"无条件退还"回信申述道："美国一九〇八年第一次退还，也不能算是无条件的交与中国政府，不过条件（用途与管理方法）均不曾见于文字耳。到第二次退还的时候，中国已陷于无政府的状态，内乱不止，中央无主，美国也就更不能像一九〇八年那样慷慨了。一九〇八年的退还，名义上还是交还中国政府。第二次则并此名义也做不到了。他们对于中国政府不信任，却又不好明说，所以原案虽说退还，其实只是把此款交与美国大总统全权办理。原案并无组织中美董事会管理此款之条文，久之久之，始有孟禄博士以美总统私人代表名义来华，与中国的教育家、政客作非正式的磋商，始产生董事会；又久之久之，美国总统始将此款交与董事会管理。此中经过情形，可以使我们觉悟：在这样的无政府、这样的纷乱的情状之下，我们决不希望人家把一万（?）多万巨款随便作'无条件的抛弃'。抛弃给谁呢？抛弃给政府，我们固不放心；抛弃给全国教育联合会，或抛弃给中华教育改进社，难道就没有争端了吗？我在北京这几年，眼见大家争各国庚款的惨史、丑史，思之痛心。"

胡适认为，"无条件的抛弃"，就当时中国国内的状况来说，不见得是一件好事，而美国退还赔款的办法较好。"美款所以较佳者，正因为美国总统操有全权，直到董事会正式开会之后，基础已定，组织已完成，然后他把全权交付董事会，

①《筹划全国教育经费委员会开会纪要》，《新教育》，1924年第9卷第3期，第429–432页。

所以流弊较少，成绩较大。然而中美文化基金董事会至今日还不能避免许多方面的指摘与攻击——这两年的全国教育会联合会的记录可以为证。”因此，他认为处理英国庚子赔款，不妨用美国的办法：“（一）外交大臣的管理全权是暂时的，略如美国总统的暂时全权管理。（二）咨询委员会给外交大臣决定方针与办法，略如孟禄之使命而较为正式的，公开的。（三）管理机关（董事会）成立之后，外交大臣以全权移交；正如美国总统之移交全权与董事会。（四）原案第四项年终报账一层，实行上应作为‘董事会每年年终应将本年度收支账目作为报告，各以一份分送中英两国政府存案’。此略如中美董事会规定中美两国政府均得派代表出席到会。如此，则原则之条文具在，而精神根本改变了。”①

教育界同人对于胡适的申述，并没有理性地去看待，分歧没有消弭。

筹划全国教育费委员会内部，对于退款兴学没有分歧，但是在款项远没有确定完全用于教育时，在分配方面却已发生了争执。蒋梦麟主张以此款充实国立大学设备之用；黄炎培主张划充职业教育之用，每年划五百万元为中央职业教育局补助各省职业教育费，奖励私立职校；袁希涛主张以此款划充各省义务教育补助费，以及市立图书馆费用，且注重于初级教育。②蔡元培和范源濂的观点也截然相对，范源濂说：“小学没有办好，怎么能有好中学？中学没有办好，怎么能有好大学？所以我们第一步，当先把小学整顿。”蔡元培则说：“没有好大学，中学师资那里来？没有好中学，小学师资那里来？所以我们第一步，当先把大学整顿。”③

总之，北洋政府时期，由于教育经费缺乏法律保障，政府又时常挪用或拖欠，面对巨额退还赔款，教育界人士不得不起而努力，一方面为保国权，力争主权在我；另一方面力争以退还赔款全数拨充教育基金，发展中国教育。然而，在“主权”方面是坚守捍卫，还是策略性地退变通让，教育界内部的分歧严重；在支配方面，政府以俄国退还的庚子赔款发行债券，分配给北京各学校之用，引起全国省教育会联合会的强烈反对；在法国退还庚子赔款的分配问题上，又在北京

①陶行知：《胡适致陶知行、凌冰函》，《陶行知全集（第8卷）》，四川教育出版社，2005年版，第746-749页。

②周法乾：《庚子与教育》，《教育杂志》，1922年第15卷第6号。

③蔡元培：《我在教育界的经验》，《宇宙风》，1938年第56期，第285页。

大学和北京师大间引起争执。[①]偏重高等教育,还是偏重普通教育、义务教育,抑或职业教育,等等,筹划全国教育费委员会内部又是争执不息。各学校、各派系卷入其中,为教育界的分裂埋下不幸的种子,也给中华教育改进社的前途抹上一层阴影。

三、筹划全国教育费委员会的基本主张

在退还中国庚子赔款方面,各方都有各自的利益诉求,共识与分歧并存,筹划全国教育费委员会在退还庚子赔款方面,其基本主张有以下三个方面:

第一,主张退款悉数拨充教育基金。美国退还赔款用之于教育,此为教育界立定一项不成文的规定,以退还赔款兴学乃天经地义之事,同时活动退还者,以教育界人士为主,自以用之于教育立言。但是,1922年以后,建议用于他途者渐多,引起教育界的警觉。1923年7月上旬,中华教育改进社第三次年会在南京召开,通过议决案,致谢美、俄退还赔款发展教育,主张各国退还赔款均宜悉数拨充教育基金。次年8月在太原召开第四次年会时,又议决各国退还庚子赔款均宜直接拨充教育基金,以避免假借名义办理实业建造铁路动用公款,以负友邦兴学之旨。其他团体如退还庚子赔款事宜委员会,则于1923年7月24通电,主张庚款用于教育文化,认为国家根本之需要,在增进国民知识程度。8月19日再次发表宣言,非达到庚款直接用于教育不可。北京国立八校代表8月5日集会,倡议庚款用于全国教育,并分访各有关国家公使,以期获得支持。[②]

第二,坚守支配之主权在我。如英国商会及教育家对于退还赔款用途之决议,须用于英国人在中国所办之教育与医院,及其他有英国精神之事业,英国式之工业。筹划全国教育费委员会认为,英国并无退款之诚意,英式之事业,不合我国情,具危险性,故极力反对此举。日本政府更以举办文化事业为名,拟用赔款在我国北京、上海筹设研究所图书馆,经费则由日本议会通过。此种经费掌握在日本议会,并非退还,且所设之对华文化事务局,直隶于外务省之下,实为

①王树槐:《庚子赔款》,台北"中央"研究院近代史研究所专刊第31号,1974年,第360页。

②王树槐:《庚子赔款》,台北"中央"研究院近代史研究所专刊第31号,1974年,第348-349页。

日本行政之一部分，非与我国协同办理，乃假借退款之名，行文化侵略之实。中华教育改进社第三、四次年会均有议决案表示反对。全国教育经费委员会于1924年7月7日集会，议决请郭秉文草拟抗议函，致英驻华商会、英公使团及我国政府，请范源濂起草抗议日本退还赔款办法，向政府提出。①

第三，就退还赔款之办法，提出《处置退还庚子赔款之计划》，内容如下：

庚子赔款，各国均有退还之动机，如何向各国接洽进行，为另一问题。兹本委员会先拟就对于退款后与各国合作之具体办法如下：(一)各国共同与中国合作——退款各国共同与中国合组基金委员会，将各国退还之款，组合一种大宗款项之基金，由各国各出代表若干人，中国各出代表若干人，其数与各国代表之总数等，共同组织基金委员会管理基金，将来一切用途之分配，由委员会公决行之。委员会未宣告正式成立以前，暂不得发表对于分配用途之意见。(二)数国共同与中国合作——退款之数国共同与中国合组基金委员会，此条办法与(一)条同。但退款各国，不全体加入。(三)部分的共同与中国合作——各国或数国划出一部分款项，依照(一)条办理加入共同组织之基金外，各以一部分单独与中国合作，其委员会由某国与中国各出代表若干人组织之。本会希望各国一致赞成第一条之办法，盖基金较巨，其力较厚，而所成之事业较大，且可以免事业之重复也。②

该计划征得退还庚子赔款事宜委员会同意后，共同具名宣布。前述两条计划，因种种的原因，难以实现，但第三条由各国单独和中国政教界合作成立基金会，很快得到实现，如最早成立的中华教育文化基金会董事会，负责美国退还赔款之保管及处置，稍后成立的有俄国庚子赔款委员会③、中法教育基金委员会④。

①《筹划全国教育经费委员会开会纪要》，《新教育》，1924年第9卷第3期，第429页。

②《筹划全国教育经费常任委员会开会纪要》，《新教育》，1924年第8卷第1期，第165-166页。

③王树槐：《庚子赔款》，台北"中央"研究所近代史研究所专刊第31号，1974年，第263页。

④丁致聘：《中国近七十年来教育记事》，商务印书馆，1935年版，第121页。

第六节　推进平民教育运动

中国近代平民教育的发生，主要原因有以下几个方面。第一，鸦片战争后中国由传统的农业社会向近代工商社会转型，工商经济的发展，需要大量拥有近代知识和技术的生产者，教育平民化是经济社会转型发展的必然要求。第二，辛亥革命后虽然建立了民主共和政体，但是民众的封建思想根深蒂固，需要大规模的民众教育，普及共和知识，进行思想启蒙，培养民众的权利意识，变臣民为国民。第三，第一次世界大战后西方社会平民主义思潮涌动，并迅速波及中国，杜威1919年4月30日抵达上海，5月3日在江苏省教育会举行首场演讲，讲题即为"平民主义的教育"，他开宗明义地指出："共和的国家，就是要实行平民主义的国家，必须有平民主义的教育。换一句话说，国中的学校，都须向那平民主义进行才好。什么叫平民主义的教育呢？就是我们须把教育事业，为全体人民着想，为组织社会各个的分子着想，使得它成为利便平民的教育，不成为少数贵族阶级或者有特殊势力的人的教育。"①

1919年10月，北京高等师范师生率先组织成立平民教育社，研究平民教育思想，出版《平民教育》周刊，发刊词宣称："平民政治的目的求人人都得幸福，平民教育目的求人人都知道怎样才是真幸福，兼明白求幸福的法子，所以我们要谈的平民教育，不限在学校范围内里，社会上种种的事情都是教育的材料。"在五四运动时期民主和科学思潮的推动下，多种合力促成了平民教育的发展。

一、中华平民教育促进会的成立

1920年，曾在法国华工中开展识字教育的晏阳初回国，任职于上海基督教青年协会，编辑《平民千字课》，在长沙、烟台、嘉兴等地开展平民教育试验，取得了显著的成绩，引起中华教育改进社的注意。董事长熊希龄的夫人朱其慧是该社女子教育委员会主任，对于女子教育和平民教育非常热心。1923年6月3日，

①杜威：《平民主义的教育》，袁刚、孙家祥、任丙强编：《民治主义与现代社会——杜威在华演讲集》，北京大学出版社，2004年版，第354页。

陶行知、黄炎培、袁希涛、胡适、朱经农等在上海朱其慧寓所开会，听取晏阳初介绍嘉兴平民教育实验，特别是用幻灯机教授《平民千字课》的奇妙效果。[①]27日，他们发起筹备平民教育促进会，计划用一年左右的时间，在中国22个行省、特别区以及海外侨胞足迹所到之处，务使平民教育得以推行，并决定请陶行知和朱经农重新编辑一套《平民千字课》，以为平民教育统一教材。《平民千字课》共四册，第一册于当年8月即告完成，由商务印书馆出版发行，后三册不久相继出版。6月20日，在朱其慧和陶行知的宣传鼓动下，王伯秋等人在南京率先发起成立南京平民教育促进会，公推袁希涛为会长，蒋维乔为副会长。南京平教会创办了一所平民学校，由陶行知胞妹陶文渼试用《平民千字课》。[②]北京紧随其后成立平民教育促进会，创办平民学校。南京和北京两地局部试验，取得令人满意的成效，为中华教育改进社在全国各地推行平民教育，提供了有益的经验。

8月22日，中华教育改进社第三次年会在清华学校召开期间，举行中华平民教育促进会筹备会议，出席年会的各省区代表踊跃参加。朱其慧报告中华平民教育促进会筹备经过，晏阳初报告在长沙、嘉兴举办平民教育经过情形，吉斌俊报告南京平民教育促进会的活动，陶玄报告北京试验平民学校情形，李忍涛报告清华平民学校情形，姚金绅报告北京平民教育发展状况，最后由陶行知报告编辑《平民千字课》的经过。筹备会议公推陶行知、晏阳初及姚金绅三人负责起草《中华平民教育促进会组织大纲》。26日下午，中华平民教育促进会举行成立大会，有19个省区的代表出席会议，蒋梦麟、孙学仕、周作民、陈筱庄、张伯苓、刘芳熊、朱其慧、张训钦、陶行知等9人被选为董事，朱其慧为董事长，陶行知任董事会书记，晏阳初任总干事。[③]

二、推进各地平民教育运动

中华平民教育促进会成立之初，因总干事晏阳初一时不能离开其所服务的中华基督教青年会，到各地推进平民教育运动的工作，主要落在董事会书记陶

①曹伯言：《胡适日记全编·第4卷（1923—1927）》，安徽教育出版社，2001年版，第32页。

②朱允君：《中华平民教育促进会筹备之经过》，《新教育》，1923年第7卷第2、3期合刊，第481-482页。

③《平民教育促进会选定董事》，《晨报》，1923年8月28日。

行知肩上,朱其慧全力支持。从1923年10月至1924年5月,陶行知前往多个省区,推动各地组织成立平民教育促进会,其行程和活动成果,详见表5-7:

表5-7　陶行知推进平民教育运动行程一览

时间	地点	活动及成果
10月3—14日	南京	参加南京平民教育促进会宣传推广活动
10月15日	上海	与旅沪皖籍各界领袖会商皖省推行平民教育办法
10月18—31日	安庆	安徽省平民教育促进会成立
11月4—10日	南昌	江西省平民教育促进会成立
11月13—28日	武昌、安庆	湖北省平民教育促进会成立
11月30日—12月3日	芜湖	与旅芜徽州同乡讨论制定《徽州推行平民教育办法》
1月7—11日	张家口	察哈尔省平民教育促进会成立
5月12—18日	济南	山东省平民教育促进会成立

(资料来源:王文岭:《陶行知年谱长编》,四川教育出版社,2012年版)

陶行知在各地的活动,主要有以下几个方面:

第一,推动各地平民教育促进会组织建设。各地平民教育之进行,必须有中枢机构组织领导,陶行知每到一地,便积极推动各省成立平民教育促进会。他拜访地方军政当局、商会、热心教育之人士,陈说平民教育之意义,寻求各方面的支持。在南京期间,他拜访教育局长孙阆仙、县署第三科长凌卓之、学务委员陈学仁。在安徽、江西和湖北期间,他均一一拜访各省省长和教育厅长等政府要员。由于得到地方行政当局的支持,各省在陶行知莅临指导期间,均成立了平民教育促进会,会长大多由各省教育厅长兼任。

第二,利用各种机会演讲平民教育及其意义。1923年10月7日,陶行知应邀出席金陵大学举办的孔子纪念会并即席演讲,讲题即为"孔子纪念日与平民教育"。15日在上海出席徽宁同乡会,演讲平民教育;10月20日在安庆省立第一女子师范演讲"女子领袖对于平民教育之使命",对全城学校代表演讲"社会服务精神";10月21日分别对安庆圣公会学生、全城牧师布道团宣讲平民教育;10月23日对全城小学教员演讲平民教育;10月24日在朱熹纪念大会上,对徽州同乡演讲促进徽州平民教育方法,下午又对全城商会董事一百余人讲"商界对于平民教育之使命”;10月27日对安庆苦儿院学生和全城警察讲“平民教育”和“警察与平民教育之关系”,对私立学校学生讲“平民教育”,对私塾教员讲“私塾与平民教育”,对和尚讲“平民教育与宗教”①。在南昌、武汉和芜湖,每到一处,针对不同对象,陶行知都能从不同方面演讲平民教育的意义与进行办法。

第三,组织平民教育大游行。陶行知每到一处,便推进平民教育促进会之组织建设,指导各地教育行政当局,联络商会、警察、教员、学员等社会各界,举行宣传平民教育之游行活动,为平民教育运动造势。其宣传效应又通过媒体的深入全面报道,在更大范围造成积极的影响。如北京《晨报》报道南昌平民教育运动情形如下:

十日为举行游行运动之期,是日上午九时,各学校学生及各界人士,均齐集公众体育场集会。旋即出发,军警乐队前导,次为省立十三小学及各小学校、中等以上各校、各讲习所,再次为各公园、各商号人士,数将近万,浩浩荡荡,秩序井然。由公众体育场出发经过三道桥、系马椿、出院街、石头街、塘塍上、棋盘街,出广润门、油行街、滕王阁、文孝庙,进德胜门、西万宜巷、偰家塘、西大街、书街、洗马池、中大街、南昌府前、豫章楼、樟树下、磨子巷、万子祠、百花洲,回体育场散队。游行之时,人均手持小旗一面,均不外“平民教育”“平民之光”“创造光明之江西”等字样。各街市上,均贴有平民教育图画甚多。各机关、各团体、各商店、各学校,均悬挂国旗,并放假一天以表庆祝云。②

上海《申报》关于武汉平民教育大游行的报道如下:

俭(二十八)午武阳夏举行平民教育大游行,汉口在老圃侧集合,汉阳在晴川中学集合后,即来汉参加,共达两万人。熊夫人、陶知行、晏阳初均到场演说,商务印书馆在场摄影。三时整队出发,各执“教育建国”“光明之路”等纸旗,军警亦参加维持,秩序极整。武昌在公共体育场集合,亦达两万余人,由宗教厅长、各校长前导游行。商店多悬旗放鞭,以表欢迎。又鄂省平民教育促进会,已

①王文岭:《陶行知年谱长编》,四川教育出版社,2012年版,第105-111页。

②《赣省之平民教育运动四日成立省促进会》,《晨报》,1923年11月17日。

推定董事长由教厅宗彝兼,总务干事陈时,副王齐。[①]

北京平民教育前有北京高师学生组织的平民教育社,基础较好,中华教育改进社成立平民教育促进会后,发展更为迅速,相继创办了多所平民学校。1923年12月23日,中华教育改进社成立两周年纪念日,在北京羊市大街举办平民教育期成会成立仪式,当日羊市大街一带,遍插"教育立国""平民之光""努力读书""读书最乐"等旗帜,宣传平民教育理念,北洋政府教育总长代表到会发表演说。[②]

陶行知在推行平民教育运动过程中,总结出两种既经济又便利的平民教育方法,即连环教学法和平民读书处。

所谓连环教学法,简言之,就是会的教不会的。陶行知从大儿子教小儿子读《平民千字课》的场景中,发现了这种教学法,在一家当中,先生教师母,师母教小姐,小姐教老妈子,每人花不了多少功夫,就可以使全家读书明理了。他在南京试行这个方法,还请郭秉文夫人、姚文采先生、郑晓沧先生在家里试验连环教学法。他还写信给胡适夫人,介绍连环教学法,信中说:"适之曾经谈起府上的车夫吴二可以做教员,就请吴二教别的佣人好不好?我以为不但吴二可以教,祖儿或者也可以教几课咧。我家桃红教小桃,很有效力。桃红一面学,一面就教小桃。我看见这事,就推想到利用识字人教不识字人,就想出了这个连环教学法,岂不是很有趣吗?"[③]

平民读书处,就是识字人所在的处所,即平民认字读书的处所,都可以成为教学《平民千字课》的处所。陶行知在《平民读书处之试验》一文中说,一般平民白天须辛劳工作,平民学校只能在晚上开办,而平民大众晚上或很疲劳,或各种家庭琐事缠身,难以到校读书。为探寻既能读书,又能管家谋生的两全之法,陶行知先后在自己家中、在官厅、在寺庙、在饭馆、在轮船等处所进行试验,让识字的教不识字的,后在南昌与几位同志讨论,省视学桂汝丹提议将这种办法称为

①《武阳夏举行平民教育大游行》,《申报》,1923年11月29日。

②章洪熙《周年会议纪要》,《新教育》,1924年第8卷第1期,第176页。

③陶行知:《能使全家识字的连环教育学法》,《陶行知全集(第8卷)》,四川教育出版社,2005年版,第18页。

“读书处”。陶行知受此启发，加了“平民”二字，遂有了“平民读书处”之名称。他后来到武昌把平民读书处的办法进行推广。[①]

平民读书处的试验，不同于家庭里的连环教学法，有不少的困难，有些地方办理得比较成功，有些地方办理得不成功，陶行知对此种试验进行过总结，他认为成功的要素有六项：(1)主人要肯负督促之责；(2)至少必须有一个会认字的人做助教；(3)助教要有专责感；(4)指导要有定期；(5)全体要一律读书；(6)读书要与饭碗发生关系。失败缘于四种忌讳：(1)忌生；(2)忌招外面学生；(3)忌引生人参观；(4)忌带政治、宗教色彩。[②]总的来说，主人的态度最为重要，主人热心与否，是平民读书处能否成功的关键。

三、中华平民教育促进会第一次年会概况

陶行知在近一年时间里，于各地奔走劳碌，推动平民教育进行。平民教育事业受到各地广泛重视，15个省区先后成立平民教育促进会，受《平民千字课》教育者，已有30余万人。但是相对3亿多不识字的民众而言，这些成绩并不乐观。1924年7月初，中华教育改进社在南京召开第三次年会期间，中华平民教育促进会同时举办第一次年会，7月4日召开第一次会议，有16个省区20多名代表出席会议。朱其慧在致辞中对一年来平民教育运动总结说，虽然并无太多成绩可言，但是，“大家协力同心，办理此事，使一般社会，皆知有平民教育”[③]。

出于历史、经济、地方当局的重视程度等各方面的原因，平民教育在各地区的发展极不平衡。南京、北京等地成绩较为显著，南京代表王伯秋报告说：“促进会成立于去年六月二十日，迄今一年，进行尚快，就中最关重要者，为要钱要地。要钱方法，在于募捐，计捐得齐督军一万元，韩省长三千元，严财政厅长一千元，齐督夫人一千元，共一万五千元，现在尚未用完。要地系由委员会共同设法，觉得大行宫东现在会所，先曾设平民教师讲习会，愿当教师者甚多。”同时，

①陶行知：《平民读书处之试验》，《陶行知全集(第1卷)》，四川教育出版社，2005年版，第489页。

②陶行知：《论平民读书处之得失》，《陶行知全集(第1卷)》，四川教育出版社，1991年版，第623—627页。

③《中华平教促进会年会纪》，《申报》，1924年7月6日。

省议会已通过每县二千元，补助平民教育费。地方当局和民众热心平教事业，为平民教育运动发展提供了财力和人力方面的支持。但是，文盲最多的成人群体，特别是成年女性，本是平民教育的主要对象，却又是求学要求最低的。王伯秋说："去年觉有一大缺点，即小孩多而成人少，女子绝无仅有，更不待言。今年定十五岁以下之小孩，一概不收，成人遂渐多。"他认为宣传工作尤其不可或缺，曾组织各方面的力量做鼓动宣传工作，譬如请本城之说书先生，教他宣传；又请测字先生，与他商办平民问字处。南京不仅开办多处平民读书处，更有平民阅书报处，方便民众识字读报。①

7月6日，中华平民教育促进会在东南大学梅庵再次开会，讨论陶行知、王伯秋提案7件："城市推行平民教育应组织各街委员会案""平民学校读书处问字处应兼设以便人民求学案""试办一人一元捐案""请将南京武昌两处警察办理平民教育情形通告全国警察俾作参考案""请将南京府东大街和汉口各商团联合会办理平民教育情形通告全国商会及商界要人请予提倡案""请举行县平民教育之试验案""请函请各校学生于假期回乡推行平民教育案"。另有"利用警察教授车夫识字案"和"各处平民学校所有读物应用注音字母注书各本地方音与国音并设法编印方音国音合注平民字汇案"因提案会员未到会而没有讨论。②

中华平民教育促进会成立一年来，开展大规模的宣传造势活动，同时探索各种可行的方法，除了平民读书处、平民读书报处、连环教学法，以便利民众识字读书外，还在《申报》等主要媒体上开辟"平民教育专栏"等。平民教育像种子一般，播撒于民间，在各地发芽生根。它改变着普通平民对于教育的认知，特别是教育对于个人、家庭、社会和国家的意义，其影响将是长久而深刻的。然而，教育是个长久的事业，大规模的旋风式的推广运动，无疑难以长久地在全国范围内进行下去。1925年晏阳初领导中华平民教育促进会从中华教育改进社分离出去，成立中华平民教育促进总会，专注于城市和乡村平民教育，自此中国平民教育运动进入一个新的历史阶段。

---

①《中华平民教育促进会开会纪》，《申报》，1924年7月6日。

②《中华平民教育促进会开会纪(二)》，《申报》，1924年7月7日。

第六章

中华教育改进社编译和推广工作

编辑和推广是中华教育改进社除调查、研究之外最主要的事业，陶行知说："调查与研究所得，决不能秘而不宣，必须布告于国人，于是乎编译事业尚已。……调查了，研究了，宣布了，还须实行，同心协力的，不问党派的，抛弃地方主义去实行。"末者即是推广事业。[①]编辑事业主要有编辑《新教育》月刊、《新教育评论》周刊，以及中华教育改进社丛书和丛刊；推广事业除在媒体上不定期以中华教育改进社通信的名义，报道社务消息外，主要有专家演讲和教育展览会。

第一节　续办《新教育》月刊

一、改组《新教育》编辑部

1921年底，《新教育》编辑出版三年计划行将到期，合组机关代表集会，议决继续办理，从1922年初第4卷第2期起聘请陶行知担任主编。因陶氏时任东南大学教育科主任，编辑部移至东南大学，发行部仍在上海江苏省教育会内。从1922年3月第4卷第3期起，《新教育》改归中华教育改进社办理，仍聘陶行知为

①陶行知：《中华教育改进社第一次年会社务报告》，《陶行知全集（第1卷）》，四川教育出版社，1991年版，第473页。

主编,出版发行工作改请商务印书馆负责。1923年中,因陶行知辞去东南大学教育科主任,移居北京专司中华教育改进社总事务所工作,《新教育》从当年5月第6卷第5期起,改聘东大新任教育科主任徐则陵担任主编。因徐则陵事务繁忙,从1924年2月第8卷第1期起,添聘夏承枫为常任编辑。从1925年2月第10卷第1期起,聘夏承枫与徐则陵同为主编。同年9月第11卷第2期起,编辑部移往北京中华教育改进社总事务所,未聘主编,请王西徵(亦名王希曾)为编辑干事,主持编辑部工作,同年11月停刊。①

自陶行知担任主编到最后停刊,编辑部经过数次改组,兹略述如下:

1.1922年第4卷第2期起,陶行知改组编辑部,取消合组机关推派编辑代表制,设立21个编辑组,邀集全国教育界各方面专家参与编辑工作。各组编辑人员见表6-1:

表6-1　改革后《新教育》月刊各编辑组概况

组别	人员
教育普通问题组	余日章、沈信卿、汪精卫、汪懋祖、孟宪承、徐甘棠、张伯苓、郭秉文、陈宝泉、刘廷芳、蒋梦麟、郑晓沧、罗世真
教育哲学组	朱经农、汪懋祖、孟宪承、胡适、许崇清、刘伯明、蒋梦麟
教育行政组	李建勋、袁观澜、陶行知、陈宗岳、黄炎培
高等教育组	王伯秋、胡适、韦慤、郭秉文、蔡元培、蒋梦麟
中等教育组	李应南、张见安、程锦章、廖世承
初等教育组	吴研因、俞子夷、张伯苓、陆殿扬、杨卫玉、刘吴卓生
职业教育组	王文培、过探先、黄炎培、郭秉文、顾荫亭
教育心理组	汪懋祖、凌冰、陆志韦、张耀翔、陈鹤琴、黄希声、廖世承、刘廷芳
教材与教学法组	秉志、徐则陵、张准、张士一、郑晓沧
体育组	麦克乐
社会教育组	王伯秋、汪懋祖、陶孟和
师范教育组	金曾澄、张见安、陶行知、郑晓沧
公民教育组	王伯秋、汪懋祖、程锦章
女子教育组	张默君、刘吴卓生

①王西徵:《从新教育到新教育评论》,《新教育评论》,1926年第3卷第1期,第10-15页。

续表

组别		人员
华侨教育组		赵厚生
外人在华经营教育组		刘廷芳
教育书报目录选编组		洪有丰
教育界人物杂志组		
教育年鉴组		
国外教育组	英国教育	罗克士培、陶孟和
	美国教育	孟禄、徐则陵、露(罗)素
	日本教育	罗世真
	法国教育	葛敬中
国内教育组		

(资料来源:《新教育》,1922年第4卷第2期版权页)

编辑组之任务,有五项:(1)撰述关于该科的教育论文;(2)介绍评论关于该科的出版物;(3)答复关于该科教育价值方面的问题;(4)参与关于该科教育的文字讨论;(5)观察该科教育的消长。

各编辑组的任务,有明确的规定:

国外教育组之任务,有九项:(1)所在国关于教育上之改良开创;(2)所在国影响教育之大事;(3)所在国之中国留学生中之人才及留学生之生活;(4)所在国华侨之生活与教育;(5)将本国教育上之革新事业对所在国教育界及人民宣传;(6)除随时通信著述外,每年年终将所在国一年来各种教育之经过情形作年报一篇;(7)搜集教育统计与其他材料;(8)介绍所在国关于教育之重要著作;(9)每逢所在国教育界之要事发生,将所得消息即时通知主编。

国内教育组之任务,有五项:(1)本区教育上之改良;(2)本区影响教育之大事;(3)搜集本区之教育统计及其他出版物与材料;(4)注意本区热心办学及提倡教育之人员;(5)除随时通信外,每年年终将一年来本区各种教育之经过情形作年报一篇;(6)每逢本区教育界要事,将所得消息即时通知主编。①

1923年5月,徐则陵接任主编后,编辑工作仍照陶行知所订办法进行。

①《中华新教育共进社、新教育杂志、各组团体代表会议议事录》,《北京大学日刊》,1921年12月14日,第2版。

2.1924年2月第8卷第1期起，添聘夏承枫担任常任编辑后，取消了21个编辑组，编辑工作完全由编辑部专职人员负责。

3.1925年2月第10卷第1期起，编辑部邀请初等教育季刊社、中等教育协进社和体育季刊社分任各期编辑之责，具体任务分配如下：

初等教育季刊社：上半年第1期和第5期，下半年第3期。主任编辑俞子夷，常任编辑赵欲仁。

中等教育协进社：上半年第2期，下半年第1期和第4期。主任编辑廖茂如，常任编辑吴俊升和唐瀫。

体育季刊社：上半年第4期，下半年第2期。主任编辑麦克乐，不设常任编辑。

《新教育》编辑部：上半年第3期，下半年第5期，均为“特号”，刊载国内一年中较重大的教育问题，新近出版的重要的教育论著，书报介绍，国内外教育新闻，中华教育改进社《社务报告》，以及其他必须由《新教育》杂志发表的稿件。

本次编辑工作调整，便于将研究专门问题的论文以“专号”的形式集中发表，也便于读者对专门问题的研究现状有较为全面深入的了解。

4.1925年9月第11卷第1期起，《新教育》编辑部迁址北京，赵述庭、查良钊、孟宪承、汪懋祖、陶行知等人兼任编辑，聘请王西徵担任编辑干事，负责与其他合组团体协调编辑工作。原计划待第11卷第5期出版后，对《新教育》杂志进行改革，但在第3期出版后就匆匆停刊，另行创办了《新教育评论》周刊。

二、《新教育》新的特点

《新教育》月刊自1922年第4卷第3期起改由中华教育改进社办理，到1925年第11卷第3期后停刊，总计出版了38期。内容方面主要转向研究国内教育问题，探索改进方法，报告国内教育消息，主要是中华教育改进的社务活动。关于西洋教育方面，仅有国外之部，报道欧美诸国教育方面的消息，学理方面的输入和介绍则大幅减少。因此，《新教育》杂志归属中华教育改进社之后，呈现出不少新的特点。

首先，作为中华教育改进社社刊的特点非常鲜明。《新教育》大量版面报道中华教育改进社的社务活动，除少数几期外，均有社务消息、社务纪要等栏目，逐月报道该社各种会议以及调查、研究、出版、推广等事业进展情形。

其次，主要以"专号"的形式编辑出版，包括两个方面的专号。一是年会专号，详细刊载历次年会的经过和内容，如第5卷第3期为第一次年会专号，第7卷第2、3期合刊为第二次年会专号，第9卷第1、2期合刊为第三次年会论文专号，第3期则为第三次年会分组会议专号，第5期为第三次年会期间举办的全国教育品展览会专号，第11卷第2期为第四次年会专号。二是教育专门问题的专号，集中深入报道一时或一地或某一方面的教育状况，如第4卷第3期"民国十年之教育"，包括高等教育、中学教育、职业教育、义务教育、农业教育和童子军教育等，第4卷第4期为孟禄专号，第8卷第5期为小学教育专号。从第10卷第1期，分请中等教育协进社、初等教育季刊社和体育季刊社分任各期主编，俨然变成了中等教育专号、小学教育专号和体育专号。

再次，作者群呈现多元化和基层化。新教育共进社时期的《新教育》以输入西洋学理为主，作者须有西洋教育背景，须有西洋教育理论方面的深厚知识，其时为该刊撰稿者，主要以蒋梦麟、徐甘棠和六大合组机关编辑代表陶行知、郭秉文、刘伯明、黄炎培、贾丰臻、陶孟和等人为主体。《新教育》改归中华教育改进社以后，陶行知担任主编，改组编辑部，国内教育界众多人士参与编辑工作，《新教育》以报道教育实况、研究教育实际问题为主，作者群发生了明显的变化：一是多元化，各个方面的作者都有；二是基层化，即基层一线的教育工作者撰写的探索性、经验性文章的比重有了大幅度增加。

《新教育》虽然呈现出新的特点，但是，在20世纪20年代的中国，新教育取得了长足的发展，各种专门性的教育期刊，如雨后春笋般出现，如与《新教育》合作的《初等教育》季刊、《中等教育》季刊、《体育》季刊等均是，他者有《史地学报》《国语月刊》《中华图书馆协会会报》《心理》等，教育类期刊相互竞争的局面渐次形成。《新教育》作为中华教育改进社社刊，必须有相当的篇幅报道该社的活动，社外的读者不能完全满意；内容上力求有所"专"，难免会失其"全"，不能照顾到多方面读者的需求；即以"专号"论，中等教育方面难与《中等教育》季刊竞争，初等教育方面难与《初等教育》季刊竞争，体育教育方面又难与《体育季刊》竞争，心理教育方面又难与《心理》杂志竞争，平民教育方面亦难与北京师大《平民教育》竞争。1925年下半年，《新教育》编辑部同人决定停刊改革，随后创办了《新教育评论》周刊。

第二节　创办《新教育评论》周刊

《新教育评论》周刊是改革《新教育》月刊的结果，于1925年12月1日创刊。王西徵说，中国政治、经济、社会种种影响和变化，已不容空谈原理，须“加入评论的文字，使它成为有时效而适合于本国教育需要的刊物”，“《新教育》对于这层，很难充分努力，因为它是月刊，而现在教育上的变化几乎是‘早晚市价不同’的，因此，便决定把它改为周刊，取名《新教育评论》”。[①]

《新教育评论》的主办机关，是由中华教育改进社、北京大学教育系、东南大学教育科、北京师大、清华学校、香山慈幼院、中华平民教育促进会、中等教育协进社、初等教育季刊社等9个机关团体合组而成，社址设在中华教育改进社内，常任编辑有赵述庭、高仁山、陶行知、查良钊、汪懋祖，孟宪承、王希曾，后来又有凌冰加入。

《新教育评论》周刊每卷26期，1925年12月出版第1卷1~4期；1926年出版第1卷5~26期，第2卷1~26期，第3卷1~5期；1927年出版第3卷6~26期，第4卷1~21期；1928年仅出版第4卷第22期，即告停刊。共计出版4卷100期。

王希曾说，《新教育评论》的办刊方针，“注重在：批评本国现时教育上政策、主张与实施；建议今后本国教育上各种革新的计划；介绍和批评外国最近的教育制度和学说；报告各地教育调查的结果的四点”[②]。

陶行知称该刊的使命有二：一曰联络，二曰辩论。何以注重联络？他认为，“现在国内各界对于教育的关系，教育界对于国家的需要，都缺少充分的了解。不但如此，即教育界本身，也是隔阂很深，并无充分联络的机会。往往大学不知

①王西徵：《从新教育到新教育评论》，《新教育评论》，1926年第3卷第1期，第13-14页

②王西徵：《从新教育到新教育评论》，《新教育评论》，1926年第3卷第1期，第14页。

中学,中学不知小学,小学不知蒙养园,倒转来,亦复如是。而在教育界服务的人,办学的不知教学的,教此一科的不知教彼一科的,甚至同在一地同教一科的人,亦复不相闻问,这种闷起头来各干各的情形,确有联络之必要”。他还认为,“应当联络中之最应当联络的就是试验学校与一般学校,试验学校是教育上新知识之来源,一般学校是应用此种新知识之场所,如何使这些新知来源和一般学校联串起来,是一种最重要的工作”。他用泉水和用户来比喻此种关系,并表示愿意做“水塔”,谁要用水,愿意为其通根水管。在交流经验、沟通思想时,因为种种关系,不免有不同的见解,需要辩论,理愈辩愈明,该刊又是供同人讲理的地方。他希望讲理者要“毋意,毋必,毋固,毋我”,尊重他人的意见,反省自己的主张,更要有服从真理的勇气。总之,该刊的使命,“就在为教育界通通血脉,使大家呼吸些清新温润的空气,并给同志们一个努力切磋的机会”。[①]

《新教育评论》周刊编辑周期短,时效性强,容量不可能大,一般在20个页面上下。其区别于《新教育》月刊最大的特点,就是以评论见长,“教育时评”是常设栏目,能及时地对新近发生的与教育有关的事件,发表观点和主张。仅以第1卷共计26期为例,“教育时评”栏目刊发的文章有79篇,作者主要是该刊常任编辑,其中查良钊17篇,王希曾12篇,凌冰11篇,赵述廷8篇,高仁山5篇,汪懋祖4篇。王希曾就日本退还中国庚子赔款方面的评论文章,从《一谈日本“对支文化事业”》到《十谈日本“对支文化事业”》,竟有10篇之多。

《新教育评论》同人悬想很高,但就事实上说,实现该刊既定的使命,并不是一件容易的事情。评论的事件,是否为社会关注的焦点;著者的观点,是否新锐;著者在当时教育界是否拥有相当的声望,能够左右甚至引领时风;等等。这都是决定刊物能否吸引读者的重要方面。况且,其创刊的时点,正是南方国民革命军北伐,政治上一片混沌,各派系斗争趋于尖锐之际,又值中华教育改进社组织业已涣散,主要社务活动基本上处于停顿之时。1928年初,《新教育评论》第4卷共26期未及全部出版就停刊了。

①陶行知:《本刊之使命》,《新教育评论》,1925年第1卷第1期,第2-4页。

第三节　编译丛书和丛刊

中华教育改进社除续办《新教育》月刊、创办《新教育评论》周刊外，还编辑出版下述四个方面的成果：一是中华教育改进社开展的各种教育调查的结果；二是中华教育改进社教育研究的成果；三是中华教育改进社邀请专家撰写的中国近年来教育革新纪实；四是中华教育改进社各方面的报告、材料等。前三项出版物多冠以"丛书"或"丛刊"之名。实际上，除了冠名不同之外，丛书或丛刊并无其他方面明显的区别。

一、冠名"丛书"的出版物概况

最早编辑出版的丛书，是为参加世界教育会议准备的。1922年，美国全国教育联合会倡议召开世界教育会议，并向多国教育机关和团体发出邀请函。中华教育改进社为参加这次会议，总事务所和国际教育委员会联合北京国际教育研究会，依据《国际教育会议宣言书》，提出议案7件。中华教育改进社还聘请国内教育专家，就国内教育的各个方面，用英文分别撰写论文报告，计有17种，印成单行本，分别是：

(1)胡适：《中国之新文化运动》；

(2)刘伯明：《中国近日教育之趋势》；

(3)陆志韦：《中国之新学制》；

(4)郭秉文：《中国之高等教育》；

(5)廖茂如：《中国之中学教育》；

(6)朱经农：《中国中学课程之改造》；

(7)朱斌魁：《中国之师范教育》；

(8)黄炎培：《中国之职业教育》；

(9)郑宗海：《中国之初等教育》；

(10)俞庆棠：《中国之女子教育》；

(11)庄泽宣：《中国之平民教育运动》；

(12)晏阳初:《中国十年内之平民教育》;

(13)麦克乐:《中国之体育》;

(14)麦柯:《中国之教育心理测验》;

(15)戴志骞:《中国之图书馆教育》;

(16)陶行知、薛鸿志:《中国之教育统计》;

(17)陶行知:《中华教育改进社历史组织与事业》。

此后编辑出版的丛书,分中、英文两种。中文丛书如1923年出版的程湘帆《小学课程概论》,周之淦《公民学课程大纲》,王卓然《中国教育一瞥录》,依次冠名为"中华教育改进社丛书第一种""中华教育改进社丛书第二种"和"中华教育改进社丛书第三种"。1924年中华教育改进社总事务所编辑的《中国教育统计概览(1923)》,冯顺伯、金崇如、王仲和合编的《初中公民学教本》,依次冠名为中华教育改进社丛书第四种和第五种。1925年以后,因为中华教育改进社的各项工作已不能正常进行,积存的著述出版时,冠名上较为混乱,难辨次第。如1927年出版的张绳祖译著《你和我的问题》,冠名为"中文丛书第七种",1929年出版的《科学与世界改造》,冠以"中华教育改进社丛书之五",1931年5月出版的麦克乐《个人田径赛运动成绩之测量》,仅冠名"中华教育改进社丛书",既没有说明是丛书第几种,也没有说明是"丛书之几"。英文丛书有N.Gist Gee著*Science Teaching in the Missionary Universities*,E.L.Terman著*Knight Hood of the Youth*,依次冠名为"四卷5号""四卷6号"。尚有其他英文丛书,如《中国最近教育状况》《中国全国小学校概况》《中国之科学与教育》《民国十三年中国教育状况》《平民教育运动》等,作为与其他国家教育界人士进行交流的著作、材料等,不及一一列举。

二、冠名"丛刊"的出版物概况

冠名"中华教育改进社丛刊"之名,有1925年1月出版的《美国退还庚子赔款余额和经过情形》,原系多名美国学者合著,由章鲁泉、徐仲迪、孙仲威、康子证等人翻译,赵叔愚校阅,冠名"中华教育改进社丛刊之二"。1928年出版德尔门《幼年武士团》,丁超《燕子矶小学》,分别冠名"中华教育改进社丛刊之五""中华教育改进社丛刊之六”。1928年出版的陈鹤琴著《语体文应用字汇》，仅印有“中华教育改进社丛刊”，却未注是“之几”，其原因大体与后期出版的丛书相同。

三、其他出版物概况

除上述冠名“丛书”和“丛刊”等的出版物外，中华教育改进社自行印刷刊行的内部工作和交流的报告材料则相当丰富，数量难以统计。比如，历次会议均印有《中华教育改进社年会会务一览》及中华教育改进社年会《社务报告》等，此外还有《中华教育改进社同社录》。有些重要的议决案，还印有单行本，如1922年印有《中华教育改进社第一次常年大会议决案之一部》，1925年印有《中华教育改进社第四届年会建议宪法中制定教育专章案办法》，1926年印有《全国乡村运动计划草案》等。关于社务活动的即时成果，如1922年印有《京师教育概况（民国十年七月至十一年六月）》，1923年印有《京师教育概况（民国十一年七月至十二年六月）》，1926年印有《京师教育概况（民国十三年至十四年）》，1927年印有《全国中等以上学校一览（民国十四年至十五年）》，等等。

此外，还有各种名词审查成果，如郑晓沧的《教育名词之审查》，庄泽宣的《心理名词之审查》，朱斌魁的《统计名词之审查》，等等，也相继由中华教育改进社印行。

1924年初，中华教育改进社鉴于国内教育书籍佳作十分缺乏，分请国内教育专家编著教育丛书。认定著述工作的专家及其计划撰写的著作有：朱经农《初中课程的研究》和《小学各科教授法》，程湘帆《教育行政及指导》，陶行知《平民教育》及《边疆教育》，汪典存《社会习惯与训育》，赵述庭《中国初级中学实况》及《师范生补习问题》，郑晓沧《训育问题》及《师范教育学科之教育》，朱君毅《学务报告与统计》，王奠庵《中等学校训育问题》，段抚群《中等学校数学教学法》，杨荫榆《女子教育问题》，查勉仲《学校调查》，刘亶生《教会学校之研究》及《学习汉字之心理过程》，高仁山《英美教育制度》，戴夷乘《比较教育学史》，以上共计19种。[①]1925年中华教育改进社第四次年会后，大多数社务活动渐形停顿，上述编著出版计划没有得到全部落实。

---

①章洪熙：《社务报告：编著教育丛书》，《新教育》，1924年第8卷第2期，第151页。

第四节　举办全国教育品展览会

1922年10月，北洋政府内务部将北京西四牌楼帝王庙拨归中华教育改进社，作为永久办公处所。该处庙宇宏伟，办公用房绰绰有余，总事务所将多余房间用来开办教育图书馆和教育陈列所。教育图书馆方面，聘请清华学校图书馆主任戴志骞、东南大学图书馆主任洪有丰等负责，教育陈列所则于1923年开始运作，征集展览品。除此而外，中华教育改进社在历次年会教育界同志云集之际，举办展览会，供与会者观瞻，比较长短优劣，以为借镜。

一、全国农业教育展览会

美国农业专家白斐德博士于1921年冬来华调查农业教育，后著有《改革中国农业及农业教育意见书》，对于中国农业及农业教育提出7项建议，其中第4项为“组织全国农业会及永久之农业讨论会，以讨论发展全国农业之计划，并研究实施之方法”[①]。次年5月19日，中华职业教育社暨中华农学会在上海召开农业教育研究会，除通过实施全国农业教育计划大纲及筹划经费办法外，决定联合中华教育改进社，于同年7月该社在济南召开第一次年会时，举办全国农业讨论会，邀集全国农林同志、各省教育会、省农会及各农校、农场诸代表莅会，当即推定郭次璋、陶行知、唐荃生、王企华、邹秉文等5人筹备其事，假东南大学为筹备通信处，又于济南省教育会内设分事务所，复由郭次璋商请刘润田、卢绳五为干事，专司济南分事务处之筹备与临时招待。[②]

因全国各地农业情形不同，没有实物陈列，不易引起与会者和参观者的观感，因此在筹备农业讨论会的同时，积极筹设全国农业教育展览会，委托东南大学农场主任原颂周、江苏省立第一农校园艺主任唐荃生负责，并通报全国农林机关，征集出产品。因距开会时间只有40天左右，仅有江苏、直隶、山东、浙江等省30多家机关寄送展览品100余箱，其他道远诸省，多数未及征集和寄送。

①白斐德：《改进中国农业与农业教育意见书》，傅焕光译，《江苏实业月志》，1922年第37期，第38页。

②《济南全国农业讨论会预纪》，《医药杂志》，1922年第6卷第1期，第38-39页。

展览会设在山东省教育会内师范讲习所，展览品按表册、图谱、标本、模型、著作和农具等六大类陈列，据称每日有2000人以上前往观瞻。[①]

此次展览会经费，山东省教育厅补助五百元，上海合众蚕业改良会、中华教育改进社、北京农专、东南大学农科各补助一百元，江苏省立第一农校补助五十元，江苏二农、三农、水产、蚕桑各校，以及安徽李醲丞等亦予赞助。[②]

展览会因时间仓促，参与省区不多，且展品数量较少，故影响有限。但是，它是中华教育改进社与其他团体合作举办的首次展览会，为其后举办展览会积累了经验。

二、全国儿童玩具展览会

中华教育改进社第一次年会在济南召开时，初等教育组有建议该社组织全国儿童玩具展览会的议决案。该案指出，玩具是提升儿童知识技能的工具，此种工具的优劣，对于儿童发展影响极大。凡希望儿童知识技能自由发展，对于他们的玩具，就必须加以研究。研究的前提，须对全国儿童玩具有个基本的了解。会议结束后，中华教育改进社总事务所亦有筹办教育陈列所的计划，于是动议在第二次年会时举办普通教育展览，展览内容以儿童玩具为主，旋即制定儿童玩具展览会规程，设总会于北京，并请各县教育行政机关组织分会，负责征集当地儿童玩具，无论优劣，尽在征集之中。高等师范和师范学校所在之县，各县教育行政机关应会同高等师范或师范学校附属小学共同筹备。各处征集玩具，每种两套，一套留县，并在本县举办初展；一套寄送北京总会展览，并请注明品名、材料、用途、价格、制造人、售品处、本地出产、外地输入等项。[③]

1923年8月底，儿童玩具展览会在北京中华教育改进社总事务所开幕，计有540种。[④]总事务所聘请专家组成审查委员会，评出甲、乙、丙、丁4个等级204种。其中，甲等60种，乙等85种，丙等45种，丁等14种。尤以商务印书馆成绩

①傅焕光：《第一届全国农业讨论会记实》，《教育与职业》，1922年第38期，《附录》第9页。

②傅焕光：《第一届全国农业讨论会记实》，《教育与职业》，1922年第38期，《附录》第9页。

③章洪熙：《社务报告：全国儿童玩具展览会规程》，《新教育》，1923年第7卷第5期，第444-445页。

④章洪熙：《社务报告：举行第一届展览会》，《新教育》，1923年第7卷第1期，第144页。

最优，获得甲等28种，乙等32种，丙等11种，丁等仅4种，总计有75种。[①]其他则为各县43种，女子小学校15种，男子小学校26种，劝学所4种，玩具摊36种，杂货店5种。按照材料质地，则有木、竹、藤、纸、布、蜡、贝、金属、骨、角、皮、假象牙、橡皮等。审查委员会主任孙世庆说，所有展品中，店家制造的玩具，确有科学上的研究价值，但是价格较高，一般儿童不易得到；学校工艺课制作的玩具，有教育上的价值，但材料多不坚牢；玩具摊售卖的玩具最为普遍，此类玩具亦最需改良。[②]

中华教育改进社第二次年会时，幼稚教育组根据展览会上儿童玩具情形，通过两项关于儿童玩具的提议案：一是请改进社依据儿童玩具展览会审查结果，委托各地玩具店制造优良玩具以供儿童之需求案；二是审查儿童玩具标准案。展览会和分组会议议决案，对于中国儿童玩具规范化、标准化和科学化，实有促进之功。

三、全国教育品展览会

中华教育改进社在北京总事务所筹办教育陈列所，旨在使参观者在最短时间内了解国内外教育状况，明了教育发展趋势。1923年积极征集教育出产品，内容包括11种，即教育制度组织和行政状况、课程、教科书、仪器标本及其他教具、教学训育状况、学校和学生成绩、学校建筑与设备、教育经费状况、教职员生活状况、学生生活状况、毕业生服务状况。上述征集内容以实物、模型标本、照片和统计等形式展出。陈列品根据内容按五种原则陈列：一是历史的陈列，以表示一事物在不同历史时期的不同特征，譬如国文教科书的变迁，可将各个时代出版的国文教科书，依时代先后排列成序列，并用说明书概述其状况；二是历程的陈列，以表示一事物自始至终进展状况，比如设计教学法，将该法所含的几个步骤依次展示；三是比较的陈列，即如各省教育经费与各省总收入，既可反映教育经费在各省总收入中的比例，亦可反映各地区间的差异；四是特长的陈列，如山西为中国义务教育最有成效的省份，其施行义务教育的各种措施办法，足

①章洪熙：《社务报告：儿童玩具审查报告表》，《新教育》，1923年第7卷第5期，第445-464页。

②孙世庆：《审查儿童玩具序》，《新教育》，1923年第7卷第5期，第443页。

可供全国借鉴；五是模范的陈列，亦即标准的展示，以使他人有所取法。①

1923年8月在清华学校举行第二次年会时，中等教育组有一项议决案，请改进社组织全国儿童成绩展览会筹备会案。会后总事务所决定1924年8月在南京举办第三次年会时，联合东南大学教育科、中华职业教育社、江苏平民教育促进会和中国科学社，举办全国教育品展览会。展览品的征集和陈列办法，一如教育陈列所。

1924年3月上旬，教育品展览会在东南大学成立筹备处，该校教育科主任徐则陵担任筹备处主任，陶行知为副主任，夏承枫为主任助理，江克为书记，吴夷则为书记助理。筹备处组织成立30个分组，各组设主任1人或2人，聘请国内各方面专家担任，负责制定各组陈列计划及展品征集工作。各组名录及负责人见表6-2：

表6-2　1924年全国教育品展览会组织概况

组别	负责人	组别	负责人
教育行政组	程湘帆	高等教育组	郭秉文　任叔永
中等教育组	廖茂如	师范教育组	汪典存
小学教育组	俞子夷　吴研因	幼稚教育组	陈鹤琴　甘梦丹
乡村教育组	华伯雄	童子军教育组	张信孚
义务教育组	袁希涛	儿童玩具组	陈鹤琴
教育经费组	程其保	中等学校心理仪器组	陆志韦
教育书报组	郑晓沧　张叔良	学校训育组	郑晓沧
教育统计组	朱君毅	卫生教育组	胡宣明　赵士法
美育组	刘海粟　周玲荪	学校建筑组	茅康臣
图书馆教育组	洪范五	科学教育组	汤肃如
青年会教育组	刘湛恩	蒙古生活及教育组	陶行知
日本教育组		南洋华侨教育组	赵厚生　刘虚舟
特殊教育组		图画组	吕凤子
农业教育组	邹秉文	职业教育展览部	中华职业教育社
平民教育展览部	江苏平民教育促进会	科学教育展览部	中国科学社

（资料来源：夏承枫《全国教育展览会筹备纪略》，载《新教育》，1924年第9卷第5期，第910页）

①《中华教育改进社附设教育陈列所征集陈列品办法》，《北京女子高等师范周刊》，1923年第34期。

筹备处特别致函各应征机关、各县教育局和南洋华侨各校，一方面介绍办会宗旨，另一方面介绍征集内容。在致各县教育局的公函中称："关于各省地方教育行政方面，拟征求各地之学事年报及统计书等，为比较的陈列。贵县此项报告逐年编辑可资参证者必多，拟请将最近数年所编成者，无论为抄本为印本，各赐一份，以便陈列。"[①]致南洋华侨学校的公函中称："华侨教育情形，国内同人素所关心，惟苦海天遥隔，难明真相，此次展览会，特设南洋华侨教育一股，专陈列南洋方面华侨教育情形。"[②]此外，还兼及日本和美国，之所以陈列其他国家教育出产品者，意在通过比较，知其优劣，以便取人之长，补我所短。

国内展览品来自18个省区，国外展览品来自南洋40所华侨学校，以及日本和美国的教育机关，总计有4万余件，主要为实物原件、模型、图表和照片，内容相当丰富，由筹备处统筹负责布展陈列。由于征集到的展览品数量极多，东南大学体育馆不敷使用，又商借明清时苏皖两省举子考试场所南京夫子庙江南贡院。郭秉文在展览会开幕大会上演讲时称，此次大规模的教育成绩展览，在全国尚属首次，较平常所举办的教育展览，有四方面的特点：其一，普通展览会为局部的，其范围或限于一县，或限于一省，此次展览会则为普遍的，不特国内各地，均有成绩应征，即日、美各国应征者，亦极踊跃；其二，普通展览会组织简单，范围狭隘，此次展览会则有30余组，范围极大，举凡一切教育成绩，均可于此大规模的展览会展现其概况；其三，普通展览会往往缺乏系统，此次展览会的组织，则比较有条理，有系统；其四，普通展览会恒为暂时的，此次展览会则拟将应征展览品中无须退还者，永久保存，以便与将来的成绩做比较的研究。[③]

展览会结束后，除个别组外，绝大多数都有鉴定报告和统计报告。这其中最应引起注意的是日本的展览品，来自321个教育机关，计有5128件之多，占全部展览品13%左右，超过国内任何一个省份。所有展览品由日本文部省代为征集，日本驻华领事专程出席展览会开幕大会，足见日本政府和社会各界对于教育十分重视，应为中国所推崇和学习。展览会后，日本展览品大部分被赠送给中华教育改进社，陈列于总事务所附设的教育陈列所。

---

①夏承枫：《全国教育展览会筹备纪略》，《新教育》，1924年第9卷第5期，第949页。

②夏承枫：《全国教育展览会筹备纪略》，《新教育》，1924年第9卷第5期，第948页。

③《全国教育成绩展览会纪要》，《直隶教育旬报》，1925年第8年第3期，第43-44页。

第五节　邀请国内外专家演讲

中华教育改进社举办的演讲，最为经济的办法，就是利用专家考察之便，随时随地安排，如推士考察各地科学教育，张仲述在沪宁沿线调查中等学校课程等。此外，特别举办的演讲，主要有下列两种：一是趁召开年会时，请到会专家演讲，或邀请专家到会演讲；二是邀请美国专家来华巡回演讲，并举办讨论会，虽然不很经济，但便于中国教育界及时了解和学习西方最新教育思想和方法，于中国教育发展大有裨益。

一、年会期间专家演讲

中华教育改进社先后举办四次年会，每次年会都有数场专家演讲，为因应社会情势变化和社务发展需要，讲题取向，偶或有所不同，兹略述如下：

1. 第一次年会1922年7月在济南召开，承杜威、孟禄去后不久，推士已经来华，麦柯行将到来，其时多方面利用美国教育资源，襄助中华教育改进社事业，推动中国教育进步。因此，教育界对以美国为代表的欧美国家教育和社会状况最为关注。关于此方面演讲者，有留美归国学者蒋梦麟、邓萃英、张默君，美国科学教育专家推士。此外，梁启超演讲教育与政治，乃是着眼于西方的Democracy（即民主）。唯胡适演讲，以改革我国中学国文教学为题。

邓萃英的讲题为“美国教育之状况”，就其两次考察美国教育，报告大概情形：一是美国教育经费和教育基金筹措办法；二是美国的学校系统，包括四年、三年、二年制的中学，以及农业、工业、师范、高师等专门学校；三是义务教育，对六七岁至十五六岁儿童实行强迫教育；四是卫生、体育、职业教育。他认为美国教育美中不足的方面约有两点：一是白人和黑人不可同校；二是私立学校和教会学校相对独立，其程度恐与公立学校不能同步。后者已引起政府注意，近来有改良的趋势。

张默君的讲题为“欧美女子在社会上之地位”，称欧美女子在政治、教育、学术诸方面均有杰出人物，在家庭以女子为主，社会形成尊崇女子之风尚和趋势。

第一次世界大战中女子贡献卓著，战后女子社会地位迅速提高，如欧美通过女子参政权之法案，牛津大学授予女子以学位，等等。我国女性在民国肇建以后，地位日益提高，就教育界言，1918年中央政府委托女子考察美国教育，1919年北京女师改为女子高师，1920年北大和南京高师招收女学生，并聘请女子任教，1921年广东省有女性议员，东南大学及各省立女子师范中学招聘女教师，1922年湖南省议会选举女议员，本次中华教育改进社邀请专家，其中女子有三十余人。年会中女子教育组到会者颇为踊跃。就社会言，对女子已不似从前那般轻视，仅风俗习惯不易铲除，大多数女子仍无地位可言，如缠足、婢妾、溺女、娼妓、早婚、童养媳等，凡在偏僻之乡，触目皆是。故教育界有提倡教育以改良社会之责任。①

蒋梦麟的讲题为"英美法德四国人民之特性与大学之特色"，认为英国人重实际，大学博而约，精于一门，旁及他门，学者亦知世务，少经院习惯。法国人重悬想，大学发展美术思想和纯粹科学。德国人精于应用科学，大学注重专精。美国人喜悬想，注重行动力，大学重行，由行而致知。因此，"法国大学，其长在纯粹科学；德国大学，其长在应用科学；英国大学，其长在治人的社会科学；美国大学，其长在治事的社会科学"。如若引用到中国大学来，"纯粹科学则取法于法，应用科学则取法于德，关于社会科学各门，凡属于治人者，如政治、经济、外交等类，则取法于英，凡属于治事者，如大规模的组织，大工业大商业之管理，则取法于美"。②

梁启超的讲题是"教育与政治"，他认为教育是教人学做人，现代教育要教人学做现代人，一个现代人，除了要学会为自己或家族经营单独生活所必要的本领外，还要学会在一个国家内经营共同生活所必要的本领。后者就是要教他们学政治生活，也就是团体生活，或者说是德谟克拉西的生活。现代团体生活有几个特点：一是个人都知道团体的事即是自己的事；二是凡团体的事绝对公开；三是少数服从多数；四是多数派尊重少数派的地位和表达的自由；五是个体对各件事都要经过充分考虑，凭良心表示赞成或反对，不盲从别人，不受别人胁迫，也不胁迫别人。现代教育就是要教青年养成这种政治意识、政治习惯和判

①张默君：《欧美女子现今在社会地位》，《新教育》，1922年第5卷第3期，第669-671页。

②蒋梦麟：《英美德法四国人民之特性与大学之特点》，《新教育》，1922年第5卷第3期，第665-667页。

断政治的能力。

麦克乐是美国体育教育专家、东南大学体育教授，讲题为“中国体育应有之改革”。他就中国体育教育存在的问题提出批评：一是教育界大多数人士不知道体育的价值和体育的内容，以为体育不过是卫生方面的一种事体；二是体育教育的内容，以走步、兵操和武术为主，有的学校偏重田径赛，大抵不合心理学、生物学；三是缺乏训练有素的教员；四是缺乏体育教育的制度，以及体育教员的组织；五是缺少体育书籍杂志供体育教员参考研究；等等。针对上述诸问题，他逐一提出改良的建议，如制定适合中国国情的系统的体育制度和体育教学的细目、体育教学和行政标准、田径赛体操标准，训练体育人才，制定学科标准，扩充体育于社会游戏场及一切社会机关，发展地方运动联合会暨全国性体育组织，等等。[①]

推士是美国科学教育专家，应邀来华襄助中华教育改进社调查研究科学教育。他的讲题是“科学与教育”，认为一切学科教授的失败，根本原因在于教师的教法不良，大抵皆注意于学生的记忆，而不注意让学生有充分的思想。若想学生能够应用知识，必须在他幼年的时候，教他怎样思想。[②]因此，科学不只是指一门学科，更是一种方法。

除上述专家基于西学理论或观念发表演讲外，黄炎培演讲职业教育，强调三点：一是职业教育须注意学生服务社会的意识，不只是为个人谋生活；二是职业教育要与义务教育相联系，义务教育可适当增加职业教育的内容；三是军人的职业教育，如能化兵为农为工，则军队不裁而自裁。[③]

胡适的讲题为“中学国文教学”，他说两年前曾发表过《中学的国文标准》和《中学的国文课程》两篇文章，后适当地予以修正。国文标准有三：一是人人能用国语自由地表达思想，如作文或演讲；二是国语文通顺之后，方可添授古文；三是作古体文只看作实习文法的工具，不看作中学国文教学的目的。国文课程有二：一是在小学未受过充分国语教学的，应继续教授国语二至三年，始得兼授古文，但钟点不宜太多；二是国语已经通畅的，须注意国语文学和国语文法，古

①麦克乐：《中国体育应有之改革》，《新教育》，1922年第5卷第3期，第643–646页。

②推士：《科学与教育》，《新教育》，1922年第5卷第3期，第661–663页。

③黄炎培：《职业教育》，《新教育》，1922年第5卷第3期，第639–640页。

文教授钟点可加多,但不得超过三分之二,作文仍应以国语文为主。关于国语文教材方面,他说自己在两年前的主张稍有陈旧,现应增加小说、戏剧和诗歌、长篇议论文和学术文、古代白话文选本。关于国语文法的教授,与两年前所拟定的完全相同,即指定分量,学生自修,用演说和辩论作为国语的实用教授法。①

2.中华教育改进社第二次年会于1923年8月在清华学校召开,恰好是新学制颁布9个月后,关于新学制的种种问题,自然是教育界人士最为关心并注重讨论和研究的问题。中华教育改进社中等教育研究员张仲述的演讲,主要介绍中等教育课程研究的思路。朱经农是新学制课程编制委员会委员,他首先介绍新课程编制两大标准:一是养成共同的观念,二是适应学生个性。此项标准在不同级别的学校,要求不同。小学课程应以百分之百养成共同观念为目的;初中课程百分之七十养成共同观念,百分之三十适应学生个性;高中课程百分之四十二养成共同观念,百分之五十八适应学生个性;大学课程百分之百适应学生个性。关于课程的性质,小学是基本的,初中是绍介的,高中是分修的,大学是专精的。他就小学和初中课程的设置分别做了详细的报告。②

黄炎培的演讲,仍然以职业教育为题。但是,他说此次与上次不同,从前希望新学制出来,把职业教育加进去,现在虽然是加进去了,但是职业教育的种种新问题又随之而来了。新学制中,中学分农、工、商、家事、师范等职业科,然而城市中办农业科,乡村里办工业科,总不相宜。各地方究竟办何者为宜,须斟酌地方情形,宜于某种,即以某种为主,其他为辅。究竟何者为地方所需要,须有相当的调查研究不可。③

中华平民教育促进会在本次年会期间宣告成立,旨在推进中国平民教育运动。晏阳初演讲平民教育,着重介绍其在法国华工中进行的识字教育,以及回国后在北京、上海、长沙、嘉兴等地进行的平民教育。他在平民教育方面,一边研究,一边推行,颇著成效。他说中国害了聋、哑、瞎三大病,大多数国民不识字,不能读书,非瞎而何?不受教育的人不知社会情形,所以有耳等于无耳,非

①胡适:《中学的国文教学》,《新教育》,1922年第5卷第3期,第673-681页。

②朱经农:《新学制课程》,《新教育》,1923年第7卷第2、3期,第395-408页。

③黄炎培:《施行新学制后之职业教育》,《新教育》1923年第7卷第2、3期合刊,第409-414页。

聋而何？社会弄到这样地步，发言的是哪些人？大多数人是不作声的，非哑而何？中国四万万国民，有三万万二千万人不识字，要造成新国家，灵丹妙药即为教育，今后有一未受教育之国民，即为教育者之责任。[①]

此外，麦柯尔博士即将返回美国，在此次年会上演讲一年来教育心理测量的编造工作及其对中国教育心理专家的期望。[②]德尔门教授报告将运用业已编制完成的教育心理测量工具，在全国范围进行各种教育调查的计划和日程，期望得到全国各地教育界人士的支持和参与。[③]

总之，本次年会组织的数场演讲，注重于面向实际问题的研究和讨论，注重于实际工作的进行和介绍。

3.中华教育改进社第三次年会于1924年7月在南京东南大学举行，是次年会举办的演讲，主题似较分散，但稍做梳理，亦有某种共同的取向。

范源濂的讲题是“何谓好公民”，他认为19世纪初中国之政治、经济、学术思想均处过渡时代，人民生活极不安定，欲救此病，非注意公民教育不可。良好公民须具备下列五种条件，不可缺一：一是强健的身体；二是求学问，由认字而求常识，更进而研究高深学问，以学术为培养精神之食粮；三是好公民须实地做事，操正当职业，以谋生计，不赖他人；四是爱亲人，爱人类，且不可徒托空言；五是爱国卫国。[④]

章太炎先生的讲题为“劝治史学及论史学利病”。他认为，一国之历史，为一国人民以往之成绩，国家观念之所由生，国民性之所由附。生而为一国之民，而不治本国史学，直谓之无国家、无国民性之可也。聚几万万无国民性之人民以立国，则国魂已矣，其形体之国家焉有不亡之理！我国19世纪初所施教育，虽不如英之于印度，法之于安南（即今越南），所施亡国教育之甚，但外重内轻，数典忘祖，实有被化于人之趋势。考之往史，中国北方匈奴、女真及满洲民族，其初皆强盛一时，但一入中国，即无形同化，早失国民性耳。独蒙古民族，由元朝以后，其历史文化未被化于中国。他认为，当时治史学者，其病有五：一为读

①晏阳初：《平民教育》，《新教育》，1923年第7卷第2、3期合刊，第383-388页。

②麦柯：《教育心理测量》，《新教育》，1923年第7卷第2、3期合刊，第389-391页。

③《德尔门先生关于教育调查的报告》，《新教育》，1923年第7卷第2、3期合刊，第391-394页。

④《中华教育改进社年会纪》，《申报》，1924年7月5日。

史重文而忽事实；二为详古代而简近代；三为详外而略内；四为重文化而轻政治；五为治史学者多疑古史为伪。他希望史学者去其病而救其偏，则史学精神为国魂之所寄，方不愧为中国之教育。[1]

丁文江的讲题为"新教育与旧道德"，认为一时代有一时代之道德，旧道德应随时修改。值19世纪初过渡时代，中国道德如何修改是一大问题。中国教育制度是抄袭而来的，政治制度也是抄袭而来的，修改道德是否也可抄袭人家陈例呢？然则19世纪以来欧洲科学家对旧道德持根本的怀疑，第一次世界大战结束以后，更有多数人对19世纪乐观派之道德观念发生怀疑。他因此认为，中国即便要抄袭人家陈例，也无从抄起。在新旧道德观念冲突的时代，他主张教育者要教导青年，对老一代人之旧道德要有相当的谅解，老一代人对于年轻一代所信仰之道德也要有相当的谅解，俟一定时期再行修改道德规范。[2]

上述三讲，似与道德、公民、国性教育密切相关。

日本和英国退还中国庚子赔款问题，颇为本次年会代表注意，学术大会通过相关提案有5件之多。关于国债方面的知识，以及其与教育关系，亦有普及的必要，故而专请马君武演讲"中国之财政与教育之关系"，颜惠卿演讲"吾国国债状况与整理方法"。[3]

本次年会邀请蒙古代表出席，组成蒙古教育组，7月8日晚就蒙古教育问题召开大会，熊希龄为主席。马君武以"十三年来之蒙古"为题，介绍蒙古政治和教育。内政乃用部落制，行政权操之于诸喇嘛，下属官吏均由喇嘛任命。喇嘛一面施教(宗教)，一面秉政，学校以初等教育为最多，高小次之，中学尚未办理。各校均有汉文教学，蒙人对汉文研究饶有兴趣，故汉文成绩颇佳，蒙人亦多送子弟到内地或东三省学校求学。蒙人生活非常简单，逐水草而居，赖畜牧而生，各方面情形较以往多有进化。他提出数点感想：一是内地人轻视蒙人，致有当时之隔阂；二是蒙人与内地人所享国民权利不等，因此与内地人感情不厚；三则内地人未能直接管理外蒙，以致俄国常有野心，此为中蒙不融洽的原因。他深望教育界负造就蒙人之责，则蒙古必发达，中国五族共和必能真正实现。

---

①《中华教育改进社年会纪(第三四日详情)》，《申报》，1924年7月7日，第10版。

②丁文江：《新教育与旧道德》，《京报副刊》，1925年1月7日。

③《中华教育改进社第三届年会纪略》，《中华教育界》，1924年第11卷第1期《国内教育新闻》，第1页。

蒙古有三名代表先后发言。陈秋云用汉文演讲“蒙古问题之主体观念与客体观念”,要点有三:一则蒙汉是兄弟,中蒙当彻底亲善;二则蒙人教育亦逐渐发达;三则希望内地对蒙古多予扶助。陈问策演讲“外蒙科布多及唐布乌梁海”,1915—1921年,陈氏以中国参赞身份被派往外蒙乌里鸦苏台,对于外蒙情形极为熟悉。他首先报告科布多与唐布乌梁海的地形、气候与民性,次述俄蒙历史上各种问题是如何发生的,如何解决的,一则表明蒙人强悍耿直,一则表明中蒙亦当广泛联络。郭道甫用汉语演讲“蒙古问题即世界问题”,要点有六:一则蒙古有通连欧亚的西伯利亚铁路通过,因此蒙古关系世界者极大;二则蒙古有马、牛、羊等物产足以供给各国;三则蒙古有创新发明的忠心以贡献于世界;四则蒙古历史以元朝最为闻名,欧亚交通实由蒙人发现;五则蒙古文化于元朝最为发达,发明了火药和印刷术;六则蒙古种族与中、日、俄同,蒙人国籍处三者之间。他由此认为:“蒙古之利害,即世界之利害;因之蒙古问题,即世界问题也。”最后,他希望内地对于蒙古更多注意,量力提携。①

4. 中华教育改进社第四次年会于1925年8月在山西太原召开,在五卅惨案和沙基惨案爆发,全国各界反帝浪潮汹涌澎湃之时,中华教育改进社亦有所行动,请马寅初演讲“不平等条约与经济关系”。他从五个方面指出外国利用不平等条约在中国取得的种种经济利益。一是租界,在租界内拥有全部治理权,包括征税权,外国资本乃至中国许多资本都集中在租界内,常致内地金融恐慌。二是领事裁判权,常借此压迫中国家庭工业;自由发行钞票,上海工厂多系外资华工,中国政府不得干涉;外国报纸杂志公然宣传帝国主义,传至内地,中国亦不得干涉。三是协定关税,各国关税皆有自主权,中国关税则须与外人协定,没有自主权,如外国酒品进口值百抽五,中国汾酒、绍酒、陈醋出口值百抽三十,中国政府对此情形,无可奈何。四是轮船和铁路多为外资所控制,中国货品多由英、日两国商船运输,五卅惨案发生后,国人抵制外货,不用英、日船运输,结果导致中国茶叶、羊毛等货物积存于货栈,此即中国经济命脉多为外资控制的缘故。②

交通部总长代表叶恭卓莅会演讲,以“交通与教育”为题,认为交通与教育,

①《中华教育改进社年会尾声》,《申报》,1924年7月11日。

②马寅初:《不平等条约与经济关系》,《新教育》,1925年第11卷第2期,第302-303页。

在一个国家的行政上，呼吸相通，不容有所偏倚，必须均衡发展，并希望教育界对交通技术教育多有扶助。叶氏还代表法国前内阁总理班乐卫报告推动法国退还庚子赔款，沟通中法教育事业的经过情形。①

黄炎培演讲“职业教育”，强调职业教育必须因地制宜，因材施教；职业教育必须深入到职业社会中去，与社会相联络。②

陶行知演讲“中国教育政策之商榷”，批评中国教育政策因教育当局而变，或以无政策进，无政策退；或有政策而偏于主观，将全国教育供一人武断。他主张宜集思广益，审查国情，确定全国公认的教育政策，以达到国家建设之目的，故而提出建议二十二条。其中最重要者，如正式学校教育应超然于宗教、党纲之上；培养国家观念、爱国实力及大国民之气概；保护教育机会均等；培植蒙贤治蒙，藏贤治藏，并培植五族共和的公民资格，以谋国内民族合作；提倡以乡村学校为改造乡村生活的中心，乡村教员为改造乡村生活的灵魂，其具体办法，应先设试验乡村师范学校进行实验；用批评态度，介绍外国文化，整理本国文化；等等。③

此外，山西是中国义务教育模范省，袁希涛演讲“义务教育”，首先介绍欧美各国义务教育情形，由此指陈中国义务教育的成绩和不足，其要点在于：(1)入学方面，根据前次全国调查，学龄儿童就学概数未达百分之二十，第二次调查结果尚未发布。山西义务教育最为发达，男童十人有九人入学，然而女童十人不过一二人入学，江苏入学儿童不超过百分之十六。(2)师资方面，中国义务教育师资尚缺80万人，必须多办师范学校，一方面养成师资，另一方面推行义务教育。(3)经费方面，各地经费不一，生均年费江苏5元，山西2元，将来应由地方自筹，不足部分再由政府补助。(4)社会信仰方面，要使社会信仰学校，必须研究社会心理，小学教师要与儿童家长联络，庶几能得儿童家长的信仰，而能实行教育的方针。他对于山西义务教育，提出两点建议：一是女童强迫入学；二是提高教育效率，山西以务农为本，义务教育须灌输学生农业方面的知识，以利将来增加

---

①叶恭绰：《交通与教育》，《新教育》，1925年第11卷第2期，第187-190页。

②黄炎培：《职业教育》，《新教育》，1925年第11卷第2期，第206-208页。

③陶行知：《中国教育政策之商榷》，《新教育》，1925年第11卷第2期，第204-205页。

农产，且养成爱国家爱社会爱他人。[①]

二、邀请美国专家来华演讲

（一）生物学家柯脱博士在华演讲

柯脱博士系美国芝加哥大学植物学主任，曾历任哈佛大学自然科学教授、华伯希大学生物学教授、印第桑那大学校长、湖林大学校长、《植物》杂志创办人和主编、美国植物学会会长、美国大学教授会会长、美国科学改进社会长等职。[②]1923年，应中华教育改进社与东南大学共同邀请，柯脱博士于同年9月底抵达上海，年底前离开中国，历时3个多月。其在华行程安排：10月在南京，11月上旬在杭州，中旬在宁波和苏州，下旬在济南和北京，12月上旬在北京和天津。[③]

柯脱演讲分专题演讲和普通演讲两项。专题演讲有农业之重要、农业之改造、植物门之进化、有花植物之进化、植物遗传性之进化和天演与遗传等。普通演讲有生物学为实用科学、植物之机会、植物为国产、植物研究之进化、天演之意义、天演之现象、科学之观念、遗传与反应、新植物，以及近世文化之科学规律等。[④]

柯脱在东南大学讲演，历时1个月，听者分高等和普通两组。高等组由柯脱用英文讲演，不安排中文翻译，讲题为“植物界之进化”，每周3次，持续4周。普通组安排中文翻译，讲题为“科学真诠”“科学在近世文明之地位”“进化之意义”“现代进化论”“植物学为国家之宝藏”“研究植物学之机会”“遗传与反应”“生物学为实用之科学”等，多属科普性质。[⑤]

---

①袁希涛：《义务教育》，《新教育》，1925年第11卷第2期，第179-181页。

②《社务报告；邀请柯脱博士来华演讲》，《新教育》，1923年第7卷第1期，第142页。

③《社务报告；邀请柯脱博士来华演讲》，《新教育》，1923年第7卷第1期，第143-144页。

④《社务报告；邀请柯脱博士来华演讲》，《新教育》，1923年第7卷第1期，第142-143页。

⑤《柯脱博士来杭演讲》，《农学》，1923年第1卷第4期，第8页。按：《农学》系由东南大学农科编辑出版，1923年创刊，主要以介绍东大农科之教学活动为主，该文标题“柯脱博士来杭演讲”有误，应为“柯脱博士来宁演讲”。柯脱博士此次来华，应东南大学和中华教育改进社邀请，其在南京有近一个月的时间，故有系统之讲学安排。其在杭州时间很短，未有系统的分组讲授。

柯脱在北京的演讲，多属科普性质。他在北京师大演讲“生物学为实用科学”“进化之意义”“科学界之理想”“植物学之将来”“植物学之机会”等；在北京农业大学演讲“农业之改造”“植物学为国家之富源”“进化论之现在”“遗传与反应”；在北京大学演讲“植物学为国家之富源”“进化论之现在”“科学与近代文明”；在燕京大学演讲“农业之改造”。[①]

中华教育改进社与东南大学邀请柯脱博士来华讲学，与1922年7月济南年会期间举办第一届农业讨论会和农业展览会有关，会后成立了农业教育委员会，旨在加强农业教育。柯脱博士此番来华巡回演讲，有助于推动中国农业教育以及生物学的教学与研究。

（二）柏克赫斯特在华演讲和道尔顿制讨论会

道尔顿制教育法旨在弥补班级教学制度的不足，发展学生个性，培养学生独立工作的能力等方面，自从道尔顿制创立以后，欧美许多国家纷纷推行。据创始人柏克赫斯特女士1925年7月在南京讨论会上称，纽约有世界道尔顿制讨论会之组织，从事道尔顿制研究与调查，有关道尔顿制的著述，业已译成14国文字。纽约还创办道尔顿制师范院，专为实行道尔顿制的学校培养教师，修业年限少则6个月，多则2年。[②]由此足见道尔顿制影响之大，推行之广。道尔顿制在中国之情形，据陶行知1925年8月在太原召开的中华教育改进社第四次年会上说，有关此制的论文计有100多篇。[③]又据中华教育改进社调查，中国实行道尔顿制的学校，有15所，计划将来实施此制者很多。[④]为准确绍介道尔顿制的理论，研究解决施行过程中出现的种种问题，中华教育改进社于1925年邀请柏克赫斯特女士来华襄助指导。

柏女士来华后，首先在上海和南京分别举办道尔顿制讨论会，就教育界在施行中遇到的各种问题交换意见。南京讨论会于7月21日在东南大学举行，到会代表提出17个问题，柏女士均一一予以解答。南京市立第九小学提出3个问

①《邀请柯脱博士在京讲演》，《新教育》，1923年第8卷第1期，第166-167页。

②胡家健：《南京之道尔顿制讨论会》，《中华教育界》，1925年第15卷第5期，第12页。

③陶行知：《介绍柏克赫司特女士》，《陶行知全集（第2卷）》，四川教育出版社，2005年版，第196页。

④中华教育改进社：《中华教育改进社第四次社务报告》，1925年6月，第8-9页。

题:(1)以经费论,用道尔顿制的学校,较诸普通学校,何者用费更多?(2)常人每以为小学五年级始着手实行道尔顿制,但不知在五年级以前实行,有困难否?(3)道尔顿制无毕业期限规定,试问实行此制的学校应如何办理毕业生升学,方能免去一切困难?江苏省立第一女子师范附属小学亦提出3个问题:(1)在道尔顿制下的学生,无划一之进步,学习慢者往往学习兴趣少,致有自暴自弃的态度,请问救济的方法如何?(2)性情懒惰与能力薄弱的学生,往往不喜欢到作业室中作业,如何能改变此类学生的心志?(3)实行道尔顿制的学校,教授科学课程的教师如何指导应对一群做实验的学生?江苏省立第四师范附属小学提出6个问题:(1)教师指定作业常不能适应儿童的需求,可否与学生共同商定作业?(2)各学生努力进行其自己的作业,于是失去团体生活的机会,如何补救?(3)凡较难的作业,教师指导费时,若行班级教学,又不能完全适应各个人的需要,如何解决?(4)学生通常有抄袭他人笔记的事情,施行道尔顿制者于考查笔记簿以外,是否应特别注意口试,考查学生成绩?(5)学生在道尔顿制下作业,往往努力过度,似有害身体,体育一项,是否须列入作业表中,以备心身之调剂?(6)实行道尔顿制对于教授外国语,似觉颇有不能多事练习之弊,不知美国亦有同样的困难?江苏省立第二女子师范附属小学提出5个问题:(1)道尔顿制是否可以应用于任何学科?(2)学生笔记往往喜欢抄袭,而不用心摘录,故所得知识皆不彻底,有何解决办法?(3)在道尔顿制下,全校功课缺少合作否?(4)个别考试之困难:一则教师预备问题费时太多,二则问题的性质与答案,学生间会互相通知,有何解决方法?(5)学生不能用最经济的方法支配时间,有何方法指导?①

上海道尔顿制讨论会,亦就以下问题展开:一是功课指定问题,二是教师指导问题,三是学生学习问题,四是作业记载问题,五是堂课问题,六是毕业问题。每个问题下又有若干子问题。②

同年8月,中华教育改进社在太原召开第四次年会,柏女士亦到会演讲,就道尔顿制基本理念、与旧式传统教学的不同,以及师生关系等方面问题,做了详细的阐述。她强调道尔顿制的基本原理有三条:一为自由,二为相互影响即共同生活,三为时间分配。所谓自由,强调以学生为中心,教育适应儿童个性,教

①胡家健:《南京之道尔顿制讨论会》,《中华教育界》,1925年第15卷第5期,第7-12页。

②胡叔异:《上海道尔顿制讨论会提出之问题》,《中华教育界》,1925年第15卷第5期,第12-15页。

师对于学生给以精神上身体上之自由发展。所谓相互影响,即共同生活,一方面学校社会化,必须依照社会上之原理,而后实施教育;另一方面,学生与学生,教员与教员,学生与教员,须共同生活,彼此合作,彼此发生影响。所谓时间分配,是道尔顿制最重要的原理,须给学生一定的材料和时间,学生在一定的时间内消化这些材料,如此可使学生有自由支配时间的能力。柏女士特别指出,道尔顿制不仅是方法上的改良,实为精神上的改良,在道尔顿制下,师生是有感情的,是有联络的,而且学生作业是自由的,有伸缩余地的,绝不受机械的压迫和拘限。①

柏女士来华,有助于道尔顿制在中国推广。当然,中国情形有自身的特点,道尔顿制是否合宜于中国国情,尚须通过实践证明。陶行知在介绍柏女士时表示,中国教育向来是抄袭的,先是抄袭日本,后来又抄袭英、德、法,其时又抄袭美国,这种抄袭教育,简直不是中国的教育,甚至不成教育。他说:“我们此时欢迎她,要以她的创造的精神作参考,发明中国的道尔顿制才好。”②

(三)设计教学法创始人克伯屈在华演讲和活动

克伯屈,美国哥伦比亚大学师范学院教授,1918年发表著名的《设计教学法》一文,首次系统地阐述自己关于设计教学法的思想,受到教育界的关注。1925年,克伯屈的代表作《教学方法原理》一书问世,进一步阐述了他的教育理念和教学法思想,在美国产生了巨大影响。设计教学法的主要特点有以下几个方面:(1)设计是有目的的活动,(2)设计是有计划的活动,(3)设计是一个完整的作业,(4)设计是学生自动的作业。总之,在设计教学法中,活动须由学生自己决定目的,自己制定计划,自己实行,自己批评,教师在整个活动中,处于指导的地位。

克伯屈应中华教育改进社邀请,于1927年3月10日抵达上海,计划在华一个半月左右。中华教育改进社本拟请克氏遍历全国各大城市,克氏亦想经武汉前往北方各处,时值国民革命军北伐,时局不宁,美国驻沪领事建议克氏在上海

①柏克赫斯特:《道尔顿制概要》,高仁山译,《晨报副刊》,1925年8月26日。

②陶行知:《介绍柏克赫司特女士》,《陶行知全集(第2卷)》,四川教育出版社,2005年版,第196页。

两周，天津一周到十天，北京三周。[①]

克氏在上海除了公共演讲外，还分别举办了大学教育、中学教育、初等教育三场讨论会，涉及问题40多个。其中，关于大学教育的问题，如学生是否可以在校内组织政党做政治的活动，爱国主义与国家主义教育问题，学生应否参与学校行政，以何种方法避免学生因不满教授而引发风潮，等等[②]；中学方面的问题，如对于道尔顿制的意见，中学训育问题，中学分科制，男女同校问题，等等；初等教育方面，亦有关于道尔顿制、设计教学法、教师是否应该了解教育哲学等种种问题，克氏均一一表明自己的观点。[③]

克伯屈抵达北京后，于4月28日在教育部大礼堂演讲“文化变迁与教育”，29日在清华学校演讲“中国目前之教育问题”，30日在燕京大学演讲“道德教育”；5月9日在政治学会演讲“教育在文化上之功用”，10日在北大第二院演讲“现代教育方法之批评”，11日在北京师大演讲“学习之所由来”，12日在法政大学演讲“我对于中国和印度之印象”，在教育部大礼堂演讲“女子教育”；在北京期间参加了教育问题讨论会。[④]

克伯屈在华演讲和参加讨论会，不仅介绍他的设计教学法，更重要的是介绍西方教育理论和教学方法方面的最新成果。他在清华学校演讲时，对中国教育提出数项建议。首先，在制度和行政方面，抄袭别人的教育制度，不能对付中国目前面临的问题，教育制度过分集权是有害的，政客办理学校将使学校沦为政治的工具，国家应该有研究教育的最高机关。其次，在中小学课程方面，乡村小学应该注意乡村生活，中学应注重科学，注重思想，注重社会问题。再次，在教学方法方面，中国教育注重书本知识，忽视实地练习。总的来说，他认为中国已经由从前的静的文化，变为一种动的文化，必须有新的制度，他国的教育制度可以作为参考，取别人的长处，补自己的不足。[⑤]

---

①《设计教学法创始人克伯屈博士莅华纪略》，《山东教育月刊》，1927年第6卷3、4期合刊，第16页。

②《克伯屈在沪之三大讨论会》，《出版界》，1927年第77期，第24–29页。

③《克伯屈在沪之三大讨论会(续)》，《出版界》，1927年第78期，第17–30页。

④《克伯屈抵京后之参观与演讲》，《教育杂志》，1927年第19卷第6号，第8页。

⑤克伯屈：《中国目前之教育问题》，《清华周刊》，1927年第27卷第14号，第777–782页。

四、结语

中华教育改进社1921年底成立，至1925年底，整整四年，调查和研究成果，一般是成熟一种，出版一种，供教育界及时了解和交流。各种出版物，有近百种之多，新教育的思想、理论和办法，正是通过这些出版物，广为全国教育界人士所知晓。仅就编造的42种教育心理测验而论，运用此种材料在全国许多地方进行测验和调查，本身即是对教育心理测验最好的宣传和推广。中国代表在世界教育大会上分送17种关于中国其时教育发展实况方面的著述，各国与会者借此明了中国新教育发展状况，增进对中国教育的了解和认知，中国代表亦因此赢得相当的尊重，获得一致的赞誉。凡此种种，对于中国教育事业的改进、发展所发生的积极影响，诚难以一言蔽之。再如全国性的儿童玩具展览会、教育品展览会、教育陈列所，以及利用各种机会和办法安排专家演讲，均是借由不同的方法和路径，以期达到传播新思想和新知识，介绍新经验和新方法的目的。欧美近代教学方法的演进，从五段教学法，到道尔顿制，再到设计教学法，并非只是操作层面的改革，更是教育观念的革新。这些教学方法在中国推广，其更积极的意义在于推动中国教育观念的革新，以迎合世界教育发展的潮流。

第七章

中华教育改进社参加国际教育会议

中国近代新教育发生以来,以单向地师法东西洋各国教育为主,取法于他国者多,贡献于世界者少。中华教育改进社成立后,积极响应美国教育会联合会召开世界教育会议的倡议,以国际教育会议和国际教育组织为平台,与世界各国教育界联络沟通,既将中国教育实况介绍给各国专家,以为批评之资,同时了解各国教育发展状况,从中寻找差距,探索改进之方,推动中国教育进步。

第一节 参加世界教育会议(美国旧金山 1923年)

一、旧金山世界教育会议背景

1914—1918年的第一次世界大战,规模之浩大,损失之惨重,都是前所未有的。这场战争对教育方面的影响,欧洲思想界在战争爆发后即已开始反思。蒋梦麟密切关注欧洲思想界的新动向,并感叹中国思想界反应之迟缓。他在1918年著文说:

欧战开始以来,已经四载,于戎马倥偬军书旁午之际,欧美人士不忘百年树人之计,对于教育问题,熱心研究,不遗余力。去前两年之间,欧美报章对于战后教育之进行，论著甚多，而专书论此为余所见闻者，英有伯特来氏（Badley）之《战后教育》（*Education after the War*），美有地恩氏(Arthur Dean)之《战时及战后之学校》（*Our Schools during and after Wartime*），法有彼高氏（Pécaut）之《战后之学校》(L'Ecole après la guerre），日本有民友社发行之《战后之教育》及同文馆之《战后我国（日本）之教育》。回顾吾国，对于此大问题发布言论者，凤毛麟角，不可多观。[①]

蒋梦麟认为，欧美思想界在物质和精神两方面对这场战争的反思，影响了此后世界社会思潮的走向，除了专制主义、军国主义受到批判外，狭隘的国家主义以及科学主义同样受到理性的反省。他不否认国家主义之于人们的爱国爱乡之心，科学主义之于人类的进步，在在都有其益处，但是狭隘的国家主义和科学主义，无益于世界和平与发展。他同时认为，第一次世界大战后的世界大势，在国家主义外将兼及世界主义，在物质科学外将兼及精神科学，专制主义将走向没落，民权主义将占胜势。由是而言教育，则当注重自动、自治与训育三者，以养成健全活泼之个人。[②]其后世界主义、平民主义思潮滥觞，证实了蒋氏的结论不谬。受到国际主义思潮影响，在政治、经济、文化、教育等方面，许多国际性组织纷纷成立，国际间的交流与合作广泛开展。它们是国际主义思潮的产物，也对国际主义发展推波助澜。在学术方面，文化、教育界的世界性组织主要由民间机构发起，更能务实地体现世界主义的关怀。杨贤江介绍当时情形时说：

从一九一八年十一月十一日世界大战告终以后，国际主义的倾向发展很快。实际方面，有万国学术研究会议会、万国学士院联合会议、国际美术史会议、国际社会学大会等学术机关之国际的设施。此外，更有教育机关之国际主义的创设，如英国勃明汉的万国学校（International School）、比利时不鲁塞尔的万国大学(International University)、瑞士的塞纳讬里姆大学(University Sanatorium)都是。在战前“交换教授”的制度，现在都希望扩大。国际联盟成立以后，更觉

①蒋梦麟：《世界大战后吾国教育之注重点》，《教育杂志》，1918年第10卷第10号，第129页。

②蒋梦麟：《欧战后世界之思想与教育》，《教育杂志》，1918年第10卷第5号，第72页。

得有国际研究的必要，所以国际主义的教育益为有识者所重视。①

国际教育运动已在学术界、教育界表示过种种形式，如万国阿美利加研究者会议、国际行政学会议、国际学术研究会议、远东教育学会议、国际家政教育会议、万国国际法学校、国际化学协会、国际地震学会、国际地质学会、国际气象学大会、国际测地及物理学协会……社会卫生教育普及国际会议、国际道德教育会议等，都是根据国际主义的实例。②

美国全国教育会联合会是美国最具影响力的民间教育团体之一，它在1922年第60次年会上，动议发起召开世界教育会议，会后公开发表《万国教育会议宣言书》，提出召开世界教育会议的七项目标："(1)促进国际的友谊、正义暨好意；(2)培养民族间权利之相安，无种族信仰之别；(3)发扬各民族进化历程中之特长与国民性而尊重之；(4)征集关于各国教科书内容较为正确满意之意见；(5)培植民族间之友谊与信任，使发生互相尊重之同情；(6)灌输和平思想于青年，借以实现兵备缩减会议之原则；(7)使各校注重人类共存之要义，且晓然于战争之害，以永保世界升平。"③

宣言书中的七项目标，以正义、和平、信任、共存为旨归，体现了世界主义的关怀，同时还为实现上述目标，提出了六条具体方法："(1)设立国际公民学训练青年，使知近世交通及商业所发生之接触；(2)依据世界目光编辑教科书，俾青年对于各国优良之特点状况暨理想，有明确之了解；(3)与各友邦互换教师，并为外国学生设立免费学额；(4)促进普及教育；(5)与各国互相交换关于教育计划方法之论文及教育杂志；(6)指定一纪念日，曰'世界恳亲日'，共同遵守，以增进国际的友谊。"④

美国全国教育会联合会的倡议，得到50多个国家和地区教育机关团体的响应，世界教育会议于一年后如期在美国旧金山市召开。

①杨贤江：《最近的国际教育运动》，《教育杂志》，1922年第14卷第2号《世界教育新潮》栏目，第1页。

②杨贤江：《最近的两大国际教育会议》，《教育杂志》，1923年第15卷第5号，第20页，第86页。

③陈明璠：《万国教育会议宣言书》，《新教育》，1923年第6卷第3期，第471页。

④陈明璠：《万国教育会议宣言书》，《新教育》，1923年第6卷第3期，第471页。

二、中华教育改进社筹备出席会议情形

美国教育界倡导以教育方法促进人类和平，对于饱受西方列强欺凌的中国，有着强烈的吸引力。以留美学生为主导的中华教育改进社积极响应，主任干事陶行知为此撰文敬告教育界同人说，世界教育会议如果办得好，从小的方面看，可使到会各国交换智识；从大的方面来看，或可解决些国际教育的问题，以谋世界文化的改造。1921年8月11日在檀香山召开环太平洋教育会议，中国虽派代表出席会议，但因准备不足，没有得到满意的效果。1922年2月4日在菲律宾召开的远东教育会议，中国直到1月20日还未确定代表，最终未能参加。因此，要取得好的结果，须做必要的准备。最重要的准备，就是平日的成绩和随时的努力。中国近年来教育有许多的进步，诚如孟禄所言，这些好的东西，散落在各处，没人将其会通起来，外人不知晓，国人也不相闻问。所以一方需有人办教育，一方须有人分门别类观察、调查、研究各种教育之消长和真相，报告国人，彼此参考，一旦有国际联络发生，即可拿出来交流沟通。总的来说，国际教育运动一天多似一天，一定要参与，以前无准备，现在要有准备，一靠办学成绩，二靠彻底自明，有成绩才可交换。①

1923年初，中华教育改进社先后在上海和天津分次召开董事会议，推定蔡元培、范源濂、黄炎培、郭秉文、张伯苓、胡适、汪兆铭、陶行知等8人赴会。会议还决定分请国内教育专家，编著各种关于中国最近教育状况的单行本25种，以为交流材料，在世界教育大会上分发。这25种材料包括：《中国最近教育统计》《中国近年教育进步》《和平主义之中国教育》《中国近年教育思潮之变迁》《中国学制改革史略》《中国之新文化运动》《中国之教育行政》《中国之高等教育》《中国之中学教育》《中国中学课程之改造》《中国之初等教育》《中国之职业教育》《中国之农业教育》《中国之商业教育》《中国之工业教育》《中国之师范教育》《中国之国语运动》《中国之体育》《中国之女子教育》《中国之图书馆》《中国之社会教育》《中国之教育心理测验》《中国之教会教育》《中国之童子军》和《教科书中之国际问题》（包括中国、美国、日本、德国、英国、法国、俄国等七国教科

①陶行知：《为万国教育会议事敬告全国教育界同人》，《北京大学日刊》，1923年3月16日。

书中之中国)。[①]

1923年4月25日,中华教育改进社成立国际教育委员会,联合国际教育研究会,在尚志学校召开联席会议,讨论参加世界教育会议办法。到会者有陶行知、邓萃英、程柏庐、傅佩青、刘廷芳、王仲达、欧阳祖经、孙世庆、查良钊、汪典存等10人。邓萃英就世界教育会议宣言书中所提出的目标,以及达成此种目标的进行方法,向与会代表说明,并请讨论中国代表应持何种态度。会议对上述七项目标和六条办法没有疑义,但就六条办法如何进行,议决推举国内教育专家分任研究,具体安排如下:

(1)国际公民学:程湘帆、张仲述、查良钊、凌冰、林砺儒、余天休、陶孟和、傅佩青、汪典存。

(2)编辑教科书:朱经农、陶行知、邓萃英、刘廷芳、孙世庆、徐则陵、程柏庐。

(3)互换教师及免费学额:张伯苓、郭秉文、胡适、秦景阳。

(4)普及义务教育:袁观澜、陈筱庄。

(5)交换印刷品:汤爱理、戴志骞、洪有丰、沈祖荣。

(6)世界恳亲日:王仲达、欧阳祖经。

会议还讨论了向世界教育会议提交议案,议决三项:(1)世界语问题,推定胡适、张士一、钱玄同研究世界语问题并介绍注音字母提案;(2)成立世界教育会,推定程柏庐、陶行知、邓萃英、刘廷芳研究草拟"国际教育会组织大纲"提案;(3)申请下届大会在中国召开。[②]

1923年5月25日,中华教育改进社国际教育委员会再次联合国际教育研究会,开会商议出席世界教育会议一事,到会者有陶行知、邓萃英、李建勋、陈主素、张仲述、郑际唐、吴重岳、林砺儒和查良钊。陶行知报告上次会议议决请国内各专家研究实现世界教育会议七项目标的具体办法,现已收到10件:编辑教科书方面有徐则陵《研究教科书问题》,孙世庆《关于教科书问题之意见》;普及义务教育方面有陈宝泉《我国义务教育之经过及进行》,袁希涛《民国十年之义务教育》,袁希涛《促进义务教育问题》;交换印刷品方面有沈祖荣《研究交换印

①章洪熙:《社务报告·派代表赴万国教育会议之筹备》,《新教育》,1923年第6卷第4期,第631-633页。

②章洪熙:《社务报告·四月及五月筹备推荐代表前赴万国教育会议事项》,《新教育》,1923年第6卷第5期,第741-744页。

刷品问题》,戴志骞《研究交换印刷品问题》,张士一《研究世界语问题并介绍注音字母》;世界恳亲日方面有王文培《研究世界恳亲会办法》,欧阳祖经《研究世界恳亲会办法》。此外,关于会议提案方面,邓芝园报告介绍注音字母之进行,陶行知报告国际教育会组织大纲,汪典存报告国际公民学问题。[①]

关于中国最近教育状况方面的材料,实际完成了17种,都用英文写作,单册印行。分别是:胡适《中国之新文化运动》,刘伯明《中国近日教育之趋势》,陆志韦《中国之新学制》,郭秉文《中国之高等教育》,廖茂如《中国之中学教育》,朱经农《中国中学课程之改造》,朱斌魁《中国之师范教育》,黄炎培《中国之职业教育》,郑宗海《中国之初等教育》,俞庆棠《中国之女子教育》,庄泽宣《中国之平民教育运动》,晏阳初《中国十年内之平民教育》,麦克乐《中国之体育》,麦柯《中国之教育心理测验》,戴志骞《中国之图书馆教育》,陶行知、薛鸿志《中国之教育统计》,陶行知《中华教育改进社历史组织与事业》。[②]

本次世界教育会议由民间教育团体发起,中国代表由愿意参加会议的各机关团体自愿推选,经费自担。国内最初拟定出席会议的机关团体和代表有三类:全国教育团体有中华教育改进社范源濂、蔡元培、郭秉文、张伯苓、黄炎培、汪精卫、胡适、陶行知和汤茂如等9人;中央教育部有邓萃英、秦汾、李建勋和谢冰等4人;地方教育当局有湖北教育厅宗彝、林立、高鸿缙和陈时等4人。上述代表大多因事未能成行,最后各机关团体决定合组成立中国代表团,有中华教育改进社郭秉文和汤茂如,教育部李建勋和谢冰,湖北教育厅林立、高鸿缙和陈时。[③]

1923年6月4日,中国代表团从上海乘海轮前往美国。出发前,郭秉文致电纽约程其保和徐姓女士,邀其加入中国代表团;在海轮上,又邀请赴美留学的顾谷若女士加入;抵达美国后,又有留美博士殷芝龄加入。程其保回忆说:“民国十二年的夏间,我正在哥伦比亚大学师范学院攻读博士,一天忽接一来自祖国的电报,署名者即为国立东南大学校长郭秉文。电文说,请我获得学位后,即时

①章洪熙:《社务报告·四月及五月筹备推荐代表前赴万国教育会议事项》,《新教育》,1923年第6卷第5期,第741页。

②中华教育改进社:《世界教育会议中国代表团报告》,1923年7月8日,第6–7页。

③中华教育改进社:《世界教育会议中国代表团报告》,1923年7月8日,第3页。

返国，校方将聘我担任执行秘书兼教育学教授。我接受此电当然高兴，正在拟稿答复的时候，忽又接郭先生的第二个电报，告我他将于七月初来美国出席第一届世界教育会议，约我赴旧金山与他晤面，并请我担任出席代表之一。当时我尚系学生，获此殊荣，侪辈均为我贺。我自幼立志教育，有此开端，更启示我今后事业的途径，为我对鸿声先生一生难以忘怀者。”①

中国代表团于6月7日在海轮上召开第一次会议，进行职务分工，公推郭秉文为主席，林立、李建勋为交际员，汤茂如为记录员兼行政事务，谢冰、陈时、高鸿缙为编辑。代表们还在船上练习唱国歌，以备在会议时应用于交际席上。14日召开第二次会议，讨论整理已经征集的各种提案和意见，李建勋补提两案：一是审查教科书案，二是世界公民教育科案。此外，关于世界恳亲日案、世界教育会案等，均加以整理修正。②至此，参会各项准备工作基本就绪。

三、旧金山世界教育会议经过情形

（一）开幕式情形

1923年6月28日，世界教育会议在美国旧金山开幕，来自世界50多个国家的200多名代表出席了大会。美国教育会联合会会长欧文博士主持开幕大会，他在致欢迎辞时表示：“最近政治、外交、军事各方面，常有联合会议，各国咸趋于协作。吾人确信人类天性较社会上所产生之诸种人为的形式影响为大，且从来未以教育方法统一世界，故现在有试行召集世界教育会议之必要。即科学发明、工商业与交通运输诸端，俱赖教育以发展，但决不轻视政治、外交与国家自卫等作用，不过以教育方法向世界另一方面活动耳。”③

旧金山市政厅长罗福、斯坦福大学校长佐顿博士、美国前教育长韦廉女士，分别代表旧金山市、加利福尼亚州和美国教育部致欢迎辞。韦廉女士说：“近今为世界改进之日，乃教育者有为之时，人类之敌，为愚、为病、为私、为贪，祛此四

①程其保：《追忆郭鸿声先生》，《郭秉文先生纪念集》，台湾中华学术院印行，1971年版，第21页。

②中华教育改进社：《世界教育会议中国代表团报告》，1923年7月8日，第8-9页。

③《世界教育会议中国代表团报告（续）》，《晨报》，1923年8月19日，第6版。

弊,全赖教育者及优秀男女以最高智力为工具,鼓励人民之热诚,期得和平结果于将来,乃人类理想上最高之希望。美国国情及人民观念,夙为世界所了解,虽不在国际联盟与国际法庭之列,而与世无争,永享自由与民主政治之惠,则可断言。美国现尚觉有许多事应向前进,教育即其大端。父母之望其子女,无不欲其有所贡献于世,故须有相当之培植。虽国内各报恒有美国政出多门之批评,试经大西洋至太平洋,由坎拿大过墨西哥,当能灼见美国健全之安定,与人民爱护国家之实迹也。"①佐顿博士说:"太平洋为世界各洋之最大者,沿岸各种族占全人类之半,将来必为历史上重要事项之本心,可无疑义。历史事项,以后决非流血,乃互助健身、教育、商业各方面建设,人道上之种种伸张。此次大会,为全世界教育家第一次所组合,确因(应)讨论增进国际间之了解,与亲善之方法。"②

韦廉女士以愚、病、私、贪为人类之公敌,祛此四病,端赖教育。佐顿博士认为,以后处理国际间事务,不依赖流血战争,而是基于国际间的了解与亲善,亦有赖于教育。欧文博士特别强调,本次大会乃是顺应世界各国协作共进的潮流,除了政治、外交和国防外,教育亦是增进各国和平进步的重要方面。

中国代表郭秉文博士、英国伦敦大学教授亚丹博士,分别代表亚洲和欧洲致答谢辞。郭秉文说:"本会议之召集,其宗旨在谋世界和平,增进国际友善。简言之,即以教育方法促进和平,诚世界史上空前未有之举。以前国际间亦有关于政治、商业、宗教上诸种会议,但全世界教育家大结合,以谋未来之和平,此确为第一次。故本会议无国籍、种族、宗教之别,使全世界人类有根本上之联合。"他就中国社会情形说:"中国素爱和平,古之贤哲,数千年前即谓天下一家,厌战而道兵不祥。新教育精神,咸秉此旨。吾辈此次之到会者,亦同抱爱好和平之主义。本会议之结局,宜有世界教育会之组织,以进行议决事项,则国际亲善了解方非空谈,而军备自减,国际猜忌之情,悉变为和睦亲善之心,世界和平,人类友爱,当在指顾间也。"③

世界教育大会倡导通过教育的力量促成世界和平的宗旨,在开幕大会上得到充分体现。

---

①《世界教育会议中国代表团报告(续)》,《晨报》,1923年8月19日,第6版。

②《世界教育会议中国代表团报告(续)》,《晨报》,1923年8月19日,第6版。

③《世界教育会议中国代表团报告(续)》,《晨报》,1923年8月19日,第6版。

(二)分组会议情形

开幕式大会次日,与会代表分成国际合作组、国际行为组、国际观念组、世界教育消息传播组、健康教育组、乡村生活保持组、普及教育组、泛太平洋协会组等8组,分别讨论各种问题。分组会议历时4天,各组讨论问题及其议决案如下:

1. 国际合作组,讨论的议案有:(1)关于添设教育参赞案,为辅助各国推行最良好之教育起见,一国之教育上的经验应求广布于世界各国。同时,该国欲予青年以适当的教育,办理教育者应熟悉世界各国教育状况。因此,应否提倡各国在其使馆中添设教育参赞,以达该项之目的?(2)关于资助大学生留学案,一国之教育领袖,应当熟悉他国之教育状况,应否建议各国政府筹备专款,资助研究教育之大学毕业生到他国留学,研究他国之教育,并将他国教育方法及其改革运动,报告本国政府?(3)关于成立世界教育会联合会案,教育目的原为普教人类,谋个人无上之幸福,以及国家之发展,社会之安宁,应当有切实的方法使各国教育机关相互联合,特别是世界上五百万教师感情之联络,共同推进教育以贡献于人类。因此,应否提倡联合各国教育会、教育机关组成永久性的联合会?(4)关于统一科学名词案,科学为近代文明进化之要素,又是和平或战争的主力,应该设法使之趋向人类幸福,以科学的方法力行人道,谋人类之幸福。因此,应否提倡将各种科学为全体之联合,或为部分之联合?

议决案如下:(1)就教育参赞案,与会者认为,欲使各国互相了解,互相友善,常能交换意见,以立和平亲善之基,建议各国政府在驻外大使馆或公使馆中,添设极谙教育之教育参赞一人,以达本案之目的。各国或因情形不同,此种方法不能实行时,则应于其国之主要教育团体内规定一才望素著之人,代行其职务。(2)就资助大学生留学案,与会者认为,国际关系中最需要者,在各国之领袖人才能周知他国之习惯生活,以及与他国各方面领袖人物之接触,故请求各国政府及大学校、专门学校筹备专款,专为研究教育之毕业生前往他国留学之资助经费,受此资助之留学生须专心研究国际教育问题,并将研究结果报告本国政府。与会者还建议此类留学生对于国际公民科、经济科、比较教育科应特别关注,以便于编成一世界教科书,供各国学校之用。(3)就成立世界教育联合会案,与会代表讨论通过并拟定了简章草案。(4)关于科学名词统一案,与会者认为统一科学名词必可促进世界之互助,故提议对于科学名词之统一,应有具体办法,并期早著成效。

2. 世界教育消息传播组,讨论议案有:(1)关于交换教育印刷品案,交换教育印刷品,为各国教育家联络之最好方法,应否建议本会设立相应机关,促进各项印刷品之交换,以及规划进行办法?(2)关于设立世界图书馆案,文化愈进步,教育愈普及,研究高深学问亦愈重要,急宜设立公共图书馆,以传播一般之文化艺术,以及实业方面最近的进步消息。本会应否提议设立公共免费图书馆,并在学校中教授如何利用图书馆之方法,提高一般人民读书之兴味?(3)交换教师和教授案,欲使世界人民感情日洽,须设法去其偏见,并对其他国家有高尚之观念,宽大与包容之心。现已组织的各种机关,促进教师和教授交流,甚著成效,本会应否提倡此项机关之组织和进行?

议决结果如下:(1)就交换教育品案,认为本会应成立一永久机关负责办理,其职权如下:①研究各国教育之进步;②印行世界教育杂志;③报告各国教育印刷物之情形以便交换;④随时特别印行教育研究号;⑤遇必要时亦得进行其他相类事项。(2)就设立世界图书馆案,与会者认为,世界之进步,端赖教育之普及,尤有赖于知识之传播。然而传播知识非借图书馆不为功,故议决:①设一世界图书馆局,以后或与世界大学相联络;②如遇各国请求时,世界图书馆局可供给关于国际问题之书报;③世界图书馆局为各国现有之公立图书馆定一标准;④各国教育团体应设立全国图书馆局,供给全国之需要,并为该国人民与世界图书馆局之媒介。(3)就交换教师或教授案,与会者认为,欲使世界各国国民彼此有同情心,了解他国,免除成见,莫如在中等以下学校交换教师,在专门以上学校交换教授。具体办法为:①设立国际教师交换局;②各国间交换教师及教授,务使其范围普遍而广泛;③交换之教师及教授,应从初等、中等、高等教育各级中选出。

3. 国际行为组,讨论的议案有:(1)关于教科书之材料问题,因为对于他国之问题与情形,缺乏相当之了解,易生许多误会,故教科书中之知识应求确切充分,对于本国之特性情形及国家观念,应有适当之眼光,并将尊崇本国国旗之心理与礼节，推广及于他国。故能否设立某种机关，审查各国现行教科书中关于商业、政治、地理、历史等材料？(2)关于世界公民学及伦理学问题。由各种经验观察得知，世界各民族比邻而居，彼此互相依存，世界之大问题，即健全之文化与其必要之伦理等，应使世界各民族生存于友爱亲善之环境下，重视异种之特性，他国之权利，不生猜忌之心。本会应否提倡世界公民学及其研究，以求关于交易、游历、商务上之各种重要接触与学术交流？本会应否提倡以各国均能适用之优良文字，编辑世界读本，其宗旨为注重世界观念，使之施行于各学校中？(3)关于以青年红十字会促进在校学生通信案，为使在校学生对他国学校发生兴趣，并对他国抱有普遍的同情，须有青年红十字会指导国际间之联络。本会应否提倡联合数国组织委员会或机关，与各国红十字会合力推行此项活动？

议决结果如下：(1)就教科书之材料案，与会者认为，解除国际间误会最有力之方法，莫如使学校儿童确知他国之情形，确知他国之情形，尤贵有公正之精神和善意。议决组织世界教育会联合会，研究方法以辅助各国教育团体，使各该国所准备之教科书及他种教授方法，应适用下列之原则：①各国应将现行适用之教科书互相交换；②此项教科书中如对他国有误解之处，应研究更正，并应供给养成国际友谊之材料；③应编制国际读本，以各国间传记及高尚之文学为基础；④历史科、公民科、地理科之教科书，应特别注意人类之互助方面，以及人类发达对于和平之必要，文艺科之教授，亦应以此点为原则；⑤为增进国际公正及善意起见，所有直观教授，亦适用此项原则。(2)就世界公民学及伦理学案，与会者认为，各国欲达永久和平及善意之目的，唯一希望在使两种观念得以实现：一是世界之存在，在于各方面之生活为有组织之合作；二是世界系一单独之大社会，各个人应享有某项利益，同时也应负有某项责任，故有以下建议：请求各国教育团体以上述目标为各该国学校编一训练大纲，训练学校儿童，使其身心习惯行动举止，合乎世界和平之要旨。(3)在校学生通信案，会议认为，各国已有相关团体，从事学校间之国际通信，且异常发达，拟定每国派一教育代表，与相关团体合作，辅助各学校办理同样之事业，俾可增进各国学生间之了解和亲善。

4. 国际观念组，讨论议案有：(1)品性教育，品性教育包括心理品性、社会品性，以及测验品性之方法。问题在于如何使学生依据其道德生活上的经验，导其行为于正轨，发展恶恶之力，如何设置课程，采用何种训练方法？(2)社会研究使学者确知，个人与个人、个人与团体间关系之学科即为社会学，本会应否提倡试行选科，使学生于社会方面有明确的观念？(3)世界和平问题，世界各处学校之最大功能，即在开导国际正义、友爱、亲善之新路，故国家教育青年应使之有国家观念，且增益国际之亲善，能否规定或推广教育原理，培养儿童平正之心、宽大之德，如林肯所谓“泛爱众，不尤人”？(4)现代人对于后代之义务，欲谋来者之幸福，立世界之事业，教育持何种主义、何种走向，并有何种切要方法，使之施行有效？(5)世界恳亲日，欲使世人意见日洽，万国关系益密，而得最后亲善之结果，且不妨碍各民族之权利与信仰，能否于每年中选定一日为万国联合之日，名之曰万国恳亲日，使五百万教师，二百万万学生，于是日特别认识到正义、亲善与和平之精神？

议决结果如下：(1)关于品性教育案，与会代表认为，欲实现本会之目的，大部分在于全世界青年之品性训育。品性之主旨，要在使青年对人类有公正之心、善意的表示，而其行为亦须以公道及博爱为标准，故有以下之决议：本会订定大纲为品性教育之基础，细则由各国据此制定。(2)关于世界和平案，在以下几个方面达成共识：①一国教授历史之公共目的，须教其社会、经济、政治之发展，以及与世界其他国家发展之关系；②教授历史须起自太古，并教以世界之观念；③教授历史须教以直接增进世界各国亲善之特别原理，如公平、正直、国家与个人之礼让、协作、诚实等；④教授地理须具世界观念；⑤教授地理须教以直接增进世界各国亲善之特别原理，即如互助、勇敢、睦邻等；⑥教授文学须教以直接增进世界各国亲善之特别原理，即如平顺、无私、忠实、近情等。(3)关于现代人民对于后代人民之义务案，与会者认为，以教师之努力促进将来世界友谊，并提倡世界各国之礼仪。(4)关于世界恳亲日案，确定海牙和平会议开会日即5月18日为世界恳亲日，以此提倡世界友谊与正义之观念。是日之活动，应讲演海牙和平会议之结果，佐以乐歌、国旗、世界旗并举行庆祝游艺会。借由世界恳亲日，谋人类经济上、社会上与心理上之和谐安定。

5.健康教育组，主要讨论儿童健康教育问题。学校健康教育应以健全之儿童为标准，儿童早年教育应予以机会，使能构成未来生活之根基、健康的观念与习惯，保护青年男女健全之身体、愉快之精神。故可否提倡明白确定的健康教育之方法，使之适用于各学校各民族？

议决结果如下：(1)世界教育会附设世界健康教育组。(2)将此次世界教育会之报告及其他关于此类有价值之出版物译成各国文字，以谋需用此种材料者之便利。(3)在能供给健康教育完美设备之处，应备免费学额以辅助及鼓励此种教师及领袖之专门训练。(4)经验家、行政家及提倡健康之各种机关，应求彼此之充分合作，教育应与儿童之父母联络以求学校及家庭之合作。(5)关于儿童营养及健康教育方面，为母亲者应明了胎儿期、婴儿期、学龄期前、成长期等各期儿童食物之重要、食物选择及准备，营养科应编入学校课程。(6)关于医士及牙医在健康教育上之地位。医士及牙医应时常有效地检查学生身体以预防传染病。(7)关于看护士在学校健康教育上之地位，建议世界各国协同努力，提倡看护教育，以造就在世界学校健康教育领域中占一位置之看护士人才，各国之专门以上学校应协助看护学校之成立及发展，并应承认此种教育之发达为普通教育进步之一部分。(8)关于体育与健康教育之关系，建议推广分别适合于青年男女竞赛运动之项目。(9)关于健康教育教员及领袖之训练，所有预备时期之教师，应修学促进健康、预防及管理疾病之知识，以为负责学校儿童健康教育之准备。

6.普及教育组，讨论议案有：(1)识字教育之推进。普及教育为当今世界各强国之政策，对于一国之文学、美术、音乐、科学发明、力学、商学、职业、社会学以及种种高等技能之知识，均须扩而广之，而读写之能力，亦须相应增高。因此，应否提倡设法使全世界人民均能识字，其实行方法如何，应否设立此项委员会以负研究、推行之责？(2)节俭教育，欲为良好之人民，必求独立生活，无论多寡，必须有基本之进项，与量入为出之习惯。故欲求世界之平和，人人应有储蓄及生财之知识和能力。可否由本会就节俭之理论与实际，供给资料方法于各国？可否成立一国际委员会，提倡此项事业？(3)文艺教育与职业教育之调和，教育之目的，非止于增益专门才能，更欲使学生之生活臻于智德兼全，使能独立生活，为社会有用之才，不为社会之累。欲达此旨，非文艺教育与职业教育并重不为功。可否由本会组成特别委员会，确定原则，推行文艺教育与职业教育，使之有适当之调和？(4)女子教育，近代教育之趋势，女子教育日益普及，各国更有专门的教育规程，以期两性之平衡发达，使文化进步，后代常胜于前代。本会可否制定女子教育普及计划，或另组织机关专办此事，抑或规定原则、目的，以求此项事业之推行?

议决结果如下:(1)就不识字人民教育案,与会者认为,当今世界不识字之人民,数以亿万计,此种情形阻碍世界和平,亟宜救济,解决办法如下:①由世界各国各举代表一人,组织世界普及教育会;②本会以从速使各国人民均能识字为职志;③本会应为世界教育会之一部,成立世界教育会联合,组织事务所,添设总秘书;④十岁以上之人民不能读写者,谓之不识字之人民。(2)就节俭教育案,提倡设立世界节俭委员会,研究节俭上各种问题,建议于世界各国。(3)关于文艺教育与职业教育并重案,议决:①无论何人,均应使受一定职业之教育;②欲使职业教育有效,一方面发展此项知识,另一方面尤须对于文化生活上之各种才能均能发展,此种教育,须激励其对于职业、国家均有负责之心,并使其知劳动与休息之价值;③男女学生均须教以家庭生活之道,因家庭为国家生命发展之基本组织;④欲达此旨,先须有一种办法,使每生选择一职业,适合其个人本身之环境;⑤关于上述各项,须设立委员会专办之,以期发达,此委员会另定名为文艺教育与职业教育委员会。(4)关于女子教育案,女子教育不发达之国家甚多,亟须改进,议决办法如下:①会议结束后,即请各国代表将本次会议之主张报告其政府,请各行政机关均注意普及女子教育,并予以享受高等教育之机会;②凡已有女子高等学校之国家,须促进女子享受国家各种政治和学术机会;③本会议秘书处应提请各国政府努力女子教育之普及;④民族进化多源于母教,故应促进女子高等教育。

7.乡村生活保持组,讨论议案一项,即农村生活程序(改良乡村学校案)。可否就农村情形规定办法,以谋教育之普及和进步?可否联合全世界之力,使社会中精英分子对于乡村生活和教育发生兴趣,而谋共同解决?

议决结果,提倡为乡村儿童增进教育机会,所定方法如下:①于师范教育中注意乡村生活与乡村教育之特别问题,使学者深知其要;②整合单级学校,于人口稠密、交通便利之区设立规模较大之正式学校;③如不能整合时,则宜将单级学校中办理良好者加以整顿提高,聘请熟悉乡村生活与乡村教育又曾受此项教育之人为教员;④成绩较良而经费支绌之学校,应以省级财政,或国家财政,或省国两级财政共同补助之;⑤遇有必要时应为教师另建居室。

8.泛太平洋协会组,太平洋沿岸国家已有联合之机关,曾经开会讨论合作与公共利益各问题,本次讨论者,为太平洋各国之教育机关应如何增进国际之了解与友善。该项讨论没有形成议决案。

三、全体大会情形

全体大会有两项议程,一是审议各分组会议议决案,二是公开演讲。

各组之议决案,在全体大会上悉数通过,作为本次大会之议决案。议决案从性质上分,关于国际知识方面者,有添设教育参赞、资助留学生、互换教师或教授、各国学校儿童之通信、互换教育品、普及图书馆、教育书之材料、科学名词统一等八案;关于国际道德者,有世界公民科及伦理学、品性教育、各社会学科、现代人民对于后代人民之责任、国际亲善日等六案;关于生活维持者,有不识字人民之教育、节俭教育、文艺及职业教育调和、女子教育、乡村生活程序、健康教育等六案,其余一案为组织世界教育会联合会案。

公开演讲内容极为丰富。6月29日全美联合会长罗博士(Dr.L.S.Rowe)演说世界亲善,檀香山大学教授、日本籍原田助博士演说"日本之精神与教育之关系",30日联太平洋会执行干事班克博士(Frank G.Bunker)演说"联太平洋会之事业与世界前途之光明",纽约华沙大学校长麦克列坎博士(Dr.Henry Noble Mac Cracken)演说"世界为社会之试验场",檀香山前教育局长麦柯非(Vanghan Masconghey)演说"檀香山之教育"。8月5日,斯坦福大学威伯博士(Dr.Ray Lyman Wilbure)演说"世界儿童之康健状态",日本帝国教育会长泽柳政太郎演说"各国之希望",英国全国教职员联合会会长孙布来博士(Dr.C.J. Sainsbury)演说"世界会议之意义",意大利公主波非士(Santa Barghese)演说"教育中之妇女",纳克特博士(Dr.Hemendra Rakhit)演说"世界与印度",本次大会交际委员会会长汤穆士博士(Dr.Augustus O.Thomas)演说"教育与世界之进步"。①

①中华教育改进社:《世界教育会议中国代表团报告》,1923年,第28-31页。

第二节　参加世界教育会联合会第一次年会（英国爱丁堡 1925年）

一、组织概况

1923年旧金山世界教育大会议决通过中国代表团提案，成立一永久性国际教育团体，并通过临时章程，计七章十条。第一章定名为“世界教育会联合会”；第二章定宗旨为“谋世界各国各民族各种教育事业之合作，各种教育情形之宣传，敦促万国之亲善，增进世界和平之幸福”；第三章规定会员资格，包括：(1)凡教育者所组织之团体，属于全国性质者，经本会执行部认可得为会员，(2)凡教育团体不属于全国性质者，如果要求入会，由执行部认可亦得为本会会员；第四章组织，实行董事会制，设董事九人，从中选举会长一人，副会长两人，正副会长和董事任期均为二年；第五章事务所，暂定设于美国；第六章会议之组织，全体大会隔年举行一次，欧美亚三区之分会议，可于不开全体大会之年，分别在各洲举行；第七章会费，根据各团体会员之人数，人均年纳会费一美元，每团体合计年纳会费至少二十五美元，至多一千美元。①

依据世界教育会联合会临时章程，选出第一届临时董事，负责筹组该会之各项工作。美国汤穆士博士(Dr.Augustus O.Thomas)为临时会长，中国郭秉文、英国孙布来(Dr.E.J.Sainsbury)为临时副会长。另有董事六人，印度哥格耶(R.V.Gogaye)、日本泽柳政太郎为亚洲代表；苏格兰勃林格尔(Dr.George.C.Pringle)、希腊加法多士(Dr. Athos Kavados)为欧洲代表；美国许瓦格(N.D.Showalter)和加拿大查理司洼(Dr.Harry Charlesworth)为美洲代表，同时公推美国维廉士(Dr.C.H.Williams)为董事会秘书兼司库。②董事会议议决，郭秉文与哥格耶、泽柳政太郎组成亚洲委员会，郭氏兼任亚洲部部长；孙布来与勃林格尔、加法多士组成欧

①中华教育改进社：《世界教育会议中国代表团报告》，1923年7月，第35-36页。

②中华教育改进社：《世界教育会议中国代表团报告》，1923年7月，第53页。

洲委员会,孙氏兼任欧洲部部长;汤穆士和查理司洼、维廉士组成美洲委员会,汤氏兼任美洲部部长。

旧金山会议结束后,应英国苏格兰教育会和不列颠教员联合会之申请,经世界教育会联合会临时董事会议决,世界教育会联合会第一次年会,定于1925年7月20—28日在苏格兰爱丁堡举行。会议召开时,首先修订1923年旧金山会议通过的临时章程,保留了原章程的基本框架,对其中部分条款,有了较大的修订。主要有:(1)该会宗旨修订为:“谋万国教育事业之协作,传布各国教育消息,促进国际亲善与世界和平。”文字表述更为简洁,通过合作、交流、亲善以谋求世界和平的本质并没改变。(2)关于会员资格,除保持原有两项会员资格外,增加赞助会员一项,即“凡从事教育事业之单独机关,要求入会,经本会董事部之认可,得为本会赞助会员,此项会员,得推派代表预会,参与会议,惟不能享受代表大会之表决权”。(3)关于董事会之组成,由原先的九人董事,改为十五人,任期由两年改为四年,副会长由两人增至三人。(4)会费方面,临时章程规定入会团体按会员数人均年纳会费一美元,改为人均年纳一美分。①

我国加入为会员者,有中华教育改进社和全国省教育会联合会,但后者未纳会费,故没有选举和被选举权。中华教育改进社推蔡元培夫妇、郭秉文、凌冰、黄建中、陈宝锷为赴会代表,全国省教育会联合会委托郭秉文为代表,郭秉文同时邀请王志莘赴会。我国出席会议的代表尚有驻英公使朱兆莘。会议召开时,蔡元培在欧洲因足疾未能与会,但有演讲词由陈宝锷代为宣读。是次带往大会的印刷品有陶行知、程其保合著之《中国教育概况》和晏阳初《中国平民教育》两种。爱丁堡会议选举产生世界教育会联合会第一届董事会,美国汤穆士博士任会长,中国郭秉文任副会长暨亚洲部部长,英国孙布来任副会长暨欧洲部部长,加拿大查理司洼任副会长暨美洲部部长。我国代表凌冰亦被推选为董事。

二、会议概况

1925年7月21日上午举行开幕大会,到会者1300人以上,其中报告代表

①《第一届世界教育会联合会大会纪》,《教育杂志》,1925年第17卷第10号《教育界消息》栏目,第2页。

900余人，代表46国。会长汤穆士为主席，并报告前年旧金山会议的良好结果，继述本会宗旨和目的，仍以世界各国亲善和平为中心。他说：

本会为世界各国教育团体之共同组合，所以扶助教育事业之进展，其所设施，完全不与政治或宗教相混杂。本会宗旨，在借教育之力，于世界共同之真理，发展各国国民之公民道德，建设世界和谐之文明，一面发扬国民爱国之热忱，而同时解除异于是族间之仇恨。

……

近世凶恶之战争，为祸之烈，自古未有，死伤万千，损失兆亿，世界文明濒于破裂。今世界各国人民之所期得者，为普通永久之和平，我教育界同人……在展张后起青年之心灵，培养彼等友爱之精神与睦邻之观念。解除武备非和平根本之途，盖使革其面，而不革其心，成效总不能得。欲消除世界之战争，非先从革除各国人民好勇斗狠之心不为功，施教育于天真烂漫之学童，于仇恨暴戾之心未发之前，助长彼爱人爱己之公道，与普通之仁爱精神，则本心上之战争观念，得根本消除，而和平之基础，得以成立。

……

伟大之教育团体组合，实在求世界各国教育界精神实力之结合，负先知先觉之责任，导人类于正轨，发扬世界文明之真义。初期世界教育界教育精神之合一，不强各国教育方法之一致，谋国际之公道与亲善，不妨碍各国国民之爱国热忱与信仰自由。总之，人类间虽有种族国界等见，但真理则一，教育所以明真理，各国教育家对于引导人类思想爱好真理之责任……为本会之目的，亦诸君之责任。①

是日晚间，苏格兰教育界举行欢迎大会，到会2000余人。苏格兰政务长吉兰慕氏主席，相继演讲者有爱丁堡市长、爱丁堡大学校长、格兰斯哥大学校长、爱丁堡教育局长、苏格兰教育会会长，汤穆士和郭秉文致答谢辞。郭秉文还代表亚洲部、中华教育改进社和中国全国省教育会联合会，报告前次会议以来中

①《第一届世界教育联合会大会纪（一）》，《申报》，1925年8月20日。

国教育进行情况，末以消弭战争，促进世界和平，勉励各国代表。其词曰：

今之万国法庭也，国际联盟会也，万国公法也，外交方策也，联盟也，公断也，于增进国际友谊、世界和平，虽不无贡献，然总不免肤浅而近于机械，期以根本的消除战祸，使世界各国共登和平之域，似犹未能。盖国民间对于国界之分种族之见，以及其他种种偏狭之心理与观念，足以障碍国际间之和平者，未能根本变更或铲除，而谈世界永久之和平，难矣！为今急要之图，乃在于机械之政治作为以外，别求教育方法，激发各国后起青年之良知与理性，使厌弃武力，信仰公理，以建树世界和平之基础，不此之图，则虽极周密完善之计划与约章，不过片纸耳。冀借教育协作之精神，促进国际亲善与世界和平，乃本会唯一宗旨与责任，惟诸君须知用教育方法变换人类偏狭观念，以铲除战争祸源，建设永久和平，非旦夕之功可能奏效，是必积以年月与精力。今我人所致力者，不过其起点，然于此时际，树今后世界和平之基础，有不容轻忽者。今世界各国不论幅员之广狭，国势之强弱，咸派代表集议于此，思所以尽其心力之道，可谓盛矣！然我信与会代表之希望于诸领袖国者尤甚，是则彼教育家所负责为尤重，如引导彼国人捐除傲慢自负之谬见，与鄙侮友国之恶习，培养彼国民信仰公理与尊重民族自决之精神等，尤为彼等所应致力者。①

大会举办多场演讲会，蔡元培因病未能到会，其演讲稿《中国教育的现状与将来》由陈宝锷代为宣读，略谓中国过去的教育，长处有三点：一为注重人格感化；二为偏重自由研究；三为因材而施，发展个性，而不受同学牵制。短处亦有两点：一在科目上偏重精神科学，如文字考古学等特殊科学，缺少自然科学；二在受教育与否悉听个人与其父母之自由，而无强迫之制，因此教育不能普及。最近25年间，模仿欧美学制，各种学校次第设立，取分班授课之例，有升级毕业等考试，并推行强迫教育之制，以受教之人数言之，固视他日为普遍，然而旧式教育的优点，不免由此而舍弃，显见出来的弱点有三：一是教员与学生之间，渐趋于机械式的授受，而不复注意于人格感化；二是学生多处于被动的地位，而不注意于自动的研究；三是富于天才者为班次所限，而不能有超格的急进。近5

①《第一届世界教育联合会大会纪(一)》，《申报》，1925年8月20日。

年来,中国教育家鉴于此等流弊,顿悟旧式教育的长处,乃正与欧美高等教育之研究院及中学以下之道尔顿制,互相印证,以心理测验之法,得以明了天才生或低能生与普通学生特殊之点,于是欧美最新方法,悉已次第采用,此在欧洲各国,均积长时期的经验而后推行,中国则于25年之短时间,已能确信而仿行。中国人于革新之事,实有文艺复兴之精神,所以倍增热力与速度,由此进行,再历25年,中国教育情形,无论数量方面、性质方面,必可与欧美国家等同,将来中国教育家必有可以供欧美教育家之参考者。[①]

三、分组会议和议决案

旧金山会议立足于世界之亲善和各国教育之如何统一行动,故有国际合作、国际行为、国际观念、国际交流方面的组别,本届会议更倾向于实行方面,按照教育层级,分为初期教育组(即幼稚教育组)、小学教育组、中等教育组、大学教育组、培养师资组等,以及卫生教育组、德性教育组、不识字人民教育组、成人教育组、青年教育组、国际亲善组,总计有11个组别,从7月21日起至27日,各组分别召开会议,审议各案。

1.初期教育组,即幼稚教育组,初次会议讨论蒙养院、幼稚园陶冶和养成儿童人格兼及保姆养成问题,英美各国代表均有关于幼稚教育方面的经验报告。[②]第二次会议讨论的问题是能否为蒙养院及幼稚园规定目的、纲要和教材,以及其与小学教育及日常生活间之关系,各国代表对此问题的意见有分歧,一方主张由教育行政者规定划一办法,另一方主张应由蒙养院及幼稚园教师依据本人学识与经验,就儿童个性施以适当的训育。[③]第三次会议讨论的问题是,主张各国政府应拨公款,养成初期教育专家,辅助国民受到初期教育,并注意学校、家庭之间的联络互助。[④]

2.小学教育组,首次会议讨论的主要问题,集中在前次大会议决的世界恳

①《第一届世界教育联合会大会纪(六)》,《申报》,1925年8月31日。
②《第一届世界教育联合会大会纪(二)》,《申报》,1925年8月21日。
③《第一届世界教育联合会大会纪(三)》,《申报》,1925年8月26日。
④《第一届世界教育联合会大会纪(四)》,《申报》,1925年8月29日。

亲日案如何施行。美国代表报告美国各地学校已有实行，其他各国代表报告，大都因未得本国教育行政方面的正式通告，故尚未施行。次则讨论小学教科书问题，有代表提议由本会组织一委员会，搜集各国著名人物事迹，及文字、音乐、艺术之精华，编成一种万国小学教科书，使儿童对于本国以外的其他各国有公正明确的印象。但是，各国代表意见微有不同，盖此举与国民性训陶及政治问题有关联。美国代表报告少年红十字会的通信方法，可为增进各国儿童互相谅解之助益。[①]第二次会议讨论小学校地理科教学问题，各国代表申述意见，有主张教授地理当注意于人文及世界观，有主张各国交换教师教授地理，有主张交换各国地图及教师教本，末后有匈牙利及美国代表提议各国地理教科书中，凡足以引起学生对于他国发生恶劣感想之点，应设法删改。[②]第三次会议讨论世界公民学问题，前次世界教育会议曾讨论及此，今次重提以征求各国教育家对于此问题的意见，如讨论增进国民邦交的方法，都认为少年红十字会的通信事业非常有功效，交换各国图书亦有大帮助，末后主张在教授地理、历史等科时，应注意国际间的交谊问题，而不另设世界公民学一科。[③]

3. 中等教育组，首次会议讨论的重点，集中于中等学校各科教材问题，代表均主张对于历史、地理科教材，须注意展张中等学校学生正确广博的世界观；科学教材则须以切合人生事实者为主。代表中有提议编辑世界名人传，作为中等学校历史教科书之一种，有提议交换中等学校教师。对于后一种问题，该组认为有加以慎重讨论的必要，即议决组织委员会，讨论各国交换中等学校教师问题。[④]第二次会议先讨论灌输中等学校学生国际交谊知识与方法，提议编辑专门书籍教授关于邦交问题，如万国公法和国际盟约等内容，万国法庭及国际联盟的组织与任务等；有提议设法便利交换教师与教师游历团；又有提议采虹霓七色及其和色为万国徽章，以表示国际的和谐感情。末后讨论教授历史科时，讲及本国与他国间关系之事实，如何可以使国家观念与邦交观念不相冲突，各国代表多主张扩大学童的世界观念，使之敬爱本国，同时又能尊重国际的友

①《第一届世界教育联合会大会纪(二)》，《申报》，1925年8月21日。

②《第一届世界教育联合会大会纪(三)》，《申报》，1925年8月26日。

③《第一届世界教育联合会大会纪(四)》，《申报》，1925年8月29日。

④《第一届世界教育联合会大会纪(二)》，《申报》，1925年8月21日。

谊。[1]第三次会议讨论选择教科书问题，主张选择世界著名文学著作一百种，为世界文学丛书。次讨论中等学校教授科学问题，主张重在培养中等学生科学观念与求真理的观念。次又讨论中等学校地理和历史科，主张注意教授世界地理与世界历史，明白指示地理与人文之关系，并主张修正现有中等学校地理、历史教科书中偏狭之见，以及对于异族的误解，其意见得到多数代表赞同。[2]

4. 大学教育组，格拉斯哥大学校长讲述近年来大学学生生活的变迁、大学教育的范围应当扩展、大学生的群性与同情心等重要问题。耶路撒冷大学教授吉第氏演讲大学之进步与其切要问题，主张大学教育应阐明各种科学的源流与嬗变，使受大学教育者能深明自然界与文化的关系，知可以适应现代社会进化的需要。[3] 关于设立世界大学问题，代表主张成立委员会，先调查各国大学情形，考虑设立世界大学的方法，再做详细讨论。[4]

5. 成人教育组，牛津大学主任演讲东西洋各国成人教育的趋势，爱丁堡大学教授斯密司演讲成人教育的重要，印度代表陈述印度人民失学的苦痛。讨论成人教育问题时，提及图书馆与成人教育的关系者颇多，建议国际间互换图书的方法。[5]

6. 培养师资组，先由巴勒斯坦大学芬德莱教授演讲“教师与邦交”，阐明教师对于增进国际亲善的作用；次由苏格兰教员联合会会长演讲“教师在社会组织中之责务”，略谓社会组织，今昔不同，教师所负责任，亦应随之变易，例如今之世界组织，日趋博大繁复，抱狭隘的个人主义者，决不适合今后的世界，为教师者当预测世界变迁的大势，灌输一种广博的人生观，以使学生能适应当今世界发展变化的趋势。[6]

7. 不识字人民教育组，首次会议由中华教育改进社代表凌冰报告近年来中国平民教育进展情形及中国平民教育施行方法，并分发晏阳初所著的《中国平民教育运动》一书。各国代表即根据报告讨论中国施行平民教育的种种方法，

①《第一届世界教育联合会大会纪(三)》，《申报》，1925年8月26日。
②《第一届世界教育联合会大会纪(四)》，《申报》，1925年8月29日。
③《第一届世界教育联合会大会纪(三)》，《申报》，1925年8月26日。
④《第一届世界教育联合会大会纪(四)》，《申报》，1925年8月29日。
⑤《第一届世界教育联合会大会纪(一)》，《申报》，1925年8月20日。
⑥《第一届世界教育联合会大会纪(一)》，《申报》，1925年8月20日。

有英国代表主张采行印度普及教育的办法，不赞成中国所用的奖励与劝导之法，认为施行平民教育非用强迫方法不为功。又说他们在印度施行强迫教育，颇著成效。多国代表均认为中国所行的奖励与劝导方法实为正当，预料其成效必胜于强迫方法。日本代表报告日本全国学龄儿童90%已在公立学校接受教育，日本普通教育已渐普及，穷乡僻壤处的贫民亦能阅报；又谓日本采用片假名注音，对于普及教育大有助益。美国代表报告美国居民除移民外，几乎无人不识字，现今政府对于移民实施移民教育甚力，且极著成效。苏格兰代表报告，英国施行强迫教育已久，居民除生而残废者外，无不识字者。[①]第二次会议时，各国代表讨论不识字者的界定问题。中国代表凌冰申述中国所谓识字者，须能阅日报，写短简，且具有理解力。中国乡村小镇中，能识姓名及简单文字，能记录日用账目者，为数甚多，中国均不以识字者计之，中国不识字人数之多，实与界定之严有关。美国代表申述意识之盲，甚于不识字者，美国的目标是到1930年时，全国无不识字的人民。本次讨论除关于不识字者的界定标准外，基本的共识是，多数人民不识字，将阻碍世界和平、经济发展及社会进步。[②]

8. 青年教育组，代表意见主张各国注意提倡补习教育及职业教育，以救济青年失业问题。[③]

9. 德性教育组，首次会议由爱丁堡某女子中学校长演讲“德性教育之重要与设施方法”；日本代表介绍日本中小学校对于德性教育的施行方针；中国代表黄建中报告中国学校中实施德性教育的方法；末后美国代表报告美国教育行政方面提倡德性教育的经过，并提请各国代表合组一研究德性教育的机关。[④]第二次会议上，爱丁堡某女中校长提出校风问题，以及其对儿童品性、行为的影响。瑞典代表陈述瑞典教育的平等精神，以及各级学校注意德性教育的情形，又谓德性训育与宗教信仰有密切关系，二者似不能分离，他对于中国及日本的道德观念不依宗教信仰，感到奇异。继则讨论德育训练中的爱国观念，代表多谓爱国观念与世界观念不相反驰，惟偏狭的爱国与傲慢自负，不可助长。[⑤]

---

①《第一届世界教育联合会大会纪(二)》,《申报》,1925年8月21日。

②《第一届世界教育联合会大会纪(三)》,《申报》,1925年8月26日。

③《第一届世界教育联合会大会纪(四)》,《申报》,1925年8月29日。

④《第一届世界教育联合会大会纪(二)》,《申报》,1925年8月21日。

⑤《第一届世界教育联合会大会纪(三)》,《申报》,1925年8月26日。

10. 卫生教育组，首次会议讨论学校卫生及体育训练等问题。伦敦医学专家克尔氏认为，增益健康比预防疾病重要，又说保持健康的习惯，须自幼年养成。美国代表讲述其实施卫生教育的经验，养成卫生习惯，实为卫生教育的主要目的之一。日本、匈牙利、澳大利亚等国代表各述本国学校注重体育运动情形。[①]第二次会议上，伦敦卫生委员会专家克尔氏演讲"教育与卫生"，认为传布公众卫生知识当从学生开始，卫生教育为公众事业之一种，政府应当担负责任。他还认为，心理方面的卫生当与身体方面并重，学校中的性教育宜采用极自然的方法灌输此种自然之知识，但他反对在教室中做普通的讲授，因同级学童年龄未必相等，普通讲授施之于年龄不同的学童，流弊较多。美国爱荷华大学体育主任演讲，认为卫生教育须与学生家长合作进行。[②]

11. 国际亲善组，召开会议一次，讨论改善历史课教授方法及其必要性，旨在消除各国人民的褊狭和成见，消解异种异族之间的误解，以促进国际间的友善。[③]

各组最后提交议决案经全体大会审议，通过21案：

1. 本会应组织初期教育组、小学教育组和高等教育组常设委员会，协同各团体会员，依据本会宗旨及规定职务，作调查报告，以为下届大会各该组讨论之准备。

2. 本会应组织卫生教育组和不识字人民教育组特别委员会，其职务与各组之常设委员会同。

3. 鉴于婴儿初期教育之重要，于学制中应规定一适合此期之教育。此项教育，无论由家庭或特设机关实施，均须注意于习性、容仪及性度，务使以环境之感化力，培养儿童自由、康健、快乐之生活。

4. 初期教育如由特殊机关协同儿童父母实施时，关于儿童体育、智育上的训陶，须由曾经受专门训练之人担任，政府应在经济上赞助此项教育，并须设法鼓励此项教育之研究。

5. 本会深信，国际亲善日在增进各国儿童国际视野方面的积极作用，因此

①《第一届世界教育联合会大会纪（二）》，《申报》，1925年8月21日。

②《第一届世界教育联合会大会纪（三）》，《申报》，1925年8月26日。

③《第一届世界教育联合会大会纪（四）》，《申报》，1925年8月21日。

提议各团体会员应斟酌本国情形，请求各国行政机关，同意规定国际亲善日，并拟定国际亲善日仪式，供各学校参考。

6. 本会认为教授地理、历史及公民学等科，不应只以本国为主观，应兼重近代社会观与世界观。

7. 本会赞成用儿童通信法交换学校成绩品办法和交换相当年龄学童办法，以增进国际间的交谊。本会当尽力设法使关于此项邮递费减轻，以利进行。

8. 各国小学教科书应记述各国儿童生活情状，以及各国优异之点。

9. 本会认为，各国教师应具有世界观念，提议各国师范学校及大学校应特设专科以示提倡。各团体会员应设法鼓励教师旅行外国及交换教授。

10. 本会当协助各团体会员，提倡教授世界名人传记，注意直观教授，如教育的及科学的影片，近代语言教授、体育训练、公民训育等科，以展张国民的世界观。

11. 本会应规定历史科及历史科教授标准，其注重之点，在以公允平正的态度，讲述国际的问题，不掩其短，亦不没其长。由本国史进而至世界史时，应阐明由冲突而进于和解的邦交程序。

12. 本会修改1923年议决案之第7件："本会应征询各国大学之历史及其最近之进展情形，并调查设立世界大学问题。"

13. 本会修改1923年议决案之第4件："本会应研究各种科学间之关系，与各科教授间之联络，以谋科学名词之统一。"

14. 本会修改1923年议决案之第6件："本会提倡设立一世界图书馆局，调查图书目录之编制法及其改进方法，将来该局可与世界大学相联络。"

15. 本会赞同法国大学及学校联合会关于便利交换教师及学生等案主旨，当将此问题再加以考虑。

16. 本会之公意，认为教师应负责使学生明了世界为一体，各国及各民族间的经济等问题，有互相倚恃的关系；又当使学生知道正当的国家主义，并不排斥大同主义。

17. 本会当设法和与本会宗旨相同的各国际团体，合力协作。

18. 本会认明德性训育在教育上的重要性，将此问题交指定委员会，就各组会议提案，重加讨论。

19.本会将卫生教育组分组会议提交的各案,交由该组委员会协同团体会员计划进行,本会并认明卫生教育为设施各项教育的基础。

20.本会当征集1925年与会各国培养师资方法,以备专事研究此项问题者参考。

21.本会应规定关于“不识字人民”的定义,征集各国不识字人民的统计数字,并赞成将不识字人民的教育列入各国学制中。①

第三节 参加国际教育会议的意义

中国教育发展在两次世界教育会议上深为各国代表所注意,究其原因,其一是中国人口占世界总人口比重较大,中国教育发展与否,关乎世界教育整体水平;其二是中国教育专家用英文著述本国各种教育状况,其材料之丰富,深受各国代表赞许;其三是我国代表提交的世界教育会联合会案、世界教育品交换及研究局案、世界亲善日案、世界公民教材案等四案,均为大会主要提案,获得完全通过。大会决定成立世界教育会联合会,正是中国代表的重大贡献,郭秉文被公推为世界教育会联合会副会长兼亚洲部部长。

以中华教育改进社代表为核心的中国教育代表团参加世界教育会议,对于转型期的中国教育无疑有着积极的影响。这种影响可以从内外两个方面来认识:

第一,中国新教育面向世界的有益尝试。

中国近代新教育是西风东进的结果,是世界新教育思潮在中国结出的果实。经过数十年的发展,虽然仍有许多问题,但是取得的成绩有目共睹。中华教育改进社通过教育展览会的形式向国人报告,同时利用世界教育会议,将各种成果拿出来与世界教育界同人交流。中国代表团带往旧金山和爱丁堡的19种成果,展示了中国各级各类教育发展的实况,便于世界各国多方面了解中国

①《第一届世界教育会联合会大会纪》,《教育杂志》,1925年第17卷第10号《教育界消息》栏目,第1-2页。

教育。中国教育只有与世界各国发生广泛的联络和交流，才能与世界教育接轨，真切地认识到自身存在的不足，取人之长，补己所短；只有与世界各国教育家保持联络和互动，才能准确把握世界教育思潮发展的方向，明了自己应该努力的方向。总之，通过参加世界教育会议和世界教育组织等活动，中国教育始终以开放的姿态、国际化的视野，吸收世界各国优秀的教育理论和方法，推动中国教育现代化。

第二，影响中华教育改进社事业发展方向。

中华教育改进社成立之初，即把调查与研究作为改进中国教育的中心工作，成立30多个专门委员会，分别研究教育上的各种问题。世界教育会议的各种议决案，对于中华教育改进社业已进行的事业有相当的促进作用，特别是在义务教育和乡村教育方面。

在义务教育方面，中国不识字者约占全国人口百分之85%，英国仅有14%，美国7%，日本5%，而德国只有0.03%。虽然欧美国家教育普及水平较高，但是世界教育会议仍设普及教育组，讨论教育普及问题，足见欧美各强国仍然不满足于现有的教育水平。旧金山会议现场悬挂多国不识字者统计图表，其中未有中国不识字人民的数据，然而在分组会议时，主席请各国代表报告本国普及教育情形时，中国代表为面子而谎称读书识字者有近60%，不识字者40%，这一事件对中国代表是莫大的刺激。[①]此种刺激和影响，亦是中华教育改进社全力推行平民教育的一个重要原因。1923年在清华学校召开第二次年会期间，成立了中华平民教育促进会，陶行知随后奔赴各地，推动各省组织成立促进平民教育分会，大规模地进行平民教育宣传工作。

在乡村教育方面，欧美各国在工业化进程中，乡村人口在减少，乡村学校日趋萎缩，乡村生活生产日趋不稳。与会主要国家代表就此问题，热烈讨论。美国各大学及师范多设乡村教育科，或谋增加乡村教育投入，以期与城市教育均衡发展。中国正向工商社会转型，乡村社会和乡村教育每况愈下，虽然早有乡村教育危机的呼吁，但是真正着手研究并解决者很少。因此，中国代表在会议上对此问题无所贡献，也刺激了中华教育改进社于1924年成立乡村教育专门委员会，聘请赵叔愚担任委员会主任。赵氏曾在哥伦比亚大学专攻乡村教育，

①李建勋：《对于世界教育会之感想》，《学术与教育杂志》，1924年第1卷第1期，第46–47页。

译有《乡村教育经验谭》。

美国全国教育会“提倡世界教育会，欲借教育力量，促进世界和平，使各国后生对于他国有互助共存之感，无疾视仇杀之心”[①]。国内教育界也认识到，“欲世界真正和平，须利用教育方法，灌输世界的知识，以化除国际间、种族间、宗教间之种种误会，而养成大同国民之气概。训练既久，各国人民皆晓然于互相残杀之不当，于是不特不为一朝一姓之牺牲，亦且不愿为一族一国之刍狗，然后世界之真正和平始有一线之希望”[②]。

但是，世界仍处奉行强权政治的时代，国际政治上的“和平会议”所传达出来的声音并不和谐和平。出席第一次世界教育会议的中华教育改进社董事李建勋会后著有《对于世界教育会之感想》，连载于1924年5月2—7日《北京大学日刊》，又转载于《学术与教育杂志》1924年第1卷第1期，他对于旧金山世界教育会议又有如下深切的疑虑：

一是欧洲各强国表现冷淡。英、法、德、意及其他欧洲国家，虽然多有代表出席，但是这些代表或是来美之教授或留学生，或是来美从事其他事务的人，均乘便出席会议，而为全国教育机关所派遣，专为世界教育会议而来的人并不多见。这些代表在会中大多寡言少语，很少发表意见。李建勋认为原因有三：(1)欧战方告终了，各国尚未恢复原状，重要人物皆专心于国内事务，无暇顾及本次世界教育大会；(2)战争结束未久，消怨修好，尚非其时；(3)美国是世界上最强大国家，各国皆欲结好，遂派代表以事敷衍，至于会议本身并不重视。以上三点，有其一端，即会影响会议的效果。

二是泛太平洋协会的态度。此次会议前，早有泛太平洋协会之组织，包括中、美、日等国，此次会议为该协会特设一组，就初等、中等、高等教育及学校内的科目，任择一题发表观点，如何使各国相互了解，共敦友谊？其他各组均先提出问题，而后加以讨论，最末决定办法，但该组虽有讨论，最后没有任何结果，亦见其对于此种议题很漠然。

三是该会由美国教育会联合会提倡，而非美国政府，各国与会者多代表民间教育机关团体，所通过的议决案，视为各国教育家的公意尚可，视为各国政府

①李建勋：《对于世界教育会之感想》，《学术与教育杂志》，1924年第1卷第1期，第42页。

②《中国与万国教育会议》，《教育杂志》，1923年第15卷第9号《教育界消息》栏，第1页。

的公意则未可。这些议决案能否得到切实的实行，一视各国政府的态度。在英、美民主制度下，民权极盛，教育家较有势力，推动议决案施行，较为容易。然而在德、法、日等中央集权国家，人民崇拜战争，政客钩心斗角，对于各项议决案是否赞同，实属一大疑问。

李建勋对各项议决案在短时期内的效果虽然存有疑虑，不过所有议决案光明正大，执行起来固属遥远，但是对于各国教育仍有重要意义。他因此提议，中国执行大会决议案，应注意下列数端：

第一，世界和平并非世界主义。以教育为方法，谋求世界和平，是世界教育会议的中心议题。会议通过的各项议决案，均为各国代表谋求世界和平的共同方法，目标虽然一致，但国家间的界限分明，并不是打破国界的世界主义。纽约大学教授（Dr.Jenks）对于所谓世界公民科和伦理学甚表不满，他认为公民学是讲解公民身份、公民与政府间关系，以及公民的义务、权利的一门学科，就人类言，应该熟悉各国状况及友爱各国人民；就公民论，应该建议本国政府，对于各国制定公平的法律。他认为既然没有世界国家，当然就没有世界公民，更不应该有世界公民科。他在美国属旧派学者，可以代表一部分学者的主张。国际行为组对于该项议决案，仅强调是一种训练，没有用世界公民科这个名词概念。由于上述原因，其他代表虽希望世界和平，但无不希望本国隆盛，无不主张爱护自己的国家。中国实行相关议决案时，不能妨碍中国的独立和发展。

第二，世界和平非废除海陆军备。第一次世界大战后，各国为防侵略，加强军备，然而仍恐被人侵略，于是有了华盛顿会议，商议各国裁减军备，收效并不理想。美国近年极力提倡军备，各大学均有军事教育；法国正以兵力压迫德国，意大利以兵力蹂躏希腊；英国王子在上议院演讲，公然宣称下次世界大战在太平洋地区，为黄白种族战争，主张英国与美国联盟，在新加坡建造世界最大规模的海军基地。然而，日本自然不肯稍让，各国军备并不因华盛顿和平会议而削减。世界教育家正努力于世界和平，军事政治家反而大力提倡军备，其结果或将发生更大规模的战争，或以战争促和平，皆未可知。无论如何，中国海军几等于无，陆军虽有百万，只供内乱，无关国防。近来社会上呼吁废督裁兵，不如反对军人干政，全国征兵，强化国防。

第三，虽然消极因素不少，但仍应以积极态度促进世界和平。在互换教育品、普及图书馆、互换教师和教授、创办世界大学等方面，中国应与世界教育会拟设的相关机构合作。国有强弱，纷争难息，倡导世界和平，唯以公平为第一要义。美国代表某博士说："与其提倡和平，不如提倡公平，盖以提倡和平，遇有不和平者，势不得不以不和平制不和平，似有悖于和平之初旨。若提倡公平，遇不公平者，则以兵力平之，乃不失为公平也。"

第四，从世界各国教育看中国教育存在的主要问题：(1)义务教育问题。中国不识字人民，约占全国人口85%，在世界各独立国家中算是很高的，英国有13%，美国有7%，日本有5%，而德国只有0.03%。世界各主要强国的教育十分普及，然而世界教育会议仍然有普及教育一组，足见其对义务教育普及之重视。中国有80%以上人口不识字，实须引起极大的重视。(2)乡村教育问题。近代以来随着城市工商经济发展，社会资源向城市集中，乡村开始渐趋凋敝，特别表现在乡村人口向城市转移。英国在乡村生活的人口有60%，现在呈逐渐下降趋势。然而人民的衣食俱有赖于乡村，乡村学校日就简陋，乡村人民日趋减少，衣食来源遂呈不稳现象，必将危及社会稳定。美国有鉴于此，各大学及师范学校普设乡村教育科，或谋增加乡村教师薪金，以与城市等同；或设法合并单级学校为多极学校，以使设备更加完善；或特设农事畜牧等科，以增进农民的兴趣和知识。种种办法都是为了保持乡村社会稳定繁荣不衰落。中国城市教育尚未普及，农村教育更形落后，更谈不上乡村教育的特性。出席世界教育会议的中国代表，无人专门研究乡村教育，无人出席乡村教育组的讨论，对于乡村教育自然无所贡献。(3)健康卫生教育问题。健康卫生教育，包括滋养、预备和医治。受教时间，自受胎以至于成人；施教地点，有家庭、学校和社会；施教者，有食物化学家、看护妇、医生、体育及卫生教员，均负其职，范围最广，施行最难。世界教育会议特设一组，参与该组讨论的代表，较其他各组为数要多。中国向无此种教育，国内学校对于学生每年有一次严格的体格检查，兼对发现的缺陷施行医治之术，尚不可得。中国虽有代表出席该组会议，仅为听取各国代表讨论，没有任何的贡献和建议。

李建勋基于世界教育会议对于教育各问题的讨论，深刻检讨中国教育存在的问题，以及应该努力和注意的方面，且就如何执行世界教育会议各议决案提出建议和办法。中国教育的历史包袱较为沉重，正是在这种走出去与世界各国教育界的交流互动中，向着教育现代化的道路稳健地前行。

第八章

中华教育改进社的式微

1925年8月，中华教育改进社在太原召开第四次年会时，业已显露出式微之兆。这一年的年底，该社成立四周年之际，陶行知著文感慨道，四年前成立大会时，“会场上一团和气的情形，真要令人认为黄金时代了。那时大家痛恶门户之见、派别之分，都愿意牺牲己见，为谋合作”，现在的教育界，“一校之内，同事变成仇敌，顷刻之间，朋友变成冤家，那疏的远的泛的所谓教育界同人更不必说了。大家拼命的夺饭碗，争地盘，斗意气，那真正从事于主张之争的实已凤毛麟角了”。①中华教育改进社的各项事业，此后渐形停顿，唯有陶行知联合乡村教育委员会同人，高举中华教育改进社旗帜，在南京创办晓庄试验乡村师范，成绩斐然。1927年国民政府定都南京，北洋政府破产，地方行政改组，中华教育改进社当年赖以存在发展的社会环境、人力和经济资源等，俱告枯竭，晓庄师范不幸又于1930年因政治原因而被查封，陶行知被通缉而流亡日本，中华教育改进社遂不告而终。

第一节　第五次年会流产

截止到中华教育改进社第四次年会时，个人社员有近2300人，机关社员

①陶行知:《四年前的这一周》,《新教育评论》,1926年第1卷第5期,第3页。

125个，但是出席年会的个人社员仅有220余人，较第三次年会少了一半，出席年会的机关社员只有12个，派出代表12人。到会而又未参加会议讨论的亦不在少数，两次社务大会到会社员仅有七八十人，社员的热情迅速退潮。社务大会修订《社章》，将年会改为每两年举行一次，第五次年会决定在武昌召开，备选地点为杭州。此后一两年中，政界和教育界发生了太多太多的事件，教育界人心涣散。

诚如袁希涛在中华教育改进社第四次年会开幕大会上所言，中国政治上已坏到极点。可以说，中国政治上的全面改组和整合，也已初现端倪。在北京，国会贿选，内阁如走马灯般地撤换，各派政治力量相互博弈和较量；在广州，国民党加强思想和教育领域的控制，并向混乱的北方渗透，同时集中全部力量，积极准备北伐战争。

在此前十余年，各派力量自立山头，各有势力范围，彼此之间虽有争夺，但总体格局尚算稳定，中华教育改进社利用各派力量相对的平衡和稳定，在夹缝中求得生存发展的机会。在济南、南京、太原召开年会时，均能得到地方军政当局的支持，军政首脑均出席会议，发表演讲，甚至谦逊地请教，北京交通部也优惠与会代表的车船票。中华教育改进社在成立之初，即得北京教育部允准，并令行江苏省，按年给予相当的经济补助，内政部还划拨北京帝王庙作为该会永久办公地址。然而，随着北方政权的崩溃，地方行政相继改组，中华教育改进社事业发展的空间日益缩小，经济方面日益拮据。同时，教育界被各派政治力量所绑架，成为政治运动的工具。北京女子师范大学驱逐杨荫榆校长的风潮，发端于1924年，太多的派系卷入其中，持续一年余，尚未有切实的解决办法。1925年初，北洋政府阁议罢免东南大学校长郭秉文，任命胡敦复为校长，拥郭与挺胡两派对垒，据称有南方国民党在其中发挥重要作用，旨在推行党化教育，陶行知就此发表致教育部次长公开信，力挺郭秉文，指责力推党化教育的汪精卫等。[①]教育部长章士钊在《甲寅周刊》上发表评论，指责江苏省教育会称："东南大学问题，久悬不决，其故则校长胡敦复与地方长官不甚接洽……江苏学阀黄

①《陶行知致吴夷初公开信》，《申报》，1925年1月16日。

炎培、沈恩孚辈，手眼通天，竟得以其阿附齐燮元之惯技，蒙蔽苏省长郑谦，诳取聘函，显抗明令，由恩孚率同警察数十人，蜂拥前教育厅长蒋维乔，于七月十日驰赴该校视事，庠序之地，化作战场，名在衣冠，行同无赖。江苏省教育会之能事，谅于是尽焉矣。"[①]北京风潮未平，南京风波又起。南京风波未平，北京国立八校又通电脱离教育部，王九龄、章士钊相继罢去教育总长职。

退还庚子赔款，一度给教育界带来教育费独立的希望，遂一致行动，力促各国无条件退还。美、俄、法刚刚开始退还，英、日尚在争取之时，为争夺退还赔款，教育界各派力量内争不断。教育部指责俄款委员会中国委员，"此次俄款并未交部，遽由委员会分发，致各校啧有烦言"。凌冰立即反驳，前几次俄款由教育部支配，结果教育部强行扣留一部分作为行政经费，引起部校之争，此次倘若交由教育部支配，恐怕一如以前，各校所得绝不能如现在之多。[②]除部校争夺退还赔款外，省际、校际、京城内外分配不公不均，亦引起种种指责。全国省教育会联合会1925年公开指责政府将美、俄、法三国退还的赔款，"惟拨京内外国立学校经校，而将应支之国家教育岁费挪作别用。又为塞人口实起见，以余数分润于京内外私立大学及公私立中小学数十万数万数千元不等，要皆视势力之有无大小为比例，其余各界领袖因得挟庚款以刦制政权，互相朋比，舆论界亦默尔而息"[③]。其实，支配大权主要在各国退还赔款之董事会董事或委员会，表面上指责政府"皆视势力之有无大小为比例"，实质上指责中美、中俄、中法等庚款董事会或委员会，委员会中多有教育界重要人物。

中华教育改进社南北方主要合组机关以及主要人物，大多卷入政潮和教潮之中，主要合组机关和人物均未出席第四次年会，1925年成为中华教育改进社由盛而衰的转折点。1926年7月南方国民党兴师北伐，北方势力负隅抗争，国家政治社会前景处于茫然混沌之中，中华教育改进社决定1927年暑期召开第五次年会，因无法筹划进行，就此中断。

---

①章士钊:《章士钊全集·第5卷(1925·2·1—12)》，上海文汇出版社，2000年版，第15页。

②《教育界分配俄款的风波》，《新教育评论》，1926年第2卷第26期，第3页。

③《全国教联会反对私分庚款》，《中华教育界》，1925年第15卷第5期，第7页。

第二节　改造乡村教育宣言和计划

中华教育改进社各项事业因时局变化而骤然停顿，陶行知独自南下，与乡村教育委员会南京委员，继续擎起中华教育改进社的旗帜，贯彻执行第四次年会提倡乡村教育的计划，躬亲实行。

一、提倡乡村教育的背景

五四运动时期受平民主义思潮影响，北京高师最早于1919年10月成立平民教育社，出版《平民教育》周刊，力倡平民教育运动。中华教育改进社1923年8月在清华学校举行第二次年会期间，成立了中华平民教育促进会，此后半年多的时间里，陶行知前往各主要城市，推动成立平民教育会，致力于平民教育运动在全国的推行。其时，平民教育主要面向城市平民，但在推行的过程中，有识之士逐渐认识到绝大多数平民在最广大的乡村，进而提倡平民教育下乡运动。

中国近代提倡乡村教育，始于余家菊1920年初发表的《乡村教育的危机》，他认为学校大多办在城市里，乡村几无教育可言。[①]制约乡村教育发展的因素很多，乡村师资问题乃是一个重要方面。师范学校都设在城里，毕业生不愿意到乡村去，即便到乡村去了，由于多年的城市生活和城市教育，他们缺乏在乡村生活和工作的能力。次年，余家菊又发表了《乡村教育运动的涵义和方向》，提出乡村教育运动的方向，就是向“师范学校去运动”，具体言之，就是在师范学校各科教授中着眼于乡村，设置乡村教育学科，创立乡村试验学校，并养成师范生服务乡村社会的精神。[②]1922年，江苏省教育期成会袁希涛、顾述之等人，呼吁江苏省立师范学校到乡村设立分校，专门培植乡村师资，在短短两三年间，江苏有5所省立师范学校在乡村创立了分校。1924年，北京师范大学率先成立乡村教育研究会，乡村教育迅速进入到提倡、研究、实践的阶段。

---

①余家菊：《乡村教育的危机》，《中华教育界》，1920年第10卷第1期，第83页。

②余家菊：《乡村教育运动的涵义和方向》，《中华教育界》，1921年第10卷第10期，第19-21页。

二、乡村教育委员会及其活动

1924年，中华教育改进社组织成立乡村教育委员会，7月，中华教育改进社第三次年会上，乡村教育委员会通过两项议案：一是各省成立乡村教育委员会，执行调查、指导、研究、奖励之责，组织地方义务教育期成会，设立乡村教育巡回指导员；二是各省应视本省各县状况，创办乡村师范专修科，训练乡村师资。[①]同年，中华教育改进社聘请赵叔愚担任乡村教育研究主任，赵氏在哥伦比亚大学研究乡村教育，新近刚刚学成回国，执教东南大学。

本次年会结束后，赵叔愚和陶行知考察南京东北郊北固乡第一国民小学——燕子矶国民学校，这所学校给他们留下了一个深刻的印象，学校没有雇用一个校工，学生不但读书，而且还分任学校里的事，不仅回家能做事，而且还能到社会上做事，学校因此很得地方人士信仰。陶行知说："平常办学，学校自学校，社会自社会，不要说联络，连了解也说不到。丁校长接事只有半年，对于燕子矶社会情形，了如指掌。他并能得地方公正绅士之信仰和帮助。学校因此无形中消除了好多障碍。""像燕子矶这样一个学校，西洋博士能否办得起来还是一个问题；容或办得起来，我却没有看见过。"[②]燕子矶国民学校成了陶行知勾画理想乡村学校的雏形。

参观结束后，中华教育改进社约定燕子矶国民学校为该社特约试验乡村小学，予以一定的经济资助，研究乡村学校改进问题。赵叔愚为中华教育改进社拟就了《改良乡村教育及乡村生活计划》，主要内容有两方面。(1)在研究方面：一要精密研究乡村教育问题，以备将来规定标准及方法时有所依据；二要调查乡村教育实际状况及效果，以为将来制定和实施改进方案时之科学依据；三要彻底研究普通的乡村生活状况，以便决定改良乡村社会应取之步骤；四要研究国内外改良乡村社会成效卓著之方法，以备关心增进乡村民众幸福者之采择；五要研究适合乡村生活之各种教育，以及培养乡村教师之方法。(2)在计划进行方面：一是拟订改进全国乡村教育之草案；二是筹设试验乡村师范学校，以为研究乡村教育及乡村生活状况之中心，并试验种种改良方案；三是调查各地确有

①《中华教育改进社第三届年会纪要》，《直隶教育旬报》，1924年第8年第1期，第44页。

②陶行知：《半周岁的燕子矶国民学校》，《陶行知全集(第1卷)》，四川教育出版社，2005年版，第42页。

成绩之优良乡村小学,予以补助,以资试验,并将所得结果广为传布,以供其他乡村小学取法;四是合组乡村生活研究所,研究乡村之教育的、社会的、经济的实际状况,以为改良乡村生活之依据。①

赵叔愚的上述计划,在目标方面,即以改良乡村教育实现改良乡村生活;在计划进行方面,由调查而制定具体的乡村教育标准;在实施方面,创办乡村师范,试验改良乡村教育和乡村生活的工作。

1925年8月,中华教育改进社在山西太原举行第四次年会,赵叔愚拟订的改进乡村教育和乡村生活计划,被写入社务报告中。也是在这次年会上,确定了乡村教育为该社两项重点工作之一,另一项是该社成立后持续进行的科学教育。②

太原年会后,中华教育改进社的社务活动渐形停顿,陶行知更多的时间在南京与东南大学赵叔愚、金陵大学邵仲香等,调查沪宁沿线乡村学校,共同致力于乡村教育改造。

1926年9月,陶行知以中华教育改进社名义,聘请燕子矶国民学校校长丁超考察沪宁线一带乡村学校,以为改进乡村教育的根据。同年10月5日,他和赵叔愚、邵德馨参观江宁县立师范。该校从尧化门和燕子矶国民学校聘请两位教员为师范生指导员,放弃了一般师范学校的架子,虚心向小学请教的精神,深深地感动了陶行知一行。③同年10月9日,陶行知到无锡市开原乡立第一小学参观,该校学生自治生活,又给陶行知留下深刻的印象。上述几所乡村学校的成功经验,给了陶行知莫大的鼓舞,也坚定了他开展乡村教育实验的决心。他约请南京尧化门小学、明陵小学、笆斗山小学和无锡开原小学为中华教育改进社特约乡村试验小学,并于同年11月21日在南京明陵小学召开第一次乡村教育研究会。④陶行知在会议上宣读了《我们的信条》,计有十八条:

我们深信教育是国家万年根本大计;

①陶行知等:《为中国教育寻觅曙光(上册)》,四川教育出版社,1989年版,第32-50页。

②陶行知:《在中华教育改进社第四届年会上的社务报告》,《陶行知全集(第2卷)》,四川教育出版社,2005年版,第201页。

③陶行知:《天将明之师范学校》,《陶行知全集(第1卷)》,四川教育出版社,2005年版,第55页。

④《教育改进社特约乡校教师研究会纪事》,《新教育评论》,1926年第3卷第1期。

我们深信生活是教育的中心；

我们深信健康是生活的出发点，也就是教育的出发点；

我们深信教育应当培植生活力，使学生向上长；

我们深信教育应当把环境的阻力化为助力；

我们深信教法学法做法合一；

我们深信师生共生活、共甘苦为最好的教育；

我们深信教师应当以身作则；

我们深信教师必须学而不厌，才能诲人不倦；

我们深信教师应当运用困难，以发展思想及奋斗精神；

我们深信教师应当做人民的朋友；

我们深信乡村学校应当做改造乡村生活的中心；

我们深信乡村教师应当做改造乡村生活的灵魂；

我们深信乡村教师必须有农夫的身手，科学的头脑，改造社会的精神；

我们深信乡村教师应当用科学的方法去征服自然，美术的观念去改造社会；

我们深信乡村教师要用最少的经费办理最好的教育；

我们深信最高尚的精神是人生无价之宝，非金钱所能买得来，就不必靠金钱而后振作，尤不可因钱少而推诿；

我们深信如果全国教师对于儿童教育都有“鞠躬尽瘁、死而后已”的决心，必能为我们民族创造一个伟大的新生命。[①]

三、改造乡村教育宣言和计划

1926年12月3日，陶行知拟定了《中华教育改进社改造全国乡村教育宣言书》，并公开发表，提出乡村教育改进的主要目标：

乡村学校做改造乡村生活的中心，乡村教师做改造乡村生活的灵魂。

由乡村实际生活产生乡村中心学校，由乡村中心学校产生乡村师范。

①陶行知：《我们的信条》，《陶行知全集（第1卷）》，四川教育出版社，2005年版，第74–75页。

乡村师范之主旨在造就有农夫身手，科学头脑，改造社会精神的教师。这种教师必能用最少的金钱，办最好的学校，培植最有生活力的农民。[①]

1927年2月，中华教育改进社公开发表乡村教育进行计划：

(1)在南京、武昌、成都、奉天、广州和北京等中心城市附近，创设省钱的、平民的、适合国情的乡村幼稚园，以节省农妇之精力，谋求农民幼儿之幸福，预算每年经常费两千元，临时费三千六百元。

(2)在上述中心城市附近乡村创办乡村小学，作为改造乡村生活之中心，预算每年经常费四千元，临时费九千元。

(3)在南京附近乡村，创设试验乡村幼稚师范，训练乡村教师夫人亲属，以便推广乡村幼稚园，预算每年经常费四千元，临时费三千元。

(4)在南京附近乡村，创设试验乡村师范，培植有农夫身手，科学头脑，改造社会精神的教师，作为改造乡村生活之灵魂，预算每年经常费一万元，临时费一万元。

除上述四项计划外，尚有数项乡村生活改进之计划，如以特约乡村学校为平台，与农科大学联络，作为各村传布科学农林的中心；与本国银行联络，作为各村经理农民借贷之中心；与卫生及公共卫生机关联络，作为各村推行乡村卫生之中心；与道路工程机关联络，作为各村改造乡村路政之中心；与平民教育机关联络，作为各村推行平民教育之中心；与职业教育机关联络，作为本村推行职业教育之中心；与科学机关联络，作为传布通俗科学之中心；等等。[②]

至此，中华教育改进社以陶行知、赵叔愚为核心，基于沪宁沿线乡村教育调查，制定了改进乡村教育的实验计划。执行计划的第一步，即在南京附近试办乡村师范和乡村幼稚师范，培植乡村小学和幼稚园教师，然后再在全国主要中心城市附近乡村创办中心小学和幼稚园。其远大的理想，要筹募一百万元基金，征集一百万位同志，提倡一百万所学校，改造一百万个乡村，一心一德地为中国乡村开创一个新生命。[③]

---

①陶行知：《中华教育改进社改造全国乡村教育宣言书》，《陶行知全集(第1卷)》，四川教育出版社，2005年版，第83页。

②《中华教育改进社全国乡村教育运动计划预算书》，《乡教丛讯》，1927年第1卷第4期。

③《中华教育改进社全国乡村教育运动计划预算书》，《乡教丛讯》，1927年第1卷第4期。

第三节　创办晓庄试验乡村师范

晓庄试验乡村师范从创办到被国民政府查封，办学时间只有三年零一个月，对于中国乡村（师范）教育发展，发生过重大影响，在中国近现代教育史上，具有重要的历史地位。

一、晓庄试验乡村师范创办经过

中华教育改进社改进乡村教育，创办试验乡村师范学校，从计划到具体地实施，需要做多方面的准备，完成相关的法律程序，如择定校址、筹集资金、建设校舍、购置设备、聘请教师、招生及考试、制定课程计划、在行政部门备案等。从1926年底到1927年3月，在短短3个多月时间里，陶行知等人完成了创办乡村师范的各项准备工作。

（一）完成相关办学程序

作为中华教育改进社改进乡村教育的试验项目，一方面需要该社授权并组织机构，另一方面需向政府行政部门申请备案。

1.中华教育改进社授权并组成相关机构。因为中华教育改进社面上工作基本处于停顿状态，1926年12月12日，陶行知邀集在沪主要社员，假借上海职业教育馆，召开乡村教育讨论会，袁希涛、黄炎培、赵叔愚、穆藕初、邹秉文、贾季英、杨聘渔等30余人到会。陶行知报告乡村教育是该社第四次年会确定的主要事业，现正着手进行，因1927年年会为期尚远，故邀集在沪社员开会共同讨论。赵叔愚报告创办试验乡村师范计划草案，他说该社前有拟办试验乡村师范学校计划，因为时局动荡不定，迄今未能见诸事实，今拟先创办第一院（小学师范院），待正常办理后，再创设第二院（幼稚师范院）。会议讨论通过了创办试验乡村师范计划。[①]1927年2月10日，该社在上海功德林召开董事会，陶行知报

①《中华教育改进社在沪开乡村教育讨论会追记》，《申报》，1926年12月13日。

告创办小学师范院旨趣，提出欲为农民导师，须先农民化。赵叔愚就小学师范院筹备情形，包括物色指导人才、择定校址、筹措经费，以及学生招考等，做了详细报告。会议讨论通过了试验乡村师范组织大纲、组织系统、董事会简章、会计规程、本年一至六月份预算，最后推选乡村师范董事会人选，公推袁希涛为董事长，王云五为司库，陶行知为书记，江彤侯为监察部长；继又推举陶行知为校长，赵叔愚为小学师范院院长并研究部部长。[①]蔡元培不久后接替袁希涛，任董事长。

2. 向教育主管部门申请备案。在该社讨论筹办试验乡村师范的同时，陶行知向江苏省教育厅呈文报告，得到时任厅长江问渔的鼎力支持。1926年12月31日，江苏省教育厅函复中华教育改进社，称"贵社为改进乡村教育师资及试验师范学校制度起见，拟在南京神策门外设立试验乡村师范学校第一院，事关改进乡村教育师资，自当尽力赞助"[②]。自此，各项法律程序始告完成。

（二）筹募资金

1926年底，陶行知在回复凌冰的信中称，中华教育改进社在经济上已经到了山穷水尽的地步。晓庄试验乡村师范虽有经费预算，但已不可能从中华教育改进社获得全部的办学资金。1926年12月初，陶行知在上海多方拜会友人，筹募办学资金，7日给凌冰写信说，前途不无希望；21日致信赵叔愚称，办学资金筹措获得重大突破，并兴奋地表示："全国乡村教育运动，就昨天接洽结果看来，可得雄厚之助及后盾。天啊！中国翻身有日了。"[③]从后来的资料看，给予最大资助的，是在沪安徽籍地产商程霖生，一次性特别捐助13000元，中华教育改进社也只有9642元。学校创办后的一年间，社会反响很大，各方面的资助或捐款始有增加，如江苏大学区行政院补助费4000元，安徽教育厅补助2000元，特别是得到该校董事长、时任国民政府大学院院长蔡元培之助，大学院以2万元公债，约合银洋13000元，资助晓庄师范科学教育。[④]

---

①《试验乡村师范董事会第一次会议记》，《申报》，1927年2月11日。

②《苏教厅复中华教育改进社函》，《乡教丛讯》，1927年第1卷第2期。

③陶行知：《中国翻身有日——给赵叔愚兄的信》，《陶行知全集（第8卷）》，四川教育出版社，2005年版，第99页。

④杨效春：《晓庄学校与中国乡村教育》，上海爱文书局，1928年版，第55-57页。

(三)购置办学设备,择定校址等

1927年1月1日,陶行知、赵叔愚、邵德馨、丁超,以及尧化门小学校长宋鼎、江苏农民运动协会钱向志等,在南京安徽公学召开试验乡村师范筹备会,议定34项具体工作,分头进行。这34项工作有:

(1)田地两百亩;

(2)荒山十里;

(3)中心小学三处;

(4)童子军帐篷二十个;

(5)校舍界牌用信条,口号逐条写在上面,每片写一条;

(6)校匾题字;

(7)校旗;

(8)筹开办经费一万元,经常费一万元;

(9)聘请指导员二十人;

(10)编制课程;

(11)制造农具,土木工具,烹饪器具,桌凳及其他教具、用具;

(12)先造图书馆、科学馆、手工室、娱乐室、讨论室;

(13)凿井两口;

(14)准备树苗、蚕子及其他需用之种子与肥料;

(15)编制各项章程办法;

(16)组织招生委员会,处理招生事宜;

(17)编定招生用表格、工具、测验及题目;

(18)绘制校图三,一工程图,一油画图,一国画图;

(19)选购乡村师范用图书;

(20)制造简单仪器标本,并选购不能制造之仪器;

(21)设立杂货铺一处;

(22)设立印刷所一处;

(23)设立木匠铺一处;

(24)设立铁匠铺一处;

(25)设立裁缝铺一处;

(26)预置建造宿舍用种种材料;

(27)加推筹备员;

(28)规定学校组织系统;

(29)农民借贷社一处;

(30)乡民体育场一处;

(31)编制乡村师范学校用簿记表册单据全套;

(32)编制乡村小学用簿记表册单据全套;

(33)邀请燕子矶小学、尧化门小学童子军为立础、考试、开学招待员;

(34)邀请乡村教育同志,参加立础基,考试礼及开学礼。[①]

校址最初选在南京太平门外黑墨营,为邵德馨主持办理的金陵大学农场所在地。据媒体报道,1927年1月2日,陶行知和赵叔愚、丁超、宋鼎、钱向志等前往划定地界。"该校校址离太平门车站,只有半里路,前面是紫金山,庄严矗立,令人兴奋,后面有幕府山为背景,左右有枫、桑、竹林、杂树,春秋佳色甚富,中间有平地二百亩,划作建筑校舍之用,甚为合宜。此地系邵德馨三年来惨淡经营所得,今以试验乡村师范关系中国乡村教育前途,特将该地割爱,让与改进社为开办该校之用。该处交通最为便利,离燕子矶中心小学有大路可通,离尧化门中心小学有火车可通,附近之十字街,可办第三中心小学,现该校筹备会已公推丁超、宋鼎准备木牌,沿界线树立,每牌书乡村教育信条一条,并于两星期内办成。"[②]但是,后来不知是什么方面的原因,校址改在神策门(国民政府定都南京后改为和平门)外晓庄村,立基典礼于2月5日举行。媒体报道:

中华教育改进社创设之试验乡村师范学校第一院校址,已择定南京神策门外迈皋桥附近之小庄,土壤肥美,造林种谷,咸称便利,近复名其地曰晓庄,盖取日出而作之意也。二月五日为该校举行校舍立础礼之期,时为立春佳节,到者四五百人,齐集于校旗下,旗上有名星百颗,每星代表一万乡村小学,上角为太

①《教育改进社乡村师范筹备会》,《申报》,1927年1月4日。

②《改进社试验乡村师范划定界线》,《申报》,1927年1月5日。

阳，有牧童牛背吹短笛，系代表乡村教育以农民生活为中心，旁置笔锄各一，代表师范生之本领，又有心一颗，代表教师之农民甘苦化之心，外三角分书“教”“学”“做”三字，为该校特有之标语。昔周敦颐作牧童歌词曰：“东风放牧出长坡，谁识阿童乐趣多。归路转鞭牛背上，笛声吹老太平歌。”一种太平景象，优美民族精神，活跃纸上。该校办学旨趣，盖本乎此。是日苏省教厅长江问渔亦为来宾之一，会场在田野中，中间立一石础，校舍园地则待开学后，师生自建自辟。①

（四）明定培养目标和课程设置

与寻常师范学校相比，它有几个方面的创新：

1. 在办学的程序上，是先有小学，后有师范。陶行知认为，小学是师范的中心，应依据乡村小学办法，训练师范生，故而特约燕子矶小学和尧化门小学为该校第一和第二中心小学，又请江苏省农民协会钱向志在晓庄筹创第三中心小学。

2. 学校培养目标，有三点：即农夫的身手，科学的头脑，改造社会的精神。一年后又增加了“艺术的兴趣”一条。

3. 在教育方法上，坚持“教学做合一”原则。陶行知指出，教学做不是一件事，也不是三件事，实际上它只是一个活动，对事来说是做，对己来说是学，对人来说是教。故而它以“做”事为中心，先生在做上教，学生在做上学。

4. 关于课程设置，晓庄师范以“教学做合一”为方法，以“做事”为中心，故而它不似寻常学校，按课程表教学。它主张生活即教育，过什么生活即受什么教育，所有的生活，就是所有的教育。举凡应教应学的事情，都谓之某某教学做。它把师范生的生活分为五大类，故有五大类教学做，分别是：（1）中心学校活动教学做，共30学分，包括国语教学做、公民教学做、历史地理教学做、算术教学做、自然教学做、园艺农事教学做、体育游戏教学做、艺术教学做、童子军教学做，以及其他学生活动教学做；（2）中心学校行政教学做，共3学分，包括整理校

①《试验乡村师范学校立础记》，《申报》，1927年2月9日。

舍教学做、布置校景教学做、设备教学做、卫生教学做、教务教学做、经济教学做;(3)分任院务教学做,共6学分,包括文牍教学做、会计教学做、庶务教学做、烹饪教学做、洒扫整理教学做、缮写教学做、招待教学做;(4)征服天然环境教学做,共16学分,有科学的农业教学做、基本手工教学做、卫生教学做、其他教学做;(5)改造社会环境教学做,共5学分,有村自治教学做、平民教育教学做、合作组织教学做、乡村生活调查教学做、农民娱乐教学做。[①]

(五)聘请师资

传统学校以教人者为师,晓庄师范认为,教人者并非全知全能的,学生在某一方面有专长,也可以做教人者,老翁可以向小孩子学习,大学教授也可以向老农学习。所以,平常所谓的教师,在晓庄师范只称指导员,负指导学生之责。

晓庄师范最初聘请的指导员,有手工及自然科指导员吕镜楼、拳术指导员韩凌森、医药卫生及国语指导员马绍季、农事指导员邵德馨、社会科指导员杨效春。遗憾的是,韩凌森、马绍季二人生平不详,现已难以稽考。吕镜楼是北京师范大学附小生物教师,对科学教育素有研究,陶行知曾听过他的课,筹办晓庄师范时曾特地致信吕先生,希望他能到晓庄来,为中国乡村教育尽一份力。吕镜楼阅信后,表示愿意南下协助。陶行知立即回信,要代表全国农家子弟向他鞠躬一万个。[②]邵德馨是金陵大学农科教授,主持金陵大学黑墨营农场的经营。杨效春时任江苏省立第六中学训育主任,受聘担任晓庄师范校务主任,同时兼任社会科指导员,对晓庄师范有重大影响和贡献。晓庄师范创办后,于1927年下半年,又聘请了无锡开原小学校长潘一尘和教师陆静山为小学部指导员,张宗麟、赵颜如、徐世璧等人为新创办的第二院(幼稚师范院)和燕子矶乡村幼稚园指导员。

---

①陶行知:《中华教育改进社设立试验乡村师范学校第一院简章草案》,《陶行知全集(第2卷)》,四川教育出版社,2005年版,第267-270页。

②陶行知:《谢允担任自然科学指导——给吕镜楼先生的信》,《陶行知全集(第8卷)》,四川教育出版社,2005年版,第103页。

(六)招生和考试

1927年1月创刊《乡教丛讯》半月刊,发布筹创试验乡村师范各种消息,包括招生广告、本校设施、投考资格和考试科目等。学校现有设施为:(1)田园二百亩供学生耕种;(2)荒山十里供学生造林;(3)最少数经费供学生自造茅屋住;(4)中心学校数处供学生实地教学做。投考资格为:初中、高中、大学一年半程度学生;有农事或土木工之经验,以及在职教师有相当程度,并愿与农民共甘苦,有志增进农民生产力,发展农民自治力者。同时还特别声明:"少爷、小姐、小名士、书呆子、文凭迷,最好不来。"考试科目有下列数项:(1)农务或木工操作一日;(2)智慧测验;(3)常识测验;(4)作文一篇;(5)五分钟演说。[①] 因校舍尚待开学后建筑,故最初临时借用燕子矶小学校舍。

3月11日,正值北伐时期国民革命军攻打南京,晓庄师范招生考试按计划在燕子矶小学举行。媒体报道说:"先一日,考生自远道如北京、湖北、江西、安徽、浙江、上海、镇江各地陆续报到。在此车马倥偬之秋,宁城居民,纷纷避难它徙,而各学校所有之学生,亦皆逃避一空,独此乡村师范,在此时招生,竟有数千百里外不避艰难,不顾生死,远道而来,殊可令人注意。十一日开始考试,地点在南京附近燕子矶小学,是日上午考试国文,其题一为'孟子说劳心者治人,劳力者治于人对不对',一为'有人说我们办试验乡村师范是行许行之道对吗',二题任作一题。继试常识及智慧测验。下午口试,应试者在五分钟前抽一题,然后登台演说三分钟。……十二日天雨,延至十三日续试,农事应试生全着草履往晓庄开垦。久雨之后,地土异常泞污,开垦殊不易,评判员注意姿势态度及工作兴味,有手心起疱者,有疱破流血者,然皆兴高采烈,面无难色。十三日揭晓录取正式生十五人,补习生一人。"[②]

上述各项工作齐头并进,经过短短3个多月筹备,晓庄试验乡村师范即于1927年3月15日举行开学典礼。是日清晨,学生和指导员穿着草鞋,拿着绳索,扛着帐篷,从暂住地燕子矶小学出发,到晓庄后,搭了4顶帐篷,向农民借了张八仙桌、几条长板凳,供来宾休息,又用木料搭成主席台,会场布置得十分简朴。

①王文岭:《陶行知年谱长编》,四川教育出版社,2012年版,第192-193页。

②《试验乡村师范业已开学》,《申报》,1927年4月3日。

出席开学典礼者，有江苏省教育厅长江问渔，南京市教育局陈鹤琴、徐作人，以及南京城里的来宾，更多的则是附近的农民。陶行知在开学典礼上称，学校“一无校舍，二无教师，本校之校舍，上以天为盖，下以地为址，所造者不过避风避雨之所，所聘者均为指导员，并无教师之名。再农夫樵子，猪狗牛羊，均能给予智识。”赵叔愚则说：“读书人不愿作事，治事人不肯读书……死读死耕，永不接近。吾等须一方读，一方做，一方教，不可泥于书本，更须以大自然为范本。”①

晓庄师范不惧战火，如期开学了。到晓庄投考的第一期学生，面无难色地在一片荒芜的泥泞山地里参加农事考试，他们挥锄劳作，令人感动和敬仰。自五四运动以来，知识分子“到民间去”“到乡村去”的口号喊了近10年，到民间去、到乡村去的人也不少，但是，真正做到“随乡入俗”，与农民为伍，愿意在田野里耕作的人，其实并不多见。这10多名学生异乎寻常的意志、精神和行为，使人对晓庄试验乡村师范的前景和未来，对改造乡村生活的理想和目标，充满无限的想象和期待。

二、晓庄师范的办学活动

晓庄师范从创办之初只有10余名学生，经过3年发展，到1930年4月，在校学生有近200人。学校秉持生活教育理论，以学校为中心，致力于乡村政治、经济和公共事业方面的建设。在乡村政治方面，组织附近村庄农民组建联村自卫团、联村救火会、禁烟（毒）委员会、禁赌委员会等，灌输农民自治知识，培养农民自治意识，训练农民自治能力。在经济方面，组织附近村民成立5个乡村信用合用社，壮大农民经济力，以富裕乡民生活。在社会事业方面，指导师范生创办5所乡村中心小学、4所乡村民众学校，成立晓庄乡村医院、乡村中心茶园、乡村木工店、乡村武术协会，举办晓庄农民运动会，与交通部合作，组织农民建设南京和平门到燕子矶的乡村公路，等等。晓庄师范以教育为方法，致力于乡村建设，引起社会各界广泛关注。在考察过晓庄师范的许多知名人士中，国民政府大学院院长蔡元培说，“教学做合一”这五个字“实为中国教育思潮之结晶，而为

①《试验乡村师范业已开学》，《申报》，1927年4月3日。

今后教育改革之基本原则”[1];国民党中央特别委员会农人部长沈定一说,晓庄师范“于世界农民解放亦很有贡献”[2];美国哥伦比亚大学师范学院著名教授克伯屈说,晓庄师范是“教育革命的策源地”[3];等等。1928年春,梁漱溟到晓庄师范考察了一天,觉得还没看出究竟,第二天又去,回到广东后,在对广东省立一中学生发表演讲时说:“学校制度自从欧美流入中国社会以来,始终未见到何等的成功,却贻给社会许多的病痛,这是因为他一面是不合于教育的道理,一面又是不合于人生的道理。”然而,晓庄学校却有三点很合他的意思的:“一有合于教育道理,一有合于人生道理,一注重农村问题。”他全面地介绍了晓庄师范的培养目标,晓庄师范中心小学、师范校务、征服自然和改造社会环境等四大类教学做课程,又介绍了晓庄师范生活部、行政部、小学指导部、幼稚园指导部、社会改造部等行政制度,以及学生村自治制度。他对晓庄师范的办学理论和办法寄予很大的期望,认为照此下去,至少有两种好处:一是学生有能力,包括工作的能力、智慧方面的能力、做团体生活的能力;二是有合理的生活,即平民化。他表示有兴趣以此为参照,对广东省立一中进行一番改造。[4]然而他未能在此久留,改造学校的设想未能实现。1931年,他主持山东邹平乡村建设研究院,在邹平全境开展乡村建设工作,邀请原晓庄师范校务主任杨效春主持教育工作,广泛地借鉴晓庄师范的办学经验。

社会各界人士纷纷前往晓庄师范参观考察,杨效春疲于接待,在创校一年后将参观者普遍关注的问题归纳出74个,逐一做出回答,并集结成《晓庄一岁》出版,后又以《晓庄学校与中国乡村教育》为名再版。晓庄师范运用它所拥有的教育权力,介入到乡村生活的各个方面,包括政治、经济、文化体育卫生等,产生一种示范性的效果。1929年,福建省教育厅长程时煃在参观晓庄师范后,训令该省各处师范学校校长和市县教育局长,仿行晓庄师范乡村自治工作,同时印发《晓庄联村自卫团信条》《晓庄联村自卫团组织大纲》《晓庄联村禁烟委员会章程》。训令称:

---

①《大学院长参观晓庄试验乡村师范》,《申报》,1927年10月5日。

②《大学院长参观晓庄试验乡村师范》,《申报》,1927年10月5日。

③《克伯屈先生演讲》,《乡教丛讯》,1929年第3卷第20期。

④梁漱溟:《抱歉·苦痛·一件有兴味的事情》,《梁漱溟教育文选》,上海开明书店,1945年版,第119-132页。

本厅长奉省府之命，代表晋京接洽本省教费独立保障事宜，乘便参观当地教育，觉陶知行先生所办晓庄学校教育设施，深合平民化之精神，常注重社会活动以求适应环境之需要，其关于倡办联村自治各事项，多有可资取法之处，目下闽省各地盗匪充斥，人民不能安居乐业，以致百业凋敝，民生穷蹙，是固关政治问题，而根本改造则在教育。凡任教育之责者，务宜急起直追，协同策进，以学校为指导之中心，为地方树自治之基础，教育救国，遗训诏垂，勖我同人，毋忘斯旨，兹将观察所得关于晓庄联村自治章程数则随文印发，令仰该校/局长知照，参酌地方状况，设法仿效推行，并随时将计划大纲及办理情形，具报备核。①

以教育厅训令的方式，要求该省师范学校和地方教育当局仿行晓庄师范办法，介入到地方自治事业，相信这种推广更具效力，范围也更大。训令还要求将施行计划大纲、办理情形上报教育厅，可见它不会成为一纸具文。

在乡村建设工作中，教育权是有边界的，效果也是缓慢的，它不具有行政权力的强制性和即时效果。晓庄师范在充分运用教育权的同时，当然希望能够借重行政的权力，加快乡村建设的工作。1930年3月，陶行知向江苏省民政厅呈文，请求将晓庄师范所在地江宁县北固乡完全划归晓庄师范，进行村治试验。他希望掌握整个北固乡的行政权，将行政权和教育权集于晓庄师范，实行政教合一，乡村各方面的事业进行起来将会更加有力。江苏省民政厅批准了晓庄师范的呈请，并令行江宁县长，将北固乡完全划归晓庄师范进行相关试验。②

陶行知在向江苏省民政厅呈文的同时，拟定了《晓庄学校民国十九年的计划大纲》，其中关于改进乡村社会方面，有11项计划：

一、与工程研究所、水利局等机关合作，引长江之水以灌溉北固乡之田；

二、与卫生部合作，提倡开井以裕饮水之源；

三、与源盛布厂合作，设立织布厂以替代失败之白丝行及没有事做之农暇；

①《令发晓庄联村自卫信条自卫团组织大纲暨禁烟委员会规程仰知照并参酌地方状况仿效推行并具报由》，《福建教育厅周刊》，1929年第51期。

②陶行知：《为组织试验乡推行村治呈民政厅文》，《陶行知全集（第2卷）》，四川教育出版社，2005年版，第458-460页。

四、与农学院合作，以谋本乡农林之改进；

五、与卫生部合作，以谋本乡康健之进步；

六、与教育部合作，以谋本乡教育之普及；

七、与省政府合作，以谋本乡村治之试验；

八、与卫戍司令部合作，以谋本乡秩序之安全；

九、与省农民银行合作，以谋信用合作社之发展；

十、与市政府合作，以谋交通之便利；

十一、与党部合作，提倡减租运动。[①]

上述11项计划，有两点值得注意：一是把晓庄师范社会事业扩展到整个北固乡，以顺应晓庄师范事业发展，进一步扩大试验范围；二是强调与政府各部门间的良好合作，做细做实各项社会改造工作。晓庄师范自创办以来，与各级政府保持良好的互动，各级政府部门积极支持晓庄师范改造乡村社会的试验，也愿意树立晓庄师范这个典型，以为各部门事业之一部分。

三、晓庄试验乡村师范被查封

晓庄师范创办于乡村一隅，以乡村教育相号召，组织农民，建设乡村，此与大革命时期国共两党农民运动方针相契合。1927年4月，以蒋介石为首的国民党新右派发动清党运动，全面镇压共产党员。1928年春天，刘季平、石俊、谢棨等青年学生，均为中共党员，考入晓庄师范，以学校为掩护，进行政治的活动，秘密发展学生党团员，壮大中共地下组织，同时，对校务主任杨效春所代表的国家主义派展开斗争，迫使杨效春于当年8月离开晓庄师范。[②]1930年春在“左”倾路线指导下，中共晓庄师范地下支部积极组织南京城内大中学校学生游行示威，支持下关和记洋行工人罢工；组织晓庄小学学生到栖霞山春游，宣言学生春

①陶行知：《晓庄学校民国十九年的计划大纲》，《陶行知全集（第2卷）》，四川教育出版社，2005年版，第394页。

②刘季平：《中共晓庄支部与南京市委工作正反经验一例》，《刘季平文集》，北京图书馆出版社，2002年版，第425页。

游坐火车不买票，强行登车。晓庄师范学生一系列非常规举动，引起国民政府行政当局和南京卫戍司令部的注意，4月13日国民政府下令查封晓庄师范，抓捕中共党员，通缉校长陶行知。陶氏避居上海，继而流亡日本。同年秋，晓庄师范10名中共党员被枪杀于雨花台。

晓庄师范被查封，维系中华教育改进社的最后一根命脉就此中断。自此，中华教育改进社不告而终。1932年初，国民政府行政院取消对陶行知的通缉令，允诺发还晓庄师范校产，最终未能成为事实。1934年，中国教育学会委托陶行知等人接受中华教育改进社图书及资产，然则北京总事务所早已无人问津，晓庄师范被查封后，其校产悉归中央政治学校。中华教育改进社资产方面的清算、接收等，均不了了之。

第九章

中华教育改进社的历史贡献

中华教育改进社是20世纪20年代有全国性影响的民间教育团体，从1921年12月23日成立，到1930年4月13日结束，历时八年零四个月。前四年事业最为兴旺发达，最多时有个人社员2297人，机关社员125个；学术委员会最多时有34个，就各种专门问题进行讨论，努力达成共识；邀请美国教育专家调查科学教育，编造教育心理测验，推广道尔顿制和设计教育法；参加世界教育会议，观察世界教育发展趋势，绍介中国近年来新教育发展实况；调查全国学校教育，研究实施新学制的种种问题；召开四次年会，议决案400余件；编辑出版《新教育》月刊、《新教育评论》周刊，出版丛书和丛刊，传布新教育思想、方法和实践经验。后四年多，因北伐战争，中国政治处于大变局中，教育界人心浮动，中华教育改进社组织涣散，业务停顿，唯陶行知等人孤军奋斗，高举中华教育改进社旗帜，致力于乡村教育改造，创办晓庄试验乡村师范，决心“筹募一百万元基金，征集一百万位同志，提倡一百万所学校，改造一百万个乡村”，在中国现代乡村（师范）教育史上，书写了精彩的一章。

中华教育改进社以留美学生为主导，集合了全国众多知名的大中小学校、各省区教育界的领袖，不仅将各种主张建议于政府，而且躬亲实行，以民间团体的力量，自发地推动中国教育科学化和民主化进程。梁启超1923年评价说，中华教育改进社“本着自立的精神，联合各省的教育家组织成一个不依赖政府而实际上又为政府办了许多许多的事的团体”[①]。当代教育史著名学者田正平说，

①《全体学术会议纪录》，《新教育》，1923年第7卷第2-3期合刊，第358页。

中华教育改进社所有的活动，“对20年代的教育改革起了推动和促进作用”，这些活动的策划者和组织者，“许多名字我们已经相当熟悉了，归国留学生占绝大多数”。①

以留美学生为主导的中华教育改进社，在第一次世界大战结束以后，中国五四新文化运动后期，以团体的力量积极引进欧美新教育思想和方法，开展各种教育调查研究和实验，同时向世界介绍中国新教育成就，增进与世界各国教育界的联络和交流，推进了中国教育的国际化。

中华教育改进社在调查、研究、编译和推广方面的工作，30多个学术委员会在教育的各个方面所做的深入探讨和实验，都对中国教育的改进和发展，发挥着实实在在的建设性的作用。透过这些具体的实际的活动，我们可以清晰地看到中华教育改进社始终秉持的基本理念和努力的目标，即推动中国教育科学化和国际化，进而实现中国教育的现代化。在中华教育改进社同人以及国内其他各方力量的共同推动下，到20世纪20年代末，中国教育现代化的格局基本形成。中华教育改进社的历史虽然短暂，但是其丰富的思想资源和实践活动，仍有重要的认识意义和实践价值，约略有以下三个方面：

第一，密切跟踪世界思想潮流的变化，推动中国教育融入世界教育主流。

中国近代新教育不是内生的，而是外发的。传统知识分子中的开明人士，在晚清“师夷长技以制夷”的观念影响下，以洋为师，或创办西式学堂，或外派留学生，开启了一扇迎受“西风”的大门，拥有现代知识的新型知识分子陆续成长起来，成为中国教育和社会在近代转型发展的中坚力量。合组成立中华教育改进社的三家教育团体中，新教育共进社和《新教育》杂志社以留美学生为主体，他们在五四运动前夕相继回国，迅速成长为南北教育界的领袖人物。如南京方面，南京高等师范有郭秉文、刘伯明、陶行知、陈鹤琴、廖世承、陆志韦等；上海方面，江苏教育会有蒋梦麟，他在五四运动后代理北大校长，青年会有余日章、晏阳初等；北京方面，北京大学有胡适、朱经农，北京高师有邓萃英、李建勋，清华学校有曹云祥、张仲述；天津方面，南开学校有张伯苓、凌冰等。实际教育调查社的主要发起人虽然都是国内教育界的元老，而且像严修、张仲仁、张謇、袁希

①田正平：《留学生与中国教育近代化》，广东教育出版社，1996年版，第397页。

涛等人均是科举出身，除蔡元培留学德国外，范源濂和黄炎培均曾留学日本，但是他们思想开明，推崇并先后考察美国教育，邀请孟禄来华调查并诊断中国教育问题，他们与新教育共进社和《新教育》杂志社的后进新秀，可谓是志同而道合。中华教育改进社成立后，美国教育专家推士、麦柯、柯脱、柏克赫斯特、克伯屈等先后来华襄助，西方最新最近的教育实验，在中国近乎同步施行。蔡元培1925年在英国爱丁堡世界教育会议演讲时称："欧美最新方法，悉已次第采用，此在欧洲各国，均积长时期之经验而复推行者，而中国则于二十五年之短时间，已能确信而仿行。"[①]

就中国教育现代化而言，传统教育的转型，本质上就是用现代教育理念、现代西方科学知识体系和现代大中小学学科体制，建立现代教育网络，从而推动中国国民知识现代化，为国家现代化进程奠定文化基础。这个过程涉及教育目标、教育体制、教育内容、教育技术等诸多方面的转型。中华教育改进社为完成此种转型，奠定中国教育发展根础，发挥了重要作用。仅以1922年颁布的新学制为例，中华教育改进社核心人物范源濂、蔡元培、蒋梦麟、胡适、陶行知、黄炎培、袁希涛、邓萃英、李建勋等，都是1922年9月教育部学制会议和10月全国省教育会联合会学制会议的代表，参与新学制的制定，最后的定稿乃是由胡适执笔完成。[②]中华教育改进社将第一次年会有关学制和教育行政方面的议决案10余件，专门呈送教育部和学制会议代表，供其斟酌采行。新学制颁布后，究竟如何施行，中华教育改进社又特聘张仲述为研究部主任，研究中等学校课程建设。历次年会分组会议就新学制下各类教育以及其课程、教材、教法等，均有详细的讨论和议决案。中华教育改进社的各种研究调查所得的成果，通过《新教育》月刊广为宣传，或集结为中华教育改进社丛刊和丛书出版发行。概而言之，中华教育改进社在"壬戌学制"的制定和施行方面，做了大量工作，发挥了重要影响。

对于"壬戌学制"，论者或以为由清末抄袭日本转而为抄袭美国，客观地说，中国教育在近代之所以能迅速地告别传统，向现代转型，不能不归功于模仿和移植东西洋教育，这是近代中国追赶世界教育潮流，发展本国教育收效最快，也

---

①《世界教育联合会大会纪》，《申报》，1925年8月31日。

②胡适：《记第八届全国教育会联合会讨论新学制的经过》，《新教育》，1922年第5卷第5期，第134-143页。

是最经济的办法。中华教育改进社将中国教育学习的重心转向美国，顺应了第一次世界大战后世界教育潮流，20世纪前期美国进步主义教育代表了世界教育最新动向。汪懋祖曾就中华教育改进社的成立，说过颇有见地的话。他说：

> 孟禄博士未到中国以前，在民国七年夏，严范孙、范静生两先生首先到美国考察教育，八年冬间，又有袁观澜、陈筱庄诸先生的欧美教育考察团。十年春间，蔡孑民先生又赴欧美考察，此数年间，各省派赴欧美考察教育者亦不少。恰如美国当一八三〇年时候，荷兰斯孟（Horacemann）同柏那特（Banard）一辈人，联翩到德国考察教育一样，他们的事业就是筑了美国新教育的基础，我们到欧美考察教育所得效果的结晶，就是中华教育改进社。[①]

1830年美国人考察德国教育，筑就了美国新教育的基础；五四运动前后，中国人考察美国教育，筑就了中国新教育的根基。

第二，会通中西，积极提倡并探讨中国式教育。

中国近代新教育的萌芽和发展，得益于模仿或移植东西洋教育。但是，无可否认，此种教育是西方工商文明的产物，移植到中国社会，对于早期工商经济的发展，多有助益。但是，中国仍处农业文明时代，移植到农业社会的土壤中，确有种种的不适应，不仅一般人批评中国近代新教育无关国情，即便是留学生，亦有此种认知。陶行知1922年即已指出："我国兴学以来，最初仿效泰西，继而学日本，民国四年取法德国，近年特生美国热，都非健全的趋向。学来学去，总是三不象。"[②]不可否认仪型他国所存在的问题，也不可否定仪型他国的积极意义，最重要的是在仪型他国的同时，要有自觉的意识去创造适合中国国情、推动中国社会转型发展的教育理念和发展模式。

中华教育改进社同人是五四运动时期新型知识分子的代表，他们在青少年时期接受过中国传统文化的熏陶，有着深厚的本土情怀。同时，他们中的大多数人又接受过西方教育文化的影响，具有宽阔的国际视野。社会环境和个人经

①汪懋祖：《中华教育改进社缘起及章程》，《新教育》，1922年第5卷第3期，第343-344页。

②陶行知：《我们对于新学制革案应持之态度》，《陶行知全集（第1卷）》，湖南教育出版社，1983年版，第190页。

历，造就了他们会通中西的思想品格。杨亮功先生说："主张中学西学兼通者，当以梁启超为代表。"梁氏曾明确表示："中国旧东西是不够的，外国人许多好处是要学的。"杨先生又说："民初以来，我国教育学术界，仍是中西兼能思想之延续，例如蔡孑民、吴稚晖、胡适之、梁漱溟、蒋梦麟诸先生的教育学术思想，皆是具有一种融会贯通中学西学的精神。"[①]蒋梦麟说他在美国的时候，喜欢用中国的尺度衡量美国的东西，回国以后，又喜欢用美国的尺度衡量中国的东西，有时又会用一种混合的尺度，一种不中不西，亦中亦西的尺度，或者游移于两者之间。[②]清华校长曹云祥在中华教育改进社第二次年会开幕大会上演讲时说："中国之社会，与泰西不同，故中国之教育，若不能造就适合于中国社会需用之人才，则全归失败……中国教育之宗旨及其目的，不能仿效泰西，仅能取用其法，以利自动自学，庶不致囫囵吞枣。"[③]

中华教育改进社在输入美国教育思想、体制和方法的同时，提出了"中国式教育"的命题。郭秉文在第三次年会开幕大会上说："中国教育极值得研究，友邦人所办学校，有为宗教，有为政治，有为博爱，有为经济，虽目的不同，然其为他国之教育则一。此外，留学生亦不免各带有其所留学之色彩，近更有显著的，以英国庚子赔款提倡英国式教育者，吾人应如何携手，提倡中国教育。对于国际，中国亦负有极大责任，欧美各国近觉其立国主张有改良之必要，且认中国哲学有补益于彼邦，中国若能应时有所贡献，则世界收益必多。"[④]其所谓"中国教育极值得研究"，欧美各国"认中国哲学有补益于彼邦"，须"提倡中国教育"，言外之意，须重新估量中国本土教育的价值，重新认识中国哲学的现代意义，这有利于遏止非理性地盲从西洋教育。正是这种理性的精神和务实的态度，引导着中华教育改进社的工作指针。在第三次年会报告中，陶行知就社务工作，提出四项原则：

一须创造合乎国情之中国式教育；二须建立有根的教育；三须全国教育界

①杨亮功：《中西教育思想之演进与交流》，台湾商务印书馆，1974年版，第103-105页。

②蒋梦麟：《西潮》，辽宁教育出版社，1997年版，第87页。

③《年会开幕大会纪事》，《新教育》，1923年第7卷第2、3期合刊，第40页。

④《中华教育改进社第三届年会纪要》，《直隶教育旬报》，1925年第8年第1期，第32-33页。

具有合作之精神;四须各种教育之具有分组研究之结合。①

中华教育改进社中的先进分子,向出席年会的教育界同人发出"建立有根的教育","创造合乎国情之中国式教育",足见其已充分认识到建构中国式教育的重要性和紧迫性。

"中国式教育",不只是一个口号,作为一种实践,需要对它的内涵做深入的探讨。不过有一点是确定不疑的,即它既不是中国的传统教育,也不是移植过来的西洋教育,而是立足中国近代国情和社会转型发展需要,会通西洋近代教育和中国古代教育而创生的一种新教育。那么,近代中国国情是什么,又向何种方向转型发展?中华教育改进社在以下两个方面做了重要探索和实践:

一是民族救亡运动。鸦片战争以后,西方列强在更大区域和更多领域内殖民化中国,民族、国家面临严重的存亡危机,救亡运动是这个时代的最强音。中国传统文化中的"天下兴亡,匹夫有责",成为全民族救亡运动的精神资源。在这样的背景下,教育被上升到救亡图存的高度,这是近代中国教育救国论产生的历史背景,并获得广泛认同。中华教育改进社历次年会,多少反映了救亡图存、富强国家的思想倾向,特别是在1925年第四次年会上,以陈启天、余家菊等为代表的国家主义派,提出收回教育权案、限定机关社员案,均指向中国教育主权独立问题。关于争取退还庚子赔款运动,关于对日、英退还庚子赔款的声明,等等,在在都反映出强烈的国家主义色彩。中华教育改进社自其前身《新教育》杂志社开始,就以"养成健全之个人,创造进化之社会"相号召,面对1925年上海五卅惨案和广州沙基惨案,不能不有强烈的国家主义倾向。总之,世界主义、平民主义、国家主义、社会主义种种思想潮流,互为激荡澎湃,显现出中华教育改进社丰富的思想色彩。

二是社会转型发展。鸦片战争后,中国走上了向近代化(或称现代化)转型发展之路,主要表现在经济上从农业经济向工商经济转型,政治上从专制政体向民主共和转型,思想文化上从贵族化向平民化转型。因此,科学教育、职业教育、平民教育、公民教育等,为中华教育改进社所竭力提倡。无论何种主义的教

①陶行知:《中华教育改进社第三届年会上的社务报告》,《陶行知全集(第1卷)》,四川教育出版社,2005年版,第537页。

育,国民的现代化,既是目标,也是完成国家转型发展的手段。中国80%以上人口是文盲,他们虽然身处民主共和国家,但是他们的思想仍然停留在专制王朝时代,他们的生产生活仍然是农耕时代的方式,他们的文化思想仍然为宗法伦理所禁锢,他们的一切几乎没有任何质的改变。他们不知道中华民国和清王朝有什么不同,不知道总统和皇帝有什么区别,既没有基本之科学知识和精神,更不知道民主共和为何物。以教育为工具,启蒙广大民众,特别是85%左右的乡村民众,改造最广大的乡村社会,乃是近代中国转型发展必不可少的工作。中华教育改进社第四次年会把改进乡村教育作为科学教育之外又一项重点工作,陶行知等人独立开展乡村教育运动,期在养成共和国民,造成真正的民主共和国家,在中国近代乡村(师范)教育史上,具有里程碑的意义。

第三,构建社员网络,注重编辑出版宣传,形成全国性的公共舆论。

晚清思想家们如梁启超、谭嗣同等,都将学堂、报纸和学会,视为传播思想知识、开发民智和改革社会的三个最重要的途径。近代知识分子把学校、传媒、社团作为栖身之地、交往之所。中华教育改进社集合全国教育界同志,特别是在第三、四两次年会,邀请蒙藏代表参会,组织蒙古和西藏教育委员会,进而构建了一张遍布全国各省区的社员网络。此种网络又以各省区文化教育界的领袖为核心,以年会和学术委员会为纽带,以《新教育》月刊、《新教育评论》周刊、中华教育改进社丛书和丛刊等为信息平台,晓庄试验乡村师范创办后,又创刊《乡教丛讯》旬刊和《乡村教师》周刊,丰富了教育知识信息的传播渠道。

在这张全国性的社员网络中,除了传播社务活动消息外,还有学术界关于新教育的思想、经验和方法,四次年会通过的400余件议决案,通过传媒放大为全国性的公共舆论,使得中华教育改进社在20世纪20年代前期,能够执教育舆论之牛耳,引领中国教育基本完成向近现代教育转型。

主要参考文献

张之洞:《劝学篇》,李忠兴评注,中州古籍出版社,1998。

留美学生会:《美洲留学报告》,上海开明书店,1906。

陈学恂、田正平:《中国近代教育史资料汇编(留学教育)》,上海教育出版社,1991。

田正平:《留学生与中国教育近代化》,广东教育出版社,1996。

舒新城:《近代中国留学史》,上海中华书局,1927。

舒新城:《近代中国史料丛刊续编·第六十六辑》,文海书局,1928。

唐鉞、朱经农、高学敷:《教育大辞书》,商务印书馆,1930。

中华民国教育部:《第一次中国教育年鉴(戊编)》,上海开明书店,1934。

丁致聘:《中国近七十年来的教育记事》,商务印书馆,1935。

苏云峰:《中国新教育的萌芽与成长》,台北五南图书出版股份有限公司,2005。

吴俊升:《中华民国教育志(一)》,台北中华文化出版事业委员会,1955。

朱有瓛:《中国近代学制史料(第1辑·下册)》,华东师范大学出版社,1986。

舒新城:《近代中国教育史料(第4册)》,中华书局,1928。

璩鑫圭、唐良炎:《中国近代教育史资料汇编·学制演变》,上海教育出版社,1991。

张雪蓉:《美国影响与中国大学变革(1915—1927)——以国立东南大学为研究中心》,华龄出版社,2006。

袁刚、孙家祥、任丙强:《民治主义与现代社会——杜威在华演讲集》,北京大学出版社,2004。

陈宝泉、陶行知、胡适:《孟禄的中国教育讨论》,中华书局,1922。

王卓然:《中国教育一瞥录》,上海商务印书馆,1923。
张裕卿:《学校调查纲要》,商务印书馆,1923。
中华教育改进社调查科:《京师教育概况(民国十三年—十四年)》,1926。
朱兆萃:《实验主义与教育》,商务印书馆,1931。
麦柯:《教育实验法》,薛鸿志译述,商务印书馆,1936。
孙邦正:《心理与教育测验》,文通书局,1948。
杨亮功:《中西教育思想之演进与交流》,台湾商务印书馆,1974。
王树槐:《庚子赔款》,台北"中央"研究院近代史研究所专刊第31号,1974。
郭夏瑜:《郭秉文先生纪念集》,台湾中华学术院,1971。
中国蔡元培研究会:《蔡元培纪念集》,浙江教育出版社,1998。
蒋梦麟:《西潮》,辽宁教育出版社,1997。
马勇:《蒋梦麟传》,河南文艺出版社,1999。
黄炎培:《黄炎培日记·第1卷(1911—1918)》,华文出版社,2008。
张元济:《张元济日记》,商务印书馆,1981。
耿云志、欧阳哲生:《胡适书信集(1907—1933)》,北京大学出版社,1996。
曹伯言:《胡适日记全编》,安徽教育出版社,2001。
严修:《严修年谱》,齐鲁书社,1990。
王文岭:《陶行知年谱长编》,四川教育出版社,2012。
陶行知:《陶行知全集》,四川教育出版社,2005。
陶行知等:《为中国教育寻觅曙光(上册)》,四川教育出版社,1989。
杨效春:《晓庄学校与中国乡村教育》,上海爱文书局,1928。
刘季平:《刘季平文集》,北京图书馆出版社,2002。

《新教育》
《新教育评论》
《乡教丛讯》
《科学》
《教育公报》
《教育汇刊》

《史地学报》
《农学》
《教育丛刊》
《教育与职业》
《心理》
《学术与教育杂志》
《寰球中国学生会周刊》
《出版界》
《爱国报》
《世界教育会议中国代表团报告(1923年)》
《社务报告》
《中华教育改进社第二次社务报告》
《中华教育改进社第三次社务报告》
《中华教育改进社第四次社务报告》
《中华教育改进社第二届年会一览表》
《中华教育改进社第三届年会一览表》
《中华教育改进社第四届年会一览表》
《中华教育改进社同人录(1924年)》
《中华教育界》
《教育杂志》
《直隶教育旬报》
《山东教育月刊》
《福建教育厅周刊》
《河南教育公报》
《江苏省教育会月报》
《江苏实业月志》
《医药杂志》
《北京大学日刊》
《清华学校周刊》

《北京师大周刊》
《北京女子高等师范周刊》
《申报》
《晨报》
《晨报副刊》

丛书跋

2012年完成自己主编的2012年度国家出版基金资助项目“20世纪中国教育家画传”后，就策划启动新的研究项目，于是决定为曾在中国教育现代化过程中发挥巨大作用而又少有人知的教育社团写史，并在2013年3月拿出第一个包含8本书的编撰方案。当初怎么也没想到这一工作一再积累后延，几乎占用了我8年的主要时间，列入写作的社团一个个增加，参加写作的专家团队、支持者和志愿者不断扩大，最终汇成30本书和由50多位专家组成的团队，并在西南大学出版社鼎力支持下如愿以偿地获得2019年度国家出版基金资助。

1895年中日甲午海战中国战败后，中国社会受到强烈震动，有识之士勇敢地站出来组建各种教育社团，发展现代教育。1895年到1949年，在中国传统教育向现代教育转化、嬗变的过程中，产生了数以百计的教育社团。中华教育改进社等众多的民间教育社团在中国教育现代化进程中都曾发挥过重要的、甚至是无可替代的作用，到处留下了这些社团组织的深深印记，它们有的至今还在发挥着潜移默化的作用，它们是中国教育智库的先声。

但随着时间的推移，知道这段历史的人越来越少。教育社团组织与中国教育早期现代化既是一个有丰富内涵的历史课题，更是一个极具现实意义的实践课题。挑选“中国现代教育社团史”这一极为重大的选题，联合国内这一领域有专深研究的专家进行研究，系统编撰教育社团史，既是为了更好地存史，也是为了有效地资政，为当今及此后教育专业社团的建立、发展和教育改进与发展提供借鉴，为教育智库发展提供独具价值的参考，为解决当下中国教育管理问题提供借鉴，从而间接促进当下教育质量的提升和《中国教育现代化2035》目标的实现。简言之，为中国现代教育社团修史是一项十分有意义的工作。

在存史方面，抢救并如实地为这些社团写史显得十分必要、紧迫。依据修史的惯例，经过70多年的沉淀，人们已能依据事实较为客观地看待一些观点，为这些教育社团修史，恰逢其时；依据信息随时间衰减的规律，当下还有极少数人对70多年前的那段历史有较充分的知晓，错过这个时期，则知道的人越来越少，能准确保留的信息也会越来越少，为这些社团治史时不我待。因此，本套丛书担当着关键时段、恰当时机、以专业方式进行存史的重要责任。

在资政方面，为中国现代教育社团修史是一项十分有现实意义的工作。中国教育改革除了依靠政府，更需要更多的专业教育社团发展起来，建立良性的教育评价和管理体系，并在社会中发挥更大的作用。社团是一个社会中多种活力的凝结和显示，一个保存了多样性社团的社会才是组织性良好的社会，才是活力充足的社会。当时的各个教育社团定位于各自不同的职能，如专业咨询、管理、评价等，在社会和教育变革中以协同、博弈等方式发挥出巨大的作用。它们的建立和发展，既受到中国现代新式教育发展的制约，又影响了中国现代新式教育发展的进程。研究它们无疑会加深我们对那个时期中国新式教育发展过程中各种得失的宏观认识，有助于从宏观层面认识整个新式教育的得失，进而促进教育质量和品质的提升。现今的教育社团发展不是在一张白纸上画画，1900年后在中国产生的各种教育社团是它们的先声。为中国现代教育社团修史将会为当下及未来各个社团的建立发展和教育智库建设提供真实可信而又准确细致的历史镜鉴。

做好这项研究需要有独特的史识和对教育发展与改革实践的深刻洞察，本丛书充分运用主编及团队三十余年来从事历史、实地调查与教育改革实践研究的专业积累。在启动本研究之前，丛书主编就从事与教育社团相关的研究，又曾做过一定范围的资料查找，征集国内各地教育史专业工作者意见，依据当时各社团的重要性和历史影响，以及历史资料的可获取性，采用既选好合适的主题，又选好有较长时期专业研究的作者的“双选”程序，以保障研究的总体质量，使这套丛书不仅分量厚重，质量优秀，还有自己的特色。

本丛书的“现代”主要指社团具有的现代性，这样的界定与中国教育现代化进程相吻合。以历史和教育双重视角，对中华教育改进社等具有现代性的30余个教育社团的历史资料进行系统的查找、梳理和分析。对各社团发展的整体形态做全面的描述，在细节基础上构建完整面貌，对其中有歧义的观点依据史实客观论述，尽可能显示当时全国教育社团发展的原貌和全貌，也尽可能为当下教育社团与教育智库的建立和发展提供有益的历史镜鉴。

为此，我们明确了这套丛书的以下撰写要求：

全套丛书明确史是公器，是资料性著述的定位，严格遵循史的写作规范，以史料为依据，遵守求真、客观、公正、无偏见的原则，处理编撰中的各类问题。

力求实现四种境界：信，所写的内容是真实可靠的，保证资料来源的多样性；简，表述的方式是简明的，抓住关键和本质特征经过由博返约的多次反复，宁可少一字，不要多一字；实，记述的内容是有实际意义和价值的，主要体现为内容和文风两个方面，要求多写事实，少发议论，少写口号，少做判断，少用不恰当的形容词，让事实本身表达观点；雅，尽可能体现出艺术品位和教育特性，表现为所体现的精神、风骨之雅，也表现为结构的独具匠心，表达手法的多样和谐、图文并茂。

对内容选取的基本标准和具体要求如下：

（1）对社团的理念做准确、完整的表述，社团理念在其存续期有变化的要准确写出变化的节点，要通过史料说明该社团的活动是如何在其理念引导下开展的。

（2）完整地写出社团的产生、存续、发展过程，完整地陈述社团的组织结构、活动规模、活动方式、社会影响，准确完整地体现社团成员在社团中的作用、教育思想、教育实践，尽可能做到“横不缺项，纵不断线”。

（3）以史料为依据，实事求是，还原历史，避免主观。客观评价所写社团对社会和教育的贡献，不有意拔高，也不压低同时期其他教育社团。关键性的评价及所有叙述要有多方面的史料支撑，用词尽可能准确无歧义。

（4）凸显各单册所写社团的独特性，注意铺垫该社团所在时代的社会与教育背景，避免出现违背历史事实的表述。

（5）根据隔代修史的原则，只记述中华人民共和国成立之前的历史。对后期延续，以大事记、附录的方式处理，不急于做结论式的历史判定。

（6）各书之间不越界，例如江苏教育会与全国省教育会联合会之间，江苏教育会与中华教育改进社之间，详略避让，避免重复。

写法要求为：立意写史，但又不写成干巴、抽象、概念化的历史，而是在掌握大量资料的基础上，全面、深刻理解所写社团的历史细节和深度，写出人物的个性和业绩，写出事件的情节和奥秘，尽可能写出有血有肉、有精气神的历史，增强可读性。写法上具体要求如下：

（1）在全面了解所写社团基础上，按照史的体例，设计好篇目、取舍资料、安排内容、确定写法。在整体准确把握的基础上，直叙历史，不写成专题或论文，语言平和，逻辑清晰。

（2）把社团史写得有教育性。主要通过记叙社团发展过程中的人和事展示其具有的教育功能；通过社团具有的专业性对现实的教育实践发生正向影响，力求在不影响科学性、准确性的前提下尽量写得通俗。

（3）能够收集到的各社团的活动图片尽可能都收集起来，用好可用的图，以文带图，图文互补，疏密均匀。图片尽可能用原始的、清晰的，图片说明文字（图题）应尽量简短；如遇特殊情况，例如在正文中未能充分展开的重要事件，可在图题下加叙述性文字做进一步介绍，作为一个独立的知识点。

（4）关键的史实、引文必须加注出处。

据统计，清末至民国时期教育社团或具有教育属性的社团有一百多个，但很多社团因活动时间不长、影响不大，或因资料不足等，难以写成一本史书。本丛书对曾建立的教育社团进行比较全面的梳理，从中精心选择一批存续时间长、影响显著、组织相对健全、在某一专业领域或某一地区具有代表性、典型性的教育社团进行深入研究，在此基础上做出尽可能符合当时历史原貌和全貌的整体设计，整体上能够充分完整地呈现所在时代教育社团的整体性和多样性特征,依据在中国教育现代化进程中所发挥的作用大小选择确定总体和各部分的研究内容,依据史实客观论述,准确保留历史信息。本丛书的基本框架为一项总体研究和若干项社团历史个案研究。以总体研究统领各个案研究,为个案研究确定原则、方法、背景和思路;个案研究为总体研究提供史实和论证依据,各个案研究要有全面性、系统性、真实性、准确性、权威性、实用性,尽量写出历史的原貌和全貌,以及其背后盘根错节的关系。

入选丛书的选题几经增减,最终完稿的共30册:

《中国现代教育社团发展史论》《中华教育改进社史》《中华平民教育促进会史》《生活教育社史》《中华职业教育社史》《江苏教育会史》《全国教育会联合会史》《中国教育学会史》《无锡教育会史》《中国社会教育社史》《中国民生教育学会史》《中国教育电影协会史》《中国科学社史》《通俗教育研究会史》《国家教育协会史》《中华图书馆协会史》《少年中国学会史》《中华儿童教育社史》《新安旅行团史》《留美中国学生联合会史》《中华学艺社史》《道德学社史》《中华教育文化基金会史》《中华基督教教育会史》《华法教育会史》《中华自然科学社史》《寰球中国学生会史》《华美协进社史》《中国数学会史》《澳门中华教育会史》。

本丛书力求还原并留存中国各现代教育社团的历史原貌和全貌,对当时各教育社团的发展历程、重要事件、关键人物进行系统考察,厘清各社团真实的运作情况,从而解决各社团历史上一些有争议的问题,为教育学和历史学相关领域的发展提供一定的帮助,拓展出新的领域,从而传承、传播教育先驱的精神,为当今教育改革和发展提供历史借鉴和智慧资源,为今后教育智库的发展提供有中国实践基础的历史参考,在拓展教育发展的历史文化空间上发挥其他著述不可替代的作用。在写作过程中严格遵守史的写作规范,以史料为依据,遵守求真、客观、公正、无偏见的原则,处理编撰中的各类问题。

这是一项填补学术空白的研究。这个研究领域在过去70多年仅有零星个别社团的研究,在史学研究领域对社团的研究较多,但对教育社团的研究严重不足;长期以来,在教育史研究领域没有对教育社团系统的研究;对民国教育的研究多集中于一些教育人物、制度,对曾发挥不可替代作用的教育社团的研究长期处于不被重视状态。因此,中国没有教育社团史的系列图书出版,只有与新安旅行团、中华职业教育社相关的专著,其他教育社团则无专门图书出版,只是在个别教育人物的传记等文献中出现某个教育社团的部分史实,浮光掠影,难以窥其全貌。但是教育社团对当时教育的发展发挥了倡导、引领、组织、管理、评价等多重功能,确实影响深远,系统研究中国现代教育社团是此前学术界所未有过的。该研究可以为洞察民国教育提供新的视角,在今后一段时期内具有标志性意义,发挥其他著述不可替代的作用。

这是一项高难度的创新研究。它需要从70多年历史沉淀中钩沉,需要在教育学和史学领域跨越,在教育历史与现实中穿梭,难度系数很高、角度比较独特,20多年前就有人因其难度高攻而未克。研究过程中我们将比较厚实的历史积累和对当下教育问题比较深入的洞见相结合,以史为据,以长期未能引起足够重视的教育社团为研究对象,梳理出每个社团的产生、发展、作用、地位。

这是一项促进教育品质提升的研究。中国当下众多教育问题都与管理和评价体制相关。因此,我们决定研究中国现代教育社团史,对中国教育现代化进程中发挥过重要作用的诸多教育社团的历史进行抢救性记述、研究,对中国教育体系形成的脉络进行详尽的梳理,记录百年中国教育现代化进程中教育社团所起的重大作用,体现教育现代化过程中的“中国智慧”,为构建中国教育科学话语体系铺垫史料、理论基础,探明1898到1949年间教育社团在中国教育现代化发展中的作用,为改善中国教育提供组织性资源。

这是一项未能引起足够重视的公益性研究。本研究旨在还原并留存各教育社团的历史原貌和全貌,传承、传播教育先驱的精神,为当今教育改革和发展提供历史借鉴和智慧资源,拓展教育发展的历史文化空间,需要比较厚实的历史积累和对当下教育问题比较深入的洞见。本研究长期处于不被重视状态,但是其对教育的发展确实影响深远,需要研究的参与者具有对历史和现实的使命感。

这个研究项目在设计、论证和实施过程中得到业内专家的大力支持、高度关注和评价。中国教育学会教育史分会原会长田正平先生热心为丛书写了推荐信,又拨冗写了总序,认为:“说到底,这是当代中国教育改革的需要和呼唤。

教育是中华民族振兴的根基和依托，改革和发展中国教育，让中国教育努力赶上世界先进水平，既是中央政府和各级政府义不容辞的职责，也必须依靠广大教育工作者的自觉参与和担当。从这个意义上讲，中国近代教育会社团体与中国教育早期现代化研究，既是一个有丰富内涵的历史课题，更是一个极具现实意义的重大问题。”中国现代教育社团史的课题，“从近代以来数十上百个教育社团中精心选择一批有代表性、典型性、产生过重大影响的教育社团，列为专题，分头进行了深入的研究。我相信，读者诸君在阅读这些成果后所收获的不仅仅是对教育社团的深入理解和崇高敬意，也可能从中引发出一些关于当代中国教育改革的更深层次的思考”。

北京师范大学教育学部原部长、清华大学教育学院院长石中英教授在推荐中道：“对那些历史上有重要影响的教育社团进行研究，既具有非常重要的学术价值，也具有非常强烈的现实意义。”“当前，我国改革开放正在逐步地深入和扩大，激发社会组织活力，在整个社会治理体系建设中具有重要作用。现代教育治理体系的建设，也迫切需要发挥专业的教育社团的积极作用。在这个大背景下，依据可靠的历史资料，回溯和评价历史上著名教育社团的产生、发展、组织方式和活动方式等，具有现实意义和社会价值。”“总的来说，这个项目设计视角独特，基础良好，具有较高的学术价值、实践价值和出版价值。”

1990年代，中央教育科学研究所张兰馨等多位前辈学者就意识到这一选题的重要性，曾试图做这一研究并组织编撰工作，终因撰写团队难以组建、资料难以查找搜集等各种条件限制而未完成。当我们拜访80多岁的张兰馨先生时，他很高兴地拿出了当年复印收藏的一些资料，还答应将当年他请周谷城先生题写的书名给我们使用，既显示这一研究实现了学者们近30年未竟的愿望，也使这套书更具历史文化内涵。

西南大学出版社是全国百佳图书出版单位、国家一级出版社、全国先进出版单位，承担了多项国家重大文化出版工程项目、国家出版基金资助项目、重庆市出版专项资金资助项目，具有丰富的国家、省市重点项目出版与管理经验。该社出版的多项国家级项目受到各级主管部门、学界、业内的一致好评。西南大学的学术优势为本书的出版提供了学术支撑。

本项目30余位作者奉献太多。他们分别来自中国人民大学、北京师范大学、华东师范大学、中山大学、首都师范大学、浙江师范大学等多所高校和研究机构，他们长期从事相关领域的研究，具有极强的学术责任感，具备了较好的专业基础，研究成果丰硕，有丰富的写作经验。在没有启动经费的情况下，他们以社会效益为主，把这项研究既当成一项工作任务，又当成一项对精湛技术、高雅艺术和完美人生的追求，以高度的历史使命感和现实的使命感投入研究，确保研究过程和成果具有较高的严谨性。他们旨在记录中国教育现代化过程中教育社团所起的重大作用，体现教育现代化过程中的"中国智慧"，写出理论观点正确、资料翔实准确、体例完备、文风朴实、语言流畅，具有资料性、科学性、思想性，经得起历史检验的，有灵魂、有生命、能传神的现代教育社团史。

这套丛书邀约的审读委员主要为该领域的专家，他们大多在主题确定环节就参与讨论，提供资料线索，审读环节严格把关，有效提高了丛书的品质。

本人为负起丛书主编职责，采用选题与作者"双选"机制确定了撰写社团和作者，实行严格的丛书主编定稿制，每本书都经过作者拟提纲—主编提修改意见—确定提纲—作者提交初稿—主编审阅，提出修改意见—作者修改—定稿的过程，有些书稿从初稿到定稿经过了七到八次的修改，这些措施有效地保障了这套丛书的编撰质量。尽管做了这些努力，仍难免有错，敬希各位不吝赐正。

十分感谢国家出版基金资助。本丛书有重大的出版价值，投入也巨大，但市场相对狭窄。前期在项目论证、项目启动、资料收集、组织编写书稿中投入了大量的人力、物力。多位教育专家和史学专家经过八年的努力，收集了大量的资料，研究的深度和广度都大大超出此前这一领域的研究。各位作者收集了大量的历史资料，走访了全国各大图书馆、资料室，完成了约一千万字、数百幅图片的巨著。前期的资料收集、研讨成本甚高，而使用该书的主要为教育研究者、教育社团和教育行政人员。即便丛书主编与作者是国内教育学、教育史学领域的权威专家，即便丛书经过精心整理、撰写而成，出版后全国各地图书馆、研究院所会有一定的购买，有一定的经济效益，但因发行总数量有限，很难通过少量的销售收入实现对大量经费投入的弥补，国家出版基金资助是保障该套丛书顺利出版的关键。

教育在实现中华民族伟大复兴中发挥着不可替代的作用。完整、准确、精细地回顾过去方能高瞻远瞩而又脚踏实地地展望未来，将优秀传统充分挖掘展现、利用方能有效创造未来，开创教育发展新时代。在中国教育现代化进程中众多现代教育社团是促进者。中国人坚定的自信是建立在5000多年文明传承基础上的文化自信。中国现代教育社团的发起者心怀中华，在中华民族处于危亡之际奔走呼号，立足弘扬中华优秀文化传统提倡革新。本丛书深层次反映了当时中国仁人志士组织起来，试图以教育救国的真实面貌，其中涉及几乎全部的教育界知名人物，对当年历史的还原有利于挖掘中华优秀传统文化的强大生命力和在民族危亡关头的强大凝聚力，弘扬中华优秀传统文化，为构建中华优秀传统文化传承发展体系添砖加瓦。研究这段历史，对于推动中华优秀传统文化创造性转化、创新性发展，对于促进教育智库建设，发展中国教育事业，发挥教育在促进中华民族伟大复兴中的作用具有重要意义。

愿我们所有人为此的努力在中国教育现代化进程中生根、发芽、开花、结果。

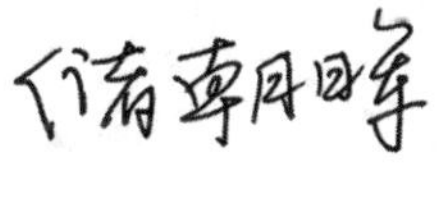